中央财政支持地方高校发展专项资金项目

（财教〔2012〕140号）

广东省特色重点学科汉语言文字学项目

现代汉字学

XIANDAI HANZIXUE

马显彬 著

暨南大学出版社
JINAN UNIVERSITY PRESS

中国·广州

图书在版编目（CIP）数据

现代汉字学/马显彬著．—广州：暨南大学出版社，2013.9
ISBN 978 - 7 - 5668 - 0483 - 9

Ⅰ．①现…　Ⅱ．①马…　Ⅲ．①汉字—文字学—研究　Ⅳ．①H12

中国版本图书馆 CIP 数据核字（2013）第 025839 号

出版发行：暨南大学出版社

地　　址：中国广州暨南大学
电　　话：总编室（8620）85221601
　　　　　营销部（8620）85225284　85228291　85228292（邮购）
传　　真：（8620）85221583（办公室）　　85223774（营销部）
邮　　编：510630
网　　址：http：//www. jnupress. com　http：//press. jnu. edu. cn

排　　版：广州市天河星辰文化发展部照排中心
印　　刷：湛江日报社印刷厂

开　　本：787mm×1092mm　1/16
印　　张：18. 125
字　　数：452 千
版　　次：2013 年 9 月第 1 版
印　　次：2013 年 9 月第 1 次

定　　价：36. 00 元

前　言

　　本书主要讨论现代汉字学的基本理论，同时也注重汉字的定量分析，提供了大量的统计数据，并以此来描述现代汉字各方面的特征与性质。本书强调理论与应用的结合，收集整理了语言文字应用与学习的必备资料，因此本书既可以作为现代汉字学的教材，又可以作为语言文字应用的工具书，完全满足各行各业语言文字应用的需要，尤其是语文教师的需要。

　　本人多年来从事现代汉字学的教学与研究，积累了一些资料，一直试图编写一部既有学术价值，又有实用价值的比较完善的现代汉字学著作。目的是否达到，还请学界同仁甄别判断，不足之处，请多多赐教。

　　多年来学界出版了许多现代汉字学的研究成果，我借鉴参考了这些数据资料，在此对学界同仁表示感谢。

　　联系方式：mxb986@163.com

马显彬

2012 年 10 月 10 日

目　录

第一章 现代汉字学绪论

第一节 现代汉字学

一、现代汉字学

"现代汉字"这个名称，最早出现于 1952 年丁西林在《中国语文》8 月号上发表的文章《现代汉字及其改革的途径》，文章标题出现了"现代汉字"一词。黎锦熙在 1952 年 9 月写成的《学习苏联"现代俄语教学大纲"试拟的"现代汉语"教学大纲》中也提到"现代汉字"。这是我们目前了解到的最早提到"现代汉字"的说法。但是，他们并没有阐述什么是"现代汉字"，他们所提的现代汉字与我们今天讲的现代汉字是不同的。

什么是现代汉字？费锦昌说："秦代小篆和小篆以前的汉字称为古代汉字，秦汉隶楷直到'五四'以前的汉字为近代汉字，'五四'以后的汉字为现代汉字。"[①] 周有光说："历史需要断代，汉语需要断代，汉字也需要断代。古今通用的和现代通用的汉字归入现代汉字，文言古语用而规范化的普通话不用的汉字归入文言古语专用字，这就是汉字断代。""现代汉字应当以什么时候作为'现代'的起点呢？'五四'（1919 年）是白话文成为正式文体的开始，应当以'五四'作为现代的'起点'。"[②] 苏培成说："现代汉字就是现代汉语用字，也就是现代白话文用字，它包括古今汉语通用字和现代汉语专用字。"[③]

"现代汉字"有一个关键点，即"现代"。"现代"是个舶来词，最早可追溯到西方中世纪的经院神学，其拉丁词的形式是"modernus"。欧美所指的时间跨度为 1936 年至 1968 年，我国"现代"的历史分期是"五四"运动（1919 年 5 月 4 日）到中华人民共和国成立（1949 年 10 月 1 日）。文学、历史学都沿用了这个分期，文学分为古代文学、近代文学、现代文学和当代文学，历史学也分为古代史、近代史、现代史和当代史。但在语言学方面"现代"多指"五四"运动至今天这段时间，也就是包括文学中的现代和当代两个时期。例如"现代汉语"就是跨越了这两个时期。时间断代的归纳如图 1-1 所示：

---

① 费锦昌. 汉字研究中的两个术语. 语文建设, 1985 (5).
② 周有光. 现代汉字学发凡. 语文现代化（第 2 辑）. 北京：知识出版社, 1980.
③ 苏培成. 现代汉字学纲要. 北京：北京大学出版社, 2001. 23.

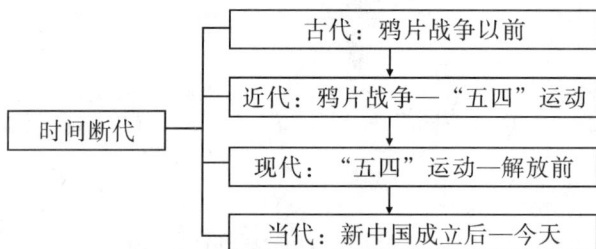

图 1-1　时间断代

我们认为，现代汉字学主要研究的是当代汉字的情况，研究的目的也是为当代汉字的应用尤其是为计算机的应用服务。周有光也说："现代汉字学研究的目的是为今天和明天的应用服务。"① 我们没有必要把"五四"运动至新中国成立前的汉字情况作为现代汉字学的研究任务，至少不是主要的任务。所以"现代汉字"中的"现代"应该指新中国成立后到今天这段时间，这与"现代化"的提法是一致的。从这个意义上讲，现代汉字学，准确地说应该叫"当代汉字学"。只是大家已经习惯了"现代汉字学"的称谓，所以，我们仍称之为现代汉字学。

因此，现代汉字就是指当代正在使用的汉字，它包括内地和港澳台地区整个中国使用的汉字，既包括简化字，也包括繁体字，又包括今天还在使用的文言文用字。需要说明的是，由于材料的局限，本书主要讨论内地正在使用的汉字。现代汉字学就是研究当代汉字应用情况的一门新兴的交叉学科。现代汉字学不仅要从传统语言学，尤其是从应用语言学的角度来研究汉字，而且要从文化学、统计学、心理学、计算机科学、网络等方面来丰富汉字研究的内容，更好地为新技术服务，所以它是一门新兴的交叉学科。

现代汉字学的建立时间并不长。1980 年 5 月周有光在《语文现代化》第 2 辑发表《现代汉字学发凡》一文，提出了建立现代汉字学的设想。《上海师范大学学报》1985 年第 4 期发表了高家莺、范可育《建立现代汉字学刍议》一文，更是强调了建立现代汉字学的紧迫性和必要性，为现代汉字学的建立设置了初步的框架。随后很多学校加强了现代汉字的教学与研究，发表了大量的论文，出版了许多专著，② 开设了现代汉字学课程，现代汉字学这门新兴的交叉学科建立起来了。苏培成的《现代汉字学纲要》是研究现代汉字学的重要著作，正如苏培成所说："从《现代汉字学发凡》的发表到现在已经过了 26 年。在这短短的 26 年中，现代汉字学有了可观的发展，逐渐被学界和社会所认识、所接受，建

---

① 周有光. 现代汉字学发凡. 语文现代化（第 2 辑）. 北京：知识出版社，1980.

② 苏培成《现代汉字学的学科建设》（《语言文字应用》2007 年第 2 期）列举了 12 部代表性著作：孙钧锡. 汉字和汉字规范化. 北京：教育科学出版社，1990；张静贤. 现代汉字教程. 北京：现代出版社，1992；高家莺，范可育，费锦昌. 现代汉字学. 北京：高等教育出版社，1993；苏培成. 现代汉字学纲要. 北京：北京大学出版社，1994；苏培成. 现代汉字学参考资料. 北京：北京大学出版社，2001；尹斌庸，罗圣豪（John S. Rohsenow）. 现代汉字（英文本）. 北京：华语教学出版社，1994；李禄兴. 现代汉字学要略. 北京：文津出版社，1998；杨润陆. 现代汉字学通论. 北京：长城出版社，2000；苏培成. 一门新学科：现代汉字学. 北京：语文出版社，2000；苏培成. 二十世纪的现代汉字研究. 太原：书海出版社，2001；潘钧. 现代汉字问题研究. 昆明：云南大学出版社，2004；马显彬. 现代汉语用字分析. 长沙：岳麓书社，2005.

立了初步的基础，特别是在汉字规范和汉字信息处理方面发挥了作用。"①

与古文字研究相比，现代汉字的研究还非常薄弱，我们不得不承认在语言学界存在着厚古薄今的思想。应该看到，现代汉字与计算机技术紧紧相连，现代汉字的研究成果必然推动计算机技术的发展，我们一切的努力都是为了今天和明天。因此，加强现代汉字学的学科建设非常紧迫和必要，我们应该投入更多的人力和物力来研究它，使其更好地为信息社会服务。

二、现代汉字学的研究内容

关于现代汉字学的研究内容，学界也有不同意见。周有光的《现代汉字学发凡》指出，现代汉字学的内容主要有字量、字序、字形、字音、字义和汉字教学法等。高家莺、范可育的《建立现代汉字学刍议》指出，现代汉字学的内容包括：现代汉字的性质、特点和范围；现代汉字在形、音、义和量、序诸方面的特点；现代汉字在学习、阅读、书写、传输等各个方面的情况；现代汉字的简化、标准化、拼音化等问题；现代汉字的教学；现代汉字的信息处理。结合他们的观点，现代汉字学的研究内容如下：

（1）研究现代汉字的形成，弄清其形成的过程及变化发展的情况。

（2）研究现代汉字的性质（类型），弄清其特点，以便更好地为汉字应用服务。

（3）研究现代汉字形、音、义方面的情况，尤其是字义的情况。字义研究是现代汉字学的重要内容。

（4）研究现代汉字字量、字频、字序、笔顺、结构、教学以及汉字与文化等问题。

（5）研究现代汉字在信息处理技术中的应用。

现代汉字学是新兴的学科，在研究内容和方法上都有待完善，任重道远。苏培成在讲到现代汉字学的任务时有一段精彩的论述：②

现代汉字学既以研究现代汉字的应用问题为目标，又肩负着推动现代汉字向前发展的重任。我们要把中国建设成为富强、民主、文明、和谐的社会主义现代化的国家，要进行现代化和信息化的建设，要发展教育，要发展科技，这一切都离不开汉语汉字这个重要的交际工具。现代汉语要不断地得到规范、丰富和发展，现代汉字要成为规范的、记录语言准确而且易学易用的高效率的文字。从社会需要说，现代汉字学要解决人际界面和人机界面中的汉字问题，还要解决汉语国际传播中的汉字问题，要为国家制定科学的文字政策提供理论支持。这个任务十分重大，也十分艰巨。当前，现代汉字学需要研究的问题很多。例如，人们常说汉字有"四难"，就是笔画繁、字数多、读音乱、检索难。正是这"四难"使得汉字难学难用、效率低下。为了变"四难"为"四易"，新中国建立后进行了大规模的汉字简化和整理，使"四难"有所缓解，但并没有完全解决。要进一步解决"四难"，就离不开现代汉字学的研究。现代汉字学任重而道远，可是作为一门建立不久的新

---

① 苏培成. 现代汉字学的学科建设. 语言文字应用，2007（2）.

② 苏培成. 现代汉字学的学科建设. 语言文字应用，2007（2）.

学科，它人手少、底子薄、成果还不多。要完成它肩负的重大使命，必须有国家和社会的大力支持，必须有自己的研究基地，还必须有一大批学术精英进行长期的、坚持不懈的努力。

第二节　现代汉字类型

一、汉字类型综述

汉字的性质问题也就是汉字的文字类型问题。世界文字类型据说是美国学者泰勒1899年提出并划分出来的[①]，苏联比较文字学家伊斯特林也说："很早以来就确定了把文字体系分为三种类型的传统分类法，这三种类型传统上称为'图画文字'、'表意文字'和'表音文字'。"[②]（图1-2）图画文字是初始文字，在线性化后，图画文字消失了，于是就只有两种文字，所以瑞士语言学家德·索绪尔将世界文字分为表意文字和表音文字两类。人们把世界文字对号入座进行分析，汉字也不例外。汉字的性质问题是汉字学中最根本的问题，从20世纪二三十年代至今，学界一直在对它进行讨论，主要分类有表意文字、语素文字、意音文字、表音文字，另外还有意符音符记号文字、表词文字、象形文字、音节文字、形音文字、语素·音节文字、音节·语素文字等。不过，至今谁也说服不了谁，汉字的分类是一个尚未完全解决的大问题。

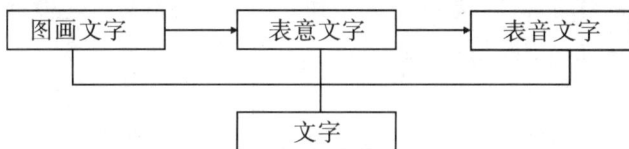

图1-2　文字演进

说明：西方学者认为文字是从低级到高级发展的，存在文字进化论，"表音文字"是文字发展的最高阶段；我们认为这种说法是错误的，实际上，表符文字才是文字发展的最高和最后阶段。

最早将汉字归入表意文字的是索绪尔[③]，他说："这种体系的古典例子就是汉字。"[④]这种观点传入我国后，对我国的汉字性质研究产生了很大影响，20世纪20年代，国人便开始了关于汉字性质的讨论。沈兼士当时在北京大学讲授"文字形义学"时说："综考今日世界所用之文字，种类虽甚繁多，我们把它大别起来，可以总括为两类：①意符的文

---

① 潘文国．字本位与汉语研究．上海：华东师范大学出版社，2002. 40.

② ［苏］B. A. 伊斯特林．文字的产生和发展．左少兴译．北京：北京大学出版社，1987. 127.

③ 索绪尔，全名费尔迪南·德·索绪尔（Ferdinand de Sanssure，1857—1913），瑞士语言学家，现代语言学理论的奠基者，现代语言学之父，他把语言学塑造成为一门影响巨大的独立学科。

④ ［瑞士］索绪尔．普通语言学教程．高名凯译．北京：商务印书馆，1980. 50.

字，亦谓之意字。②音符的文字，亦谓之音字。意字的性质，不以声音为主，而以表示形象为主，用文字来具体的或抽象的形容事物之状态，如文字画，楔形文字，中国的象形、指事、会意各字皆是；音字的性质以表示声音为主，大都是由意字转变来的，如欧美各国通用的拼音文字，中国的形声字皆是。"① 沈兼士的"意字"、"音字"即指"表意文字"、"表音文字"。不过，将汉字分属两种类型显然是不恰当的。

20 世纪 40 年代，张世禄在《文字学与文法学》一文中指出："中国现行的文字——汉字——就是现今世界上表意文字唯一的代表。"② 这种观点，至今还颇有影响。在高校中颇有影响的黄伯荣、廖序东主编的《现代汉语》教材继承了这种观点："世界上的文字基本上可以分为两大类：一类是表音文字，一类是表意文字。汉字是表意体系的文字，同表音文字有本质的区别。"③

语素文字最早是由赵元任在 20 世纪 50 年代提出来的，当时他称之为词素文字，他认为："用一个文字单位写一个词素，中国文字是一个典型的最重要的例子。"④ 后来，吕叔湘、朱德熙称之为语素文字。吕叔湘把文字分为音素文字、音节文字和语素文字，认为汉字是语素文字的代表，"也是唯一的代表"⑤。朱德熙说："文字是记录语言的，就汉字跟它所要记录的对象汉语之间的关系来看，汉字代表的是汉语里的语素。"⑥

意音文字主要是周有光在 20 世纪 50 年代提出来的，他认为汉字由意符、音符、定符组成，"综合运用表意兼表音两种表达方法的文字，可以称为'意音文字'，汉字就是意音文字之一种"，"从甲骨文到现代汉字，文字的组织原则相同，在有记录的三千多年中间始终是意音制度的文字"⑦。

表音文字是由吉林大学古文字研究人员在 20 世纪 70 年代末提出来的："古代汉字，就其文字符号的来源说，也就是从其构形原则来说，它是从象形符号发展而来的。但是，从它的发展阶段来说，它已经脱离了表意文字的阶段，而进入到表音文字的阶段。也就是说，这种文字，并不是通过它的符号形体本身来表达概念，而是通过这些文字所代表的语音来表达概念。绝大多数的古文字，其形体本身与所要表达的概念之间，并无任何直接的关系。"⑧ 后来，该文执笔者姚孝遂明确提出汉字是表音文字。他说："就甲骨文字的整个体系来说，就它的发展阶段来说，就它的根本功能和作用来说，它的每一个符号都有固定的读音，完全是属于表音文字的体系，已经发展到了表音文字的阶段，其根本功能不是通过这些符号形象本身来表达概念的，把它说成是表意文字是错误的。"⑨

意符音符记号文字是由裘锡圭提出的，他认为，汉字体系的性质是由构成汉字的符号"字符"而不是由作为语言的符号的文字本身来决定的。"字符"可分为意符、音符和记

① 沈兼士. 沈兼士学术论文集. 北京：中华书局，1986. 386.
② 张望道等. 中国文法革新论丛. 北京：商务印书馆，1987. 161.
③ 黄伯荣，廖序东. 现代汉语（增订三版上册）. 北京：高等教育出版社，2002. 164.
④ 赵元任. 语言问题. 北京：商务印书馆，1980. 144.
⑤ 吕叔湘. 语文近著. 上海：上海教育出版社，1987. 142.
⑥ 朱德熙. 语法丛稿. 上海：上海教育出版社，1990. 198.
⑦ 周有光. 文字演进的一般规律. 中国语文，1957（7）.
⑧ 吉林大学古文字研究室. 古文字研究工作的现状及展望. 古文字研究（第一辑）. 北京：中华书局，1979.
⑨ 姚孝遂. 古汉字的形体结构及其发展阶段. 古文字研究（第四辑）. 北京：中华书局，1980.

号三大类。"汉字在象形程度较高的早期阶段（大体上可以说是西周以前的阶段），基本上是使用意符和音符（严格说应该称为借音符）的一种文字体系。后来随着字形和语音、字义等方面的变化，逐渐演变成为使用意符（主要是义符）、音符和记号的一种文字体系（隶书的形成可以看作这种演变完成的标志）。如果一定要为这两个阶段分别安上名称的话，前者似乎可以称为意符音符文字，或者像有些学者那样把它简称为意音文字，后者似乎可以称为意符音符记号文字。考虑到这个阶段的汉字里的记号几乎都由意符和音符变来，以及大部分字仍然由意符、音符构成等情况，也可以称它为后期意符音符文字或后期意音文字。"①

最早明确提出表词文字的是美国语言学家布龙菲尔德。② 20 世纪 30 年代，他在其《语言论》中提出："用一个符号代表口语里的每一个词，这样的文字体系就是所谓表意文字（ideographic writing），这是一个很容易引起误会的名称。文字的重要特点恰恰就是，字并不是代表实际世界的特征（'观念'），而是代表写字人的语言的特征，所以不如叫做表词文字或言词文字（word–writing 或 logographic writing）。"③

象形文字是吴玉章在 20 世纪 40 年代提出来的，他在《新文字与新文化运动》（1940年）一文中认为"中国的汉字注重在形体，表示一个物件的词，就是这个物件的图形"，"每一件事情也按照事情的意义表示出来"，"这种表示事情的词也像那事情的样子，这种就叫做象形文字的系统"。④

张志公认为汉字是音节文字，他说："汉语是一种非形态语言。在汉语里，没有用某个音素表示某一种或某几种语法范畴的形态标志这种现象（英语 books，looks，my brother's letter 里的［s］音素）。因此，汉语在实际使用中只需要表示音节（包括单元音或复元音形成的音节）的符号，不需要只表示音素的符号。汉字是音节文字而不是音素文字，与汉语的非形态性相适应。"⑤

刘又辛认为汉字由形符和音符构成，所以是形音文字。他说："文字大体上可分为两个体系，一种是拼音文字，一种是以汉字为代表的形音文字。拼音文字的特点，是用几十个表音符号（字母）记录词语；汉字则是兼用表音和表形的符号记录词语。从符号和信息（词语、句子）的关系看，拼音文字和词语的关系只有语音一个方面的联系；汉字则除了表音以外，还有表形方面的联系。"⑥

语素·音节文字是叶蜚声、徐通锵提出来的，他们认为："汉字由于种种原因始终维持着意音文字的格局。它是一种语素·音节文字，即每一个汉字基本上记录语言中的一个单音语素；少数语素不止一个音节，只能用几个字表示，但每个字记录一个音节，如'玻'、'璃'、'彷'、'徨'等。"⑦

---

① 裘锡圭. 汉字的性质. 中国语文，1985（1）.

② 布龙菲尔德（Leonard Bloomfield, 1887—1949），美国语言学家，北美结构主义语言学的先导人物之一。

③ ［美］布龙菲尔德. 语言论. 袁家骅等译. 北京：商务印书馆，1980. 360.

④ 吴玉章. 文字改革文集. 北京：中国人民大学出版社，1978. 34.

⑤ 张志公. 张志公自选集（下册）. 北京：北京大学出版社，1998. 731.

⑥ 刘又辛. 汉语汉字答问. 北京：商务印书馆，1997. 124.

⑦ 叶蜚声，徐通锵. 语言学纲要. 北京：北京大学出版社，1981. 164.

音节·语素文字是尹斌庸提出来的，他说："一个汉字基本上代表一个语素。从语音上来说，一个汉字又表示一个音节。因此，综合上述理由，我们建议把汉字定名为音节·语素文字，或简称为语素文字。这一名称较好地反映了汉字的本质特点。"[①]

其实这些不同的说法，可归结为三大类：表意文字、表音文字和意音文字。如图 1-3 所示：

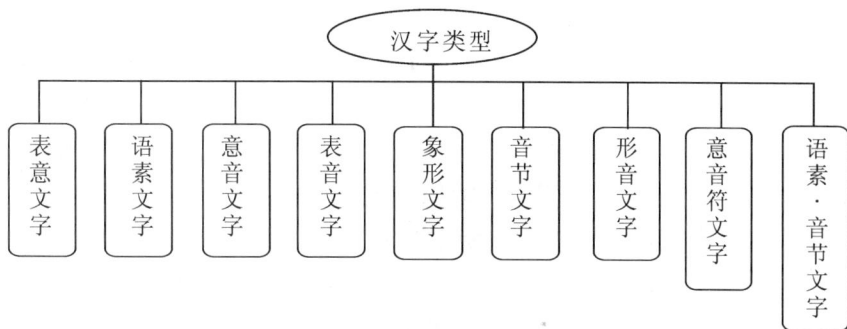

图 1-3　汉字类型

二、汉字类型认识存在的问题

目前对汉字性质的分析认识存在以下几个问题。

（1）标准问题。这是最根本的问题，标准不同，对汉字性质的认识也就不同。标准涉及三个问题：①什么是表意文字？什么是表音文字？什么是意音文字？②标准的统一性问题。我们要寻找不同文字的不同特点，必须要有一个统一的标准，这是比较的起码要求。标准不同就看不出它们的差异。比如，选美，一个以胖为美，一个以瘦为美，结果都是美的，看不出丑来；如果都以瘦为美，那么就有美与丑的区别了。有人提出汉字有它的特殊性，应该采取特殊的标准。用特殊标准在汉字内部分析是可以的，但是，只要把汉字放到世界文字中去比较，就必须坚持统一标准，要么用我们的标准，要么用别人的标准。总之，对世界文字类型的分析必须坚持世界共同的标准。③准确度问题。表意、表音准确到何种程度才能认定为表意、表音呢？比如形声字声旁的表音，是声母、韵母、声调都相同，还是只要有一项相同就算表音了呢？表意也是这样，是准确表意，还是模糊表意？表示义类算不算表意呢？我们认为必须准确表意、表音，否则表意、表音就失去了实际意义。基于这样的认识，我们认为，表音文字就是能够准确记录语音的文字，通过文字内部的结构能够准确解读出语言声音的文字，表意文字就是能够准确记录语言意义的文字，通过文字内部的结构能够准确解读出语言意义的文字，意音文字就是能够准确记录语言意义和声音的文字，通过文字内部的结构能够准确解读出语言意义和声音的文字。

（2）文字符号问题。文字是什么？文字是形、音、义的统一体。文字是记录语言的书写符号，书写符号有大有小，所以文字应该是最小的形、音、义相结合的书写符号。英语

---

① 尹斌庸．给汉字"正名"．中国语文通讯，1983（6）．

没有"字"的概念，那么英语的文字是什么呢？"a、b、c、d、e、f、g、h、i、j、k、l、m、n、o、p、q、r、s、t、u、v、w、x、y、z"是文字吗？有形、音，但是无义，不是文字，只是文字的结构单位——字母。"enough、hunt、book、living、smile、answer、carry"等，有形、音、义，才是文字。汉语的文字是什么呢？"一、丨、丿、丶、乛"等笔画虽然有形、音，但是无义，也不是文字，"二、大、酸、瑾、批、囊、能、川、社、美、宙、憨、砍、蒙、蠢、砷、纲"等有形、音、义，才是文字。汉语有联绵词，联绵词中的汉字有的没有意义，根据《汉字信息字典》对 7 785 个字的义项统计[①]，零义项的字有 593 个，占 7.6%。这些不是文字，它们要与其他字组合之后整体才是文字。例如，"蝙"、"蝠"不是文字，"蝙蝠"是文字，但这只是少数。总之，文字落实到具体的语言里，英语是词，汉语基本上等于汉字。汉字在古代汉语里与词基本上是对应的，在现代汉语里与语素基本上是对应的。如果我们设定词是由语素构成的，那么，不管古今，汉字都是与语素对应的，只是古代汉语的词一般由一个语素构成，现代汉语的词一般由多个语素构成。另外，文字在图形文字阶段不具备可分性，例如甲骨文的"龟"字，文字线性化以后，可以拆分了，英文单词可以拆分到最小的结构单位字母，汉字可以拆分到最小的结构单位笔画，这些最小的结构单位又可以组合成较大的结构单位，例如英语的词缀、词根，汉字的部件等，但不管怎样，我们在分析文字类型的时候，必须以文字的结构单位来分析，英义是以字母来分析的，汉字应该以笔画或部件、偏旁、形旁、声旁等来分析，而不能笼统地分析，不能因为汉字每个字都有读音或意义，就认为汉字是表音文字或表意文字。意义和声音必须是由文字的结构单位组合分析出来的。

（3）时间问题。表意文字、意音文字、象形文字、形音文字等都存在这个问题。汉字是自源文字，从古到今发生了很大的变化，究竟是以什么时候的汉字为判断的依据呢？是史前文字，还是甲骨文、金文、篆文、现代汉字？是秦朝汉字，还是唐朝汉字？有的人在研究汉字的表意、表音性质的时候，是以较早的汉字为基础的，有的汉字从甲骨文看是表意的，能够较准确地看出它的含义，形声字产生之初，声旁的读音与整个字的读音是相同的，但是，到现代汉字，这一切都不明显，甚至根本看不出来。对汉字性质的认识，是为了今天更好地运用汉字，所以，我们认为应该以现代汉字为判断的依据。

（4）数量问题。汉字是由少到多逐渐增加的，我们以多少汉字作为判断的依据呢？是判断一个汉字，还是十个汉字、一百个汉字？汉字比较复杂，但是不管怎样，必须以绝大部分的汉字为基础。甲骨文中的象形字只是少数汉字，以象形字代替整个汉字的性质是不恰当的。

（5）类型的层次问题。表意文字、表音文字、意音文字是一个层次上的，是从记录语言的方式划分出来的，处在文字类型的第一层次上，这是文字的根本类型。表词文字、语素文字、音节文字、音素文字等是另一个层次的问题，是从记录语言的长度，即语言单位划分出来的。我们不能把不同层次上的概念混合在一起，并以此来论述汉字的性质，首先必须解决汉字在记录语言方式上的类型问题。英文记录的是词，是表词文字，如果把英语的词根、词缀看成是携带了一定意义信息的语素的话，那么，英文也就成了语素文字，这

---

① 上海交通大学汉字编码组，上海汉语拼音文字研究组. 汉字信息字典. 北京：科学出版社，1988. 1112.

岂不是很出乎意料的结论！

（6）大众化问题。文字是大众的工具，判断汉字是何种类型的文字应该以普通文化者的眼光来判断，而不是专家的眼光。也就是说，对汉字类型的认定，普通文化者能够比较容易理解和接受，而不是只有专家才能识别出来。比如"鱼"、"水"、"月"、"日"，不认识这些字的人是看不出它的含义的，专家们也只是从甲骨文看出它的含义的。如果由此得出汉字是表意文字，又有何意义呢？英文是表音文字，谁都看得出来，不仅如此，只要懂得拼读规则，就可以读出音来。

三、现代汉字类型

语言比文字出现的时间要早，甚至要早得多，这点大家是公认的。语言是人最重要的交际工具，交际的目的不外乎是表达思想、情感、需要等。从知觉系统看，表达这些内容的手段有嗅觉、触觉、味觉、听觉、视觉五种，其中听觉、视觉是最重要的表达手段。语言则充分利用了这两种手段，语言最初只是借助听觉表达，听觉则通过语音来实现，语音是意义的携带者。语言要表达意义，语言是有声的，因此，语言最本质的核心是意义和声音两部分，是意义和声音的统一体。由于听觉表达受到时间和空间的限制，为了克服这个缺陷，后来在借助听觉表达的同时，又创造了视觉表达形式，由听觉转化为视觉，于是出现了文字。文字承载了语言的意义和声音，是语言视觉上的物质载体。

文字分类的标准是什么？文字是记录语言的书写符号，文字的出现打破了语言在时间和空间上的限制。因此，文字可以从多种角度分类，诸如在时间上可分为史前文字、古文字、今文字等；符号有简单和复杂之分，文字可以分为简单文字和复杂文字。但这些分类并没有揭示文字的本质特征，文字应该从本体去寻找它的特质。我们认为，文字是记录语言的，不同的文字有不同的记录方法，应该从记录的方法上去寻找这种特质。

文字是记录语言的，语言具有意义和声音两部分。英语记录的是词，汉语记录的是语素。所有文字在记录语言的时候，理论上有四种记录方式，并相应划分为四种文字类型。为了便于掌握意义，记录意义而不记声音，形成表意文字；为了便于掌握声音，记录声音而不记意义，形成表音文字；为了便于掌握意义和声音，记录意义和声音，形成意音文字（或音意文字）；意义声音都不记，只是纯符号，形成记号文字，为了与表意文字等相对应，称为表符文字，只是语言的物质形式。文字的分类见图1-4：

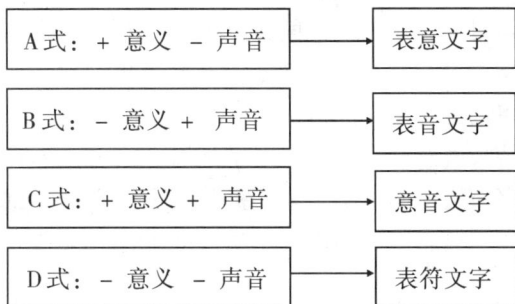

A式：＋意义 －声音	→	表意文字
B式：－意义 ＋声音	→	表音文字
C式：＋意义 ＋声音	→	意音文字
D式：－意义 －声音	→	表符文字

图1-4　文字的分类

从学习掌握语言的角度看，最好的文字是意音文字，人们一看见它（字词）就能够准确读出声音和知道意义，这是非常理想的文字。意义比较复杂，例如我们在学习英语的时候掌握词义较困难，语音比较简单，比较容易掌握。所以，较好的是表音文字，再次是表意文字，表符文字意义声音都不记，只有文字形式，掌握比较困难。文字是形、音、义的统一体，"形"是文字符号本身，"义"是语言的内容部分，"音"是语言的形式部分，文字在跟语言里的意义声音发生联系时，四种文字类型是不一样的，见图1-5（实线是直接联系，虚线是间接联系）：

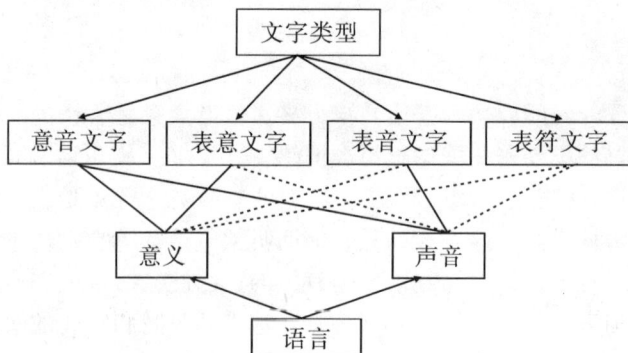

图1-5 文字类型关系

任何文字都要携带语言的意义和声音，都要与意义和声音发生联系。这种联系有直接联系和间接联系两种，直接联系要求文字必须准确记录意义和声音，能够据形识读出意义和声音，间接联系则不记录意义和声音，不能据形识读出意义和声音。意音文字直接与语言的意义和声音相联系；表意文字直接与语言的意义相联系，间接与语言的声音相联系；表音文字直接与语言的声音相联系，间接与语言的意义相联系；表符文字间接与语言的意义和声音相联系。只有意义而没有声音，或只有声音而没有意义，都不是文字。因此，文字是形、音、义的统一体，这种解释为我们认识汉字的性质提供了理论依据。

对汉字性质最早作出表意文字判断的是索绪尔。他在《普通语言学教程》中说，"表意体系"是"一个词只用一个符号表示，而这个符号却与词赖以构成的声音无关。这个词和整个符号发生关系，因此也就间接地和它所表达的观念发生关系。这种体系的古典例子就是汉字"①。索绪尔的判断包括两点内容：第一，不记录读音；第二，整体与意义间接联系。汉字不记录读音是对的，但与意义间接发生联系并不能证明它就是表意文字。根据我们的认识，表意文字是直接与意义发生联系的，表音文字、表符文字才是间接与意义发生联系的。其实英语的单词也与意义间接发生联系，不联系怎么表达意义呢？文字是记录语言的，语言最重要的特征就是表达意义，文字是语言的书面形式，也是表意的。索绪尔并没有对什么是表意文字作出明确说明，只是提到汉字与语言的意义之间的联系方式，所阐述的实际上是表词文字的概念。美国语言学家布龙菲尔德就指出了索绪尔的错误："用

① ［瑞士］索绪尔. 普通语言学教程. 高名凯译. 北京：商务印书馆，1980. 50.

一个符号代表口语里的每一个词，这样的文字体系就是所谓表意文字，这是一个很容易引起误会的名称……所以不如叫做表词文字或言词文字。"①

那么，什么是表意文字呢？表意文字就是能够准确记录语言意义的文字，通过文字内部的结构能够准确解读出语言意义的文字。这种文字实际上是不存在的。表意文字记录意义只能是形象地记录形象的事物，才能看出意义来。表意文字存在几个弱点：①绝大部分意义、事物是不形象的，因而无法记录。根据清代王筠、朱骏声对《说文解字》中象形字的统计，象形字只有两三百个，仅占九千多字的百分之三点几。②存在多义字的问题。根据《汉字信息字典》对 7 785 个字的义项统计②，2 个义项的字有 1 622 个，3 个义项的字有 1 023 个，4 个义项的字有 351 个，5 个义项的字有 57 个，多义字总计 3 053 个，占 39%。多义字的不同含义表意性怎样记录呢？如果多义字的不同含义要用不同的符号表达，那么文字符号的数量就会急剧增加。③意义很多，甚至无法穷尽，很难全部记录。所以，纯粹的表意文字是行不通的，是不存在的。

自源文字最初都只有极少的图形文字是表意的，如甲骨文中的象形字就是那些极少的表意图形文字，到后来都发生了变化，已经看不出所表何意了。古文字学家陈伟湛指出："如果讲见形知义，最好都是象形字，但一部《甲骨文编》将近三分之二的字不认识，新版《金文编》还有七八百字不认识。而不认识的字中间大都是有形可看的，很形象。容先生编的《金文编》'附录'还分上下，上卷是'图形文字之不可识'者，画得很清楚，什么意思，你去看看；下卷是'形声之不可识'者，有形有声，你给我看看。这就说明不能见形知义。这是比较困难的事情。"③詹鄞鑫也说："就拿'汉字'这两个字来说，'汉'从水，本是水名，但'汉字'的'汉'并非水名。这样能算是'表意'吗？同样，'字'跟房子（宀）或孩子（子）有什么联系？字源的解释未免显得太迂曲了。汉字即使表意，所表的也只是造字本义，而现代汉字所记录的语言，其中能符合汉字造字本义的词或语素微乎其微。从这点而言，说汉字'表意'是很勉强的。"④不少人认为汉字是表意文字，是因为有大量的形声字，形声字的形旁可以表意，但形旁只能提示笼统、粗疏的义类。即便如此，根据尹斌庸的研究，"在掌握了 1 550 个基本符号（形旁和声旁）的基础上，遇见一个组合字（形声字），先读声旁，再结合形旁去确定字义，成功的概率只在 30%左右。更简单地说，通用汉字有 70%的死记成分"。尹斌庸还说："形声字的形旁实际上并不直接表示汉字（语素）的意义，它只表示出与汉字意义的某种关系，如范围、种属、材料、工具等。汉字形旁只是在读准了字音的条件下，对确定语素的意义（字义）给予辅助的、参考的作用。如果离开了正确的读音，形旁只剩下一个极为抽象的空范围，根本无法由它去确定语素的含义。对于形声字的形旁，我们应给予恰当的估价。形旁的预示力比声旁的预示力模糊性大得多。"⑤

图形文字是文字萌芽之初的必然产物，但那时候文字的数量很少，还不能完全记录语

① ［美］布龙菲尔德. 语言论. 袁家骅等译. 北京：商务印书馆，1980. 360.
② 上海交通大学汉字编码组，上海汉语拼音文字研究组. 汉字信息字典. 北京：科学出版社，1988. 1112.
③ 汉字问题学术讨论会论文集. 北京：语文出版社，1988. 320.
④ 詹鄞鑫. 20 世纪汉字性质问题研究评述. 华东师范大学学报，2004（5）.
⑤ 汉字问题学术讨论会论文集. 北京：语文出版社，1988. 258.

言。图形文字线条化、抽象化后，图形文字就消失了，也就没有表意文字了。

表音文字就是能够准确记录语音的文字，通过文字内部的结构能够准确解读出语言声音的文字。这种文字识读出的声音是由字母性质的符号拼合而成的。索绪尔在《普通语言学教程》中认为："通常所说的'表音'体系，它的目的就是要把词中一连串连续的声音模写出来。表音文字有时是音节的，有时是字母的，即以言语中不能再缩减的要素为基础的。"[①] 可见，表音文字的判断标准有三个：第一，记录读音；第二，记录的是音素或音节；第三，记录的符号是字母。根据这个标准，汉字不是表音文字。

有人认为，汉字的形声字具有表音文字的性质，这种观点也是不正确的：第一，表音方法不对，表音文字是用极少的字母来记录读音的，形声字是用一个字给另一个字标音，而不是记录读音。即便如此，现代汉语的基本音节有 414 个，加上声调的变化，根据我们的统计，实际上有 1 254 个，要用 1 254 个字来表示读音，有这样复杂的表音文字吗？必须强调表音文字的符号具有记音的功能，而不是标音的作用（标音与记音有本质的不同），形声字的声旁则相反，只是起标音的作用。第二，随着语音的发展，形声字的标音效果也会减弱，直到最后彻底失去作用。理论上，形声字与声旁的读音古今有五种发展变化：①形声字读音不变，声旁读音变化；②形声字读音变化，声旁读音不变；③形声字读音与声旁读音向相同方向变化；④形声字读音与声旁读音向不同方向变化；⑤形声字读音与声旁读音都不变。只有第③种和第⑤种才会使古今形声字读音与声旁读音一致，声旁的标音才起作用。根据范可育、高家莺、熬小平的研究，现代汉字形声字声旁的精确表音率只有 26.3%。[②] 有表音效果如此差的表音文字吗？所以，不管从哪个角度分析，汉字都不属于表音文字范畴。"如果我们认定汉字与西文的根本差异在于表音表意的方式上面，就可以把'表音文字'定义为具有专用记写语音的表音符号的文字体系。汉字没有这样的表音符号，就可以大大方方地排除在'表音文字'之外了。"[③] 姚孝遂认为每个汉字都有固定的读音，实际上把语言的声音与文字符号本身显示出来的读音混淆了，任何文字都要附载语言的声音，有的文字符号本身显示出来的读音与语言的声音相同，因而具有记音的功能，有的文字符号本身不显示读音，仅仅附载语言的声音，不具备记音的功能。汉字属于第二种情况。

意音文字就是能够准确记录语言意义和声音的文字，通过文字内部的结构能够准确解读出语言意义和声音的文字。根据前面的论述，既然把汉字认定为表意文字和表音文字都不成立，那么意音文字表意部分和表音部分也就不成立，因此，把汉字认定为意音文字也就不成立。前面也提到，图形文字后，表意文字根本不存在，意音文字表意部分也就根本不存在，因此世界上不存在表意文字和意音文字，任何一种语言的使用者都不会也不可能创造这两种文字。

在四种文字类型中，表音文字、表意文字和意音文字都不成立，因此，汉字是表符文字，一种记号文字，既不表音，也不表意。目前多数观点认为汉字是表意文字，但我们认

---

① ［瑞士］索绪尔. 普通语言学教程. 高名凯译. 北京：商务印书馆，1980. 50.

② 苏培成. 二十世纪的现代汉字研究. 太原：书海出版社，2001. 376.

③ 詹鄞鑫. 20 世纪汉字性质问题研究评述. 华东师范大学学报，2004（5）.

为这种认识无益于汉字特点的认识与学习。若只是因为汉字某些形旁或部件与整字有关就认定它是表意文字，如果这种认定成立，那么认定它是表音文字也就成立，因为汉字同样有许多声旁或部件与整字读音有关，这种推论岂不是自相矛盾？

第三节　现代汉字溯源

一、仓颉造字说①

文字是记录语言的书写符号系统。文字的出现，扩大了语言的功能，使之脱离了只有口语的阶段，进入了口语和书面语并存的新阶段，人类的文明摆脱了言传身教的弱点而得以记录下来。凭借文字这种高效的信息传播工具，人类大大提高了文明的传播速度和效率。在人类文明的演化过程中，如果语言的出现是第一个里程碑，那么文字的产生则是第二个里程碑，它使人类由原始社会进入文明社会，或者说从史前阶段进入了有史阶段。汉字的形体演进如图1－6所示：

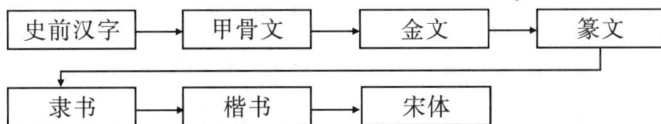

图1－6　汉字形体演进

文字的发明是人类文明的重要标志，美国的摩尔根（Lewis H. Morgan）在其《古代社会》中认为，文明"始于标音字母的发明和文字的使用"，"没有文字记载，就没有历史，也就没有文明"。②恩格斯在《家庭、私有制和国家的起源》中肯定了这一看法："人类从铁矿的冶炼开始，并由于文字的发明及其应用于文献记录而过渡到文明时代。""文明时代是社会发展的一个阶段，在这个阶段上，分工，由分工而产生的个人之间的交换，以及把这两个过程结合起来的商品生产，得到了充分的发展，完全改变了先前的整个社会。"③由此可见，文字是文明的一个重要因素。世界上曾经存在过的其他古老文字，早已失去了记录语言的功能而成为历史陈迹，例如古埃及圣书字、苏美尔楔形文字、玛雅文字等，只有汉字从古代一直沿用至今。

汉字的衍生是中华文明开始的标志，但汉字的起源却是一个千古之谜，一直困扰着我们，迄今没有得到完美的解决。一般都把甲骨文的时间作为汉字起源时间的下限。对于上限，则有不同的看法，我们能见到的系统成熟的汉字材料只有殷商时代的甲骨文，其时间

---

① 汉字的起源还有结绳说、八卦说和契刻说，这些说法都源自《说文解字叙》，我们认为这些说法更不可信，相比之下，仓颉造字说更可靠一些。

② 转引自：李学勤. 中国古代文明十讲. 上海：复旦大学出版社，2003.41.

③ 马克思恩格斯选集（第四卷）. 北京：人民出版社，1972.21.

大约在公元前 1400—1100 年。殷商甲骨文已经是相当成熟系统的文字，把它作为早期汉字起源是不恰当的。汉字在殷商甲骨文之前必然经历了一个相当长的发展阶段，在殷商时代的甲骨文之前肯定还有比较系统成熟的早期汉字，只是没有发现这些材料，或者这些材料没有保存下来。对此，大家的看法是一致的。但是，由于一直没有找到比甲骨文更早的文字材料，所以，没有人轻易地把汉字起源的年代往前推移，更不知道推到何时为止。也正因为如此，对汉字起源年代的研究至今没有取得突破性进展。就目前的研究现状来看，我们认为，仓颉造字说更可靠，影响最深远。许慎《说文解字叙》论汉字的起源时也提到了仓颉造字：

> 古者庖牺氏之王天下也，仰则观象于天，俯则观法于地，视鸟兽之文与地之宜，近取于身，远取于物，于是始作易八卦，以垂宪象。及神农氏，结绳为治而统其事，庶业其繁，饰伪萌生。黄帝之史仓颉，见鸟兽蹄迒之迹，知分理之可相别异也，初造书契，百工以乂，万品以察，盖取诸夬。[①]

仓颉，传为黄帝史官，主管文化教育，是汉字的创造者。关于仓颉造字有多种说法，一说仓颉看见一位天神，相貌奇特，面孔长得像一幅绘有文字的图画，仓颉便描出他的形象，创造了文字。还有一种传说，说仓颉仔细观察了鸟兽印在泥土上的脚印，而这些脚印启发了他发明文字的灵感。[②]

仓颉造字在一些文献中也有记载：

《吕氏春秋·君守》："奚仲作车，仓颉作书，后稷作稼，皋陶作刑，昆吾作陶，夏鲧作城，此六人者，所作当矣。"

《世本·作篇》："史皇作图，仓颉作书。"

《韩非子·五蠹》："古者仓颉之作书也，自环者谓之私，背私谓之公。"

李斯《仓颉篇》："仓颉作书，以教后嗣。"

《淮南子·本经训》："昔者仓颉作书而天雨粟，鬼夜哭。"

《春秋演孔图》："仓颉四目，是谓并明。"

《荀子·解蔽》："古好书者众矣，而仓颉独传者，一也。"

《淮南子·修务训》："史皇产而能书。"高诱注："史皇仓颉，生而见鸟迹，知著书，

---

① 许慎的这段话，说明了汉字产生前人类的 3 种记事方法——八卦记事、结绳记事和书契记事，也正是许慎这段话引出了汉字起源的几种说法。

② 据说黄帝统一华夏之后，感到用结绳的方法记事远远满足不了需求，就命史官仓颉想办法。于是，仓颉就在当时的渭水河南岸的一个高台上造屋住下来，专心致志地造起字来。可是，他苦思冥想，想了很长时间也没造出字来。有一天，仓颉发现地上有一个蹄印，可仓颉辨认不出是什么野兽的蹄印，正巧走来一个猎人，他便向猎人请教。猎人告诉他这是貔貅的蹄印，仓颉听了猎人的话后很受启发。他想，万事万物都有自己的特征，如能抓住事物的特征，画出图像，大家都能认识，这不就是字吗？从此仓颉便注意仔细观察各种事物的特征，并按其特征，画出图形，造出许多象形字。这样日积月累，时间长了，仓颉造的字也就多了。仓颉把他造的这些象形字献给黄帝，黄帝非常高兴，立即召集九州酋长，让仓颉把这些字传授给他们，于是，这些象形字便开始应用起来。为了纪念仓颉造字之功，后人在许多地方建了仓颉庙。河南新郑县城南为仓颉建有"凤凰衔书台"，宋朝时还在这里建了一座庙，取名"凤台寺"。陕西白水县城东北的史官乡也建有仓颉庙，2001 年 6 月被国务院批准为国家级文物保护单位，庙内存有汉代的《仓颉庙碑》，1975 年迁置西安碑林。

故曰史皇，或曰颉皇。"

晋书法家卫恒《四体书势》："昔者，黄帝创制造物，有沮诵、仓颉者，始作书契，以代结绳，盖二人皆黄帝史也。诸书多言仓颉，少言沮诵者，文略也。"

《春秋元命苞》："龙颜侈侈，四目灵光，实有睿德，生而能书。于是穷天地之变，仰观奎星圆曲之势，俯察龟文鸟羽山川，指掌而创文字，天为雨粟，鬼为夜哭，龙乃潜藏。"

《仓颉庙碑》："天生德于大圣，四目灵光，为百王作书，以传万世。"

一般认为，文字是广大人民根据实际生活的需要，经过长期的社会实践慢慢发展起来的。文字是非常复杂的系统，仅仅由一个人创造是不可能的，应该是集体智慧的产物。所以鲁迅认为文字在民间萌芽，一人创造一点，"……在社会里，仓颉也不是一个，有的在刀柄上刻一点图，有的在门户上画一些画，心心相印，口口相传，文字就多起来了，史官一采集，就可以敷衍记事了。中国文字的来由，恐怕逃不出这例子"①。郭沫若认为："任何民族的文字都和语言一样，是劳动人民在生活中从无到有，从少到多，从多头尝试到约定俗成，所逐步孕育，选练发展出来的。它绝不是一人一时的产物。"②

这里必须说明的是，文字不可能大量地自发在民间产生，这样，不同地区的人们是无法交流的，也不可能等到大量汉字产生以后才来整理规范，这同样是无法交流的。我们否认仓颉造字的原因在于他不可能创造大量的汉字，这是事实。但我们必须明白另外一个事实，汉字不是急剧增长的，而是逐渐增加的。最初的汉字可能只有几个、几十个，或者一两百个、两三百个，我们不能排除仓颉对这两三百个汉字的创造。如果这个成立，那么，认定仓颉造字是完全合理的。也许他造的就是为数不多的象形字和指事字，而文字恰恰是从象形字、指事字开始的，后人正是在他的启发下创造了其他汉字。这样，仓颉"见鸟兽蹄之迹，知分理之可相别异也，初造书契"就可以有合理的解释。我们认为，可以根据汉字的增长规律来推算汉字起源的时间，我们推算的结果证明在仓颉时代已经有一定量的比较成熟的汉字了。③综合这些来看，仓颉造字说是成立的。另外，有人认为："汉字起源的上限难以从实际上确定下来。现在能够提出的根据，最远的只有公元前 4 000 年左右属于仰韶文化的彩陶文以及时间与此相近的属于大汶口文化的陶器刻符。可以暂时把这一时期作为汉字起源的上限。从理论上说，汉字起源的上限也许比这还要早些，那要等发现新的考古证明时再向上推移了。"④ 如果一定要等找到早期汉字的材料才来确定汉字的起源时间，恐怕不是解决问题的最好方法，因为早期汉字的材料可能永远也找不到。所以，有必要调整研究的思路，从别的途径去寻求突破口，例如根据汉字的增长规律来推算汉字起源的时间。

"在四大文明古国中，埃及、巴比伦、印度由于种种原因，其古代文明早已随岁月的风尘灰飞烟灭、中断衰竭了，唯有中华文明虽历经劫难，却绵延不绝，一直持续到今天，凸显出极为坚韧的生命力和非凡的创造力。为什么唯独古老的中华文明能历久弥新、完整有序地向前演进？为什么一直到今天，悠久的中华文化依然生生不息、充满活力，对人类

---

① 鲁迅. 门外文谈. 鲁迅全集（第 6 卷）. 北京：人民文学出版社，1973. 86.

② 郭沫若. 古代文字之辩证的发展. 考古学报，1972（1）.

③ 马显彬. 汉字起源年代推论. 古汉语研究，2004（3）.

④ 何九盈，胡双宝，张猛. 中国汉字文化大观. 北京：北京大学出版社，1995. 8.

文明的进步继续发挥着重要作用?"① 毫无疑问，汉字在这个过程中发挥了中坚作用。从这个意义上说，如果上述推测成立，那么仓颉对中华民族的贡献前无古人，后无来者。人类发展至今没有任何一种发明的价值能够超越文字发明的价值。传说有的不可信，但是，不是所有的传说都不可信。

二、甲骨文②

甲骨文字是商朝后期写或刻在龟甲、兽骨（主要是牛肩胛骨）上的文字。殷人好占卜，其内容多为卜辞，也有少数为记事辞。《礼记·表记》载："殷人尊神，率民以事神，先鬼而后礼。"殷商时期，在处理大小事务之前都要用甲骨进行占卜，祈问鬼神，事后将所问之事契刻于甲骨上。甲骨在使用之前要经过加工，首先把甲骨上的血肉除净，接着锯削磨平，然后在甲的内面或兽骨的反面用刀具钻凿凹缺，这些凹缺的排列是有序的，然后用火灼烤甲骨上的凹缺，这些凹缺受热出现的裂纹称为"兆"，占卜者对这些裂纹的走向加以分析，得出占卜的结果，并把占卜是否应验也刻到甲骨上。甲骨上刻有占卜者的名字、占卜的日期、问题以及应验的情况等。

1. 甲骨文的发现

甲骨文发现于河南安阳小屯村一带，是商王盘庚迁殷以后到纣王亡国时的遗物（公元前14世纪中期—前11世纪中期），距今已3 000多年。19世纪后期，在安阳小屯村，农民在耕地时偶然发现了甲骨（图1-7）的碎片，无意间发现它的药用价值，他们把这些甲骨作为龙骨卖到药房作医用。可见，甲骨的发现时间是比较早的，只是人们没有意识到它的价值和身份。虽然甲骨文的发现确认离现在才一百来年，却有多种说法。

第一种说法：1899年秋天，国子监祭酒王懿荣③得了疟疾，派人到北京宣武门菜市口同仁堂药房买药，买回来的是一种叫龙骨的药，上面隐隐约约地有一些刻画的符号。王懿荣是

图1-7　甲骨

金石学家，精通铜器铭文。根据经验，他认定这些符号应当是古代的一种文字符号。对这

---

① http://www.gmw.cn/content/2007-04/06/content_585723.htm，2012-09-16.

② 从已有的材料看，汉字经历了甲骨文、金文、篆文、隶书、楷书、行书、草书等形式。印刷术发明后，为适应印刷要求而逐渐派生出来各种印刷字体，如宋体、黑体、仿宋体、美术体等。甲骨文、金文、篆书是古文字，隶书、楷书等今天还在使用，属于今文字。由于今文字大家都很熟悉，我们在汉字字体中还会涉及，这里主要介绍甲骨文、金文、篆书的演变情况。

③ 王懿荣（1845—1900），字正儒，一字廉生，山东福山（今烟台市福山区）古现村人。光绪六年进士，授编修。泛涉书史，尚经世之务，嗜金石，为国子监祭酒。庚子八国联军入京时，投井死。

种说法，加拿大传教士明义士的一段话可以作为佐证。他在《甲骨研究》中说王懿荣1899 年到北京某药店买龙骨，"回家研究，颇有所得"，"今之所称甲骨卜辞，彼实发现之第一人也"。① 1933 年，王懿荣的儿子王汉章在其所著的《古董录》中记述："先公索阅，细为考订，始知为商代卜骨，至其文字，则确在篆籀之间。" 说明王懿荣已经知道龙骨之上的符号为商代文字。

第二种说法：山东潍县的范维卿是位古董商，从河南安阳搜求了一些甲骨，并把它带到北京兜售。据说，范维卿和王懿荣是山东老乡，有些来往，偶尔也是王家的座上客。王懿荣是从范氏处得到甲骨，并由此发现确认甲骨的。陈梦家在《殷墟卜辞综述》里有一段话可以作为佐证："范估第一次在小屯买到少数的甲骨，乃于是年（己亥）之秋试售于王懿荣……因此一见了估人的'龟版'，便鉴定为有价值的古物。因此，次年庚子的前半年，他又两次重价购取了范估甲骨千余片。"②

另外，关于发现的时间也有不同说法。刘鹗在其《铁云藏龟》的自序中有这样的话："龟板己亥（1899）岁出土在河南汤阴县属之牖里城。既出土后，为山左贾人所得，咸宝藏之，冀获善价。庚子岁，有范姓客，挟百余片走京师，福山王敏公懿荣见之狂喜，以厚值留之。后有潍县赵君执斋得数百片，亦售归文敏。"③ 这说明王懿荣看到甲骨是在庚子年，即 1900 年，有人据此认为甲骨发现是在 1900 年。④

综上所述，不管哪种说法，甲骨文的发现都与王懿荣有关，他在甲骨学中的地位是不可替代的。

在王懿荣确认甲骨文的此后十年间，先后多人收购甲骨，有王襄、孟定生、刘鹗、罗振玉等中国人，也有美国人方法敛，英国人库寿龄、金璋，日本人林泰辅，加拿大人明义士等，共得甲骨数万片。至于官方的挖掘，1928—1937 年，中央研究院历史语言研究所考古组先后挖掘 15 次，共得甲骨约二万五千片；1973 年中国社会科学院考古研究所在河南安阳小屯南地发掘甲骨四千余片。很多国家都收藏有甲骨，除中国内地、台湾和港澳地区外，还分别藏于日本、美国、英国、加拿大、法国、苏联、德国、瑞士、比利时、荷兰、瑞典、韩国等国家。

甲骨文的发现与研究，具有重大的学术意义和历史价值。甲骨文的内容主要是殷商王室占卜的记录，涉及天气情况、农作收成、病痛、求子、打猎、作战、祭祀等。例如，甲骨文中"雨"字非常多，有"大雨、小雨、细雨、多雨、雨少、雨疾、猛雨"

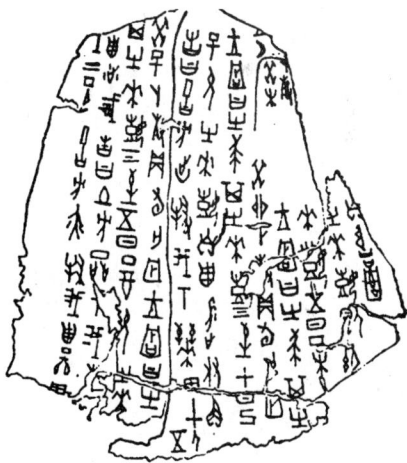

图 1-8 武丁时候的卜辞

---

① 转引自：朱顺龙，何立民. 中国古文字基础. 上海：上海社会科学院出版社，2004. 153.
② 陈梦家. 殷墟卜辞综述. 北京：中华书局，1988. 3.
③ "文敏" 是王懿荣死后，朝廷赐予的谥号。
④ 王懿荣发现甲骨文的时间，还有 1898 年和 1898—1899 年之间两种说法。

等词来形容雨量和种类。下雨的日期，卜辞中记载更为详细，如"壬辰卜，五月癸巳雨，乙巳亦雨"等。天文星象在卜辞中亦有记载，如武丁时期的一条卜辞（图 1-8）说："贞，日有食。"另一条卜辞说："之夕月有食。"①

甲骨文真实地反映了当时社会许多情况，丰富和证实了古代文献的内容。司马迁在《史记·殷本纪》中记载了商王朝的世系和一些历史情况，过去史学界许多人对这些记载将信将疑。20世纪初，罗振玉在他搜集的甲骨中，发现了刻有商王朝先公、先王的名字，证实了这些甲骨的出土地小屯就是《史记·殷本纪》中所说的"洹水南，殷墟②上"。学者王国维对甲骨卜辞中所见的商代诸先王、先公，对照《史记》记载作了详细的考证，证实了《史记·殷本纪》的可靠性。这些研究成果，把中国有考据可信的历史提早了一千年。甲骨文还在一定程度上填补了夏、周历史的空白，为考证夏、周的社会历史提供了珍贵的材料。

甲骨文是我国最古老的文字，对研究汉字的起源具有十分重要的意义，今天的汉字就是由甲骨文发展变化而来的。甲骨文的出现，使后人纠正了《说文解字》的违失，并与金文互为参证，解决了以往考释金文及其他古文字遗留下来的一些悬而未决的问题。

据统计，已发现的甲骨文有十五六万片以上，不重复的字有 4 600 多个，可识读的有 1 000 余字。在字形结构方面，指事、象形、形声、会意皆已齐备，在文义使用上转注（互训，即义近通用）、假借（音近通用）也都很清楚。从语法上看，甲骨文中有名词、代名词、动词、形容词等，其句子形式、结构序位也与后代语法基本一致。图 1-9 为未识读的部分甲骨文：

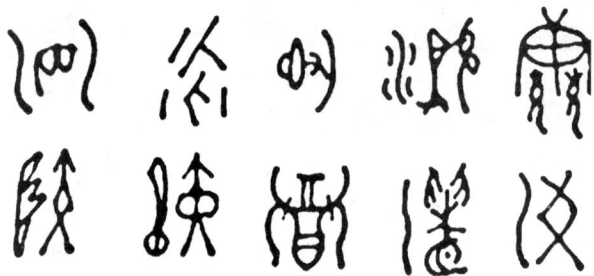

图 1-9 未识读的部分甲骨文

2. 甲骨文的特点

甲骨文在字形上有以下特点：

（1）由于书写材料与书写工具的特殊性，加上繁简不同，甲骨文字形大小、长短、粗细不一，有的字占几个字的位置。例如：

---

① 中国是世界上最早记录月食的国家。

② 殷墟是中国商代后期都城遗址。商朝第二十代王盘庚于公元前 1318 年，把都城从奄（今山东曲阜附近）迁到殷（小屯村一带），之后还历经 11 代王，在此建都达 273 年之久。

图 1－10

（2）甲骨文侧重组合表义，只要求含义明确，而不要求字形固定，因此甲骨文中的异体字非常多，有的字有十几个甚至几十个写法。例如：

家：

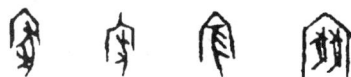

牧：

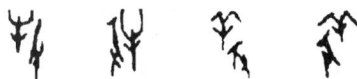

车（車）：

图 1－11

（3）合文是把两个或三个字刻在一起，在行款上只占一个字的位置。合文是古文字共同的现象，但甲骨文特别多，是甲骨文中普遍存在的现象。或左右相合，或上下相合，或三字相合。两字合文者占多数，三字合文较少见。例如：

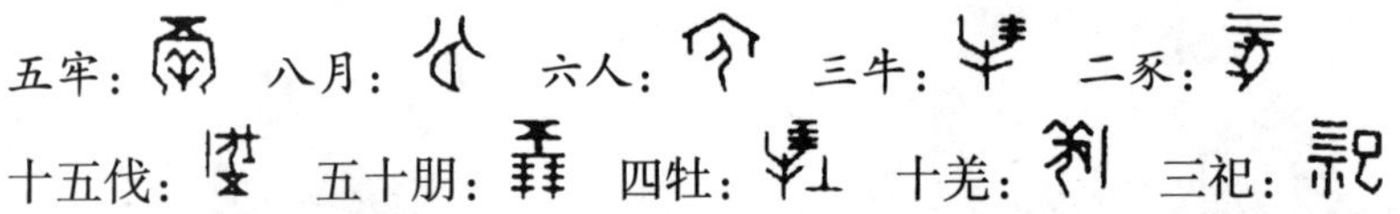

五牢：　　八月：　　六人：　　三牛：　　二豕：

十五伐：　　五十朋：　　四牡：　　十羌：　　三祀：

图 1-12

（4）甲骨文字形瘦长，笔形较细，方笔居多，除横笔、竖笔外，其他笔形不明显。例如：

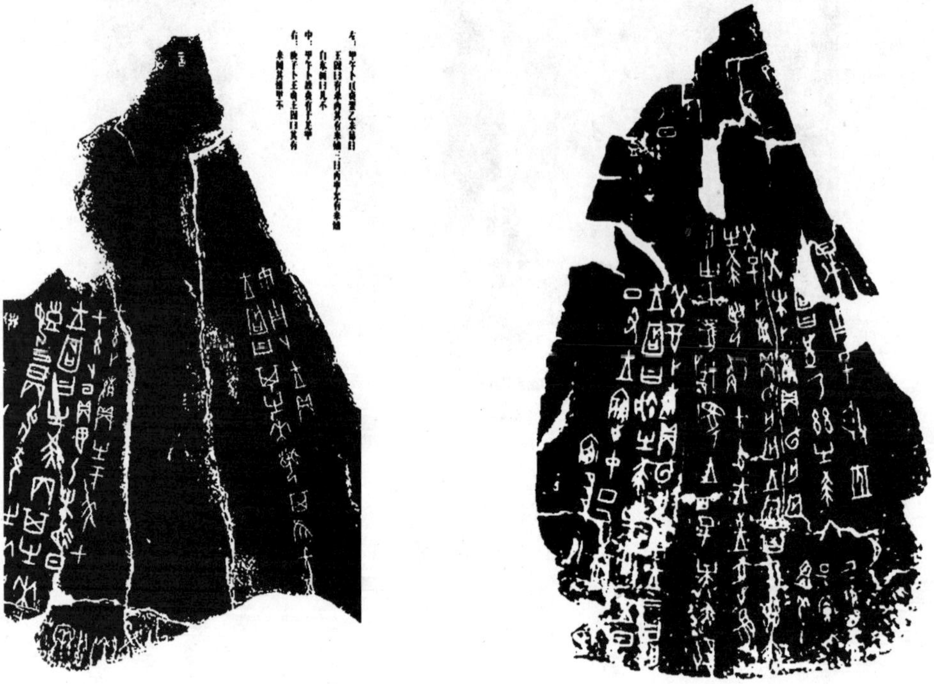

图 1-13

（5）甲骨文还保留了文字初期的一些形态，象形字居多，大部分按照事物的真实形状或主要特征进行构字。例如：

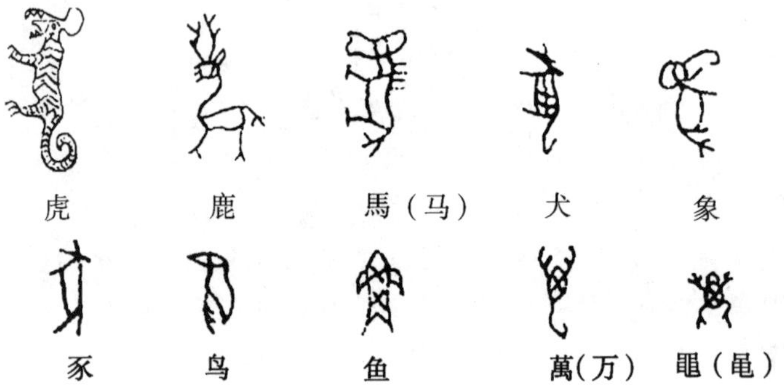

虎　　鹿　　馬（马）　　犬　　象

豕　　鸟　　鱼　　萬（万）　　黽（黾）

图 1-14

甲骨文的形体自成一体，郭沫若认为它是汉字书法艺术的源头，具有较高的艺术价值。1937年，郭沫若在其《殷契粹编》的自序中作了如下精辟的阐述："卜辞契于龟骨，其契之精而字之美，每令吾辈数千载后人神往。文字作风上因人因世而异。大抵武丁之世，字多雄浑，帝乙之世，文咸秀丽。细者于方寸之片，刻文数十，壮者其一字之大，径可运寸。而行之疏密，字之结构回环照应，井井有条。固亦间有草率急就者，多见于廪辛，康丁之世，然虽潦倒而多姿，而亦自成一格。凡此均非精于其技者绝不能为。技欲其精，则练之须熟，今世用笔墨犹然，何况用刀骨耶？……足知存世契文，实一代法书，而书之契之者，乃殷世之钟王颜柳也。"

在甲骨文的研究历史上，成就最大的首推"甲骨四堂"：罗振玉（1866—1940），号雪堂；王国维（1877—1927），号观堂；董作宾（1895—1963），字彦堂；郭沫若（1892—1978），字鼎堂。其中，罗振玉年纪最长，最早接触甲骨文且成就突出，因而被列为"四堂"之首。图1-15、图1-16分别为古文字学家罗振玉、董作宾的甲骨文书法：

图1-15　罗振玉甲骨文书法 　　　　　图1-16　董作宾甲骨文书法

著录甲骨文的资料较多。早期的有刘鹗的《铁云藏龟》、罗振玉的《殷虚书契》和《殷虚书契后编》、明义士的《殷虚卜辞》、林泰辅的《龟甲兽骨文字》等。后期有董作宾的《殷虚文字甲编》、《殷虚文字乙编》，胡厚宣的《战后宁沪新获甲骨集》、《战后南北所见甲骨录》、《战后京津新获甲骨集》、《甲骨续存》等。除此之外，还有郭沫若、胡厚宣主编的《甲骨文合集》（1978）、中国社会科学院考古研究所的《小屯南地甲骨》（1980）、李学勤的《英国所藏甲骨集》（1986）、许进雄的《加拿大皇家安大略博物馆藏怀特等收藏甲骨文集》（1976），后来姚孝遂将上述四种合编成《殷墟甲骨刻辞总集》（1987）。另外

还有高明的《古文字类编》（1980）、徐中舒的《甲骨文字典》（1988）、孙海波的《甲骨文编》（1934，1964 年修订）等。日本、加拿大、美国、英国、法国、苏联、德国等国所藏的甲骨，也已著录成书，分别发表。值得一提的是，郭沫若主编的《甲骨文合集》（1978）对甲骨文发现八十多年来已著录和未著录的十几万片甲骨材料进行系统的科学整理，广泛搜集全部出土的甲骨资料，分期分类，共收甲骨约四万片，编为十三册，为研究甲骨文和商史提供了系统的资料。

甲骨文汉字有 4 600 来个，能够释读的只有 1 000 多个，大量的甲骨文还未能释读。有人认为不能释读的多半是族名、族徽、地名等，但是我们认为，不可能 3 000 多字都是族名、族徽、地名等。目前，甲骨文研究还不够普及，只有少数人拥有甲骨文资料，我们应该建立甲骨文语料库，让更多的人加入研究的行列。

三、金文

金文是指铸刻在青铜器上的铭文。周以前把铜叫金，所以铜器上的铭文也叫金文或吉金文字。商周是青铜器的时代，青铜器的礼器以鼎为代表，乐器以钟为代表，又因为这类铜器以钟鼎上的字数最多，所以过去金文又叫"钟鼎文"。青铜器中的礼器常用来祭祀祖先，是宗庙的常用器物，通称彝器，也名尊彝，所以其铭文又叫彝铭、彝器文字等，《左传·襄公十九年》："且夫大伐小，取其所得以作彝器。"现在一般叫金文或铜器铭文。商代中期以后才出现带有铭文的青铜器，最有代表性的是西周的青铜器铭文。

所谓青铜，就是铜和锡或铅的合金。我国最早的青铜器发现于河南偃师二里头遗址中，其所处年代约当公元前 21 世纪至前 17 世纪，表明中国在夏代已进入青铜时代，至商代则为高度发达的青铜时代，青铜器的冶炼和制造技术十分发达。我国的青铜时代结束于春秋时期，至战国时期始被铁器时代所取代。青铜的出现，对社会生产力的发展有着划时代的意义。

随着原始社会的发展，鼎由最初的烧煮食物的炊具逐步演变为一种礼器，成为权力与财富的象征。鼎的多少，反映了地位的高低；鼎的轻重，标志着权力的大小。

图 1-17　司母戊鼎

图 1-18　毛公鼎

金文的研究最早可以追溯至春秋战国时期。《墨子·兼爱》："兼相爱，交相利，此自先圣四王者亲行之。何以知先圣四王之亲行之也？……以其所书于竹帛、镂于金石、琢于盘盂，传遗后世子孙者知之。"说明人们对金文有了一定的认识。汉武帝时期在汾水上出土"元鼎"。《说文解字叙》："郡国亦往往于山川得鼎彝，其铭即前代之古文。"

西汉张敞曾考释美阳所出周代鼎，其释文今天看来大体正确，开了金文研究的先河。

商周时期的铜器和铭文，北宋以前虽有发现，但由于出土数量很少，被看成是神瑞吉祥的象征。北宋以后，随着出土数量的增加，而逐渐只被显贵作为玩物欣赏。

宋代时期对青铜器和金文有了系统研究，金文学兴盛，出现了著录和研究青铜器的专著。第一个将收藏的古器物著录成书的是宋代的刘敞，他著有《先秦古器记》一书，随后还有吕大临的《考古图》、赵明诚的《金石录》、王黼的《宣和博古图》等。另外还有欧阳修的《集古录》、吕大临的《考古图释文》、薛尚功的《历代钟鼎彝器款识法帖》等书，那时研究金文的方法也趋于成熟，从而形成一门新的学科，即以金石文字为研究对象的金石学。①

元明时期，由于理学居统治地位，金石学被讥为玩物丧志，金文研究处于低谷。清代中期汉学风行，崇尚考据，金文研究随之复兴，著录和考释铭文的书籍数量远超前代，名家辈出。阮元的《积古斋钟鼎彝器款识》，吴大澂的《愙斋集古录》，孙诒让的《古籀拾遗》、《古籀余论》等，均有较大成绩。

至于近现代，在研究金文方面比较有成就的有罗振玉、王国维、郭沫若、唐兰、杨树达、于省吾、容庚、商承祚等。近现代著录金文的著作主要有王国维的《宋代金文著录表》（1914）、《国朝金文著录表》（1914），鲍鼎的《国朝金文著录表补遗和校勘记》（1913），罗福颐的《三代秦汉金文著录表》（1913），美国福开泰（John C. Ferguson）的《历代著录吉金目》（1938）。近些年来，由于各地出土的资料逐渐增多，新编有关金文目录的书籍继相而出。如周法高编《三代吉金文存著录表》、中国社会科学院考古研究所编《三十年来出土的殷周有铭铜器简目》（油印本）②，以及孙稚雏编《金文著录简目》等。

金文的内容是关于当时祭典、诏书、征战、围猎、盟约等活动的记录，在一定程度上反映了当时的社会生活。金文字体整齐遒丽，古朴厚重。和甲骨文相比，金文书体近似于甲骨文，但脱去板滞，变化多样，更加丰富了。各种器物上的文字，较之甲骨文长且完整。周宣王时的《毛公鼎》很具有代表性，其铭文共 32 行，497 字，是铭文最长的青铜器。战国时期河北平山县的中山王鼎，载文 469 字；中山王方壶，载文 448 字。此外，《大盂鼎》铭文、《散氏盘》铭文也是金文中的上乘之作。各种器物上的文字，有刻有铸，但铸多于刻，且多刻或铸在器物的外面，也有铸于器物内壁的。这些文字，在汉武帝时已被发现，之后又陆续有所发现。图 1-19、图 1-20 为两种有代表性的铭文：

---

① 所谓金，主要以殷周时代钟鼎彝器为大宗，旁及兵器、度量衡、符节、玺印、钱币、铜镜等物。石则以碑碣墓志为大宗，旁及摩崖、造像、经幢、石阙等物。金石学研究中国历代金石名义、器类、形式、制度、沿革，以及文字之形体、结构、风格。上自经史考订，文章义例，下至艺术鉴赏，无不揽罗其中。

② 中国社会科学院考古研究所《三十年来出土的殷周有铭铜器简目》，1983 年中华书局出版，更名为《新出金文分域简目》，所收主要是自 1949 年新中国成立以后至 1981 年底发表的资料。

图 1-19 西周毛公鼎铭文

图 1-20 西周小克鼎铭文

金文与甲骨文相比，也有与之相同的一些特点，异体字依然存在。由于金文的时间跨度比较大，早期金文和后期金文呈现出明显的不同。金文的特点主要有：

（1）金文的图画性质比较突出，早期金文更是如此，比甲骨文还形象、逼真。例如：

象：　　　　　家：　　　　　丙：

集：　　　　　子：　　　　　天：

图 1-21

（2）金文在定形方面有了明显的提高，与甲骨文相比，异体字虽然有所减少，但是总体而言仍较多。例如：

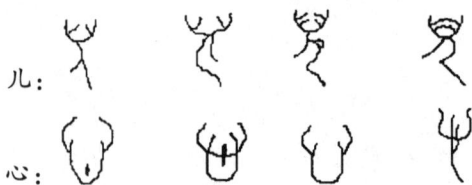

儿：

心：

图 1-22

（3）甲骨文受到书写材料和工具的影响，笔形瘦削修长，金文则不同，受到青铜器的影响，笔形圆润厚实、饱满粗壮，后期金文则略显清瘦。例如：

图1-23 大盂鼎铭文

图1-24 散氏盘铭文

（4）从甲骨文到金文，书写逐渐整齐，线条变得匀称，趋于平直，后期金文特征更是明显。例如：

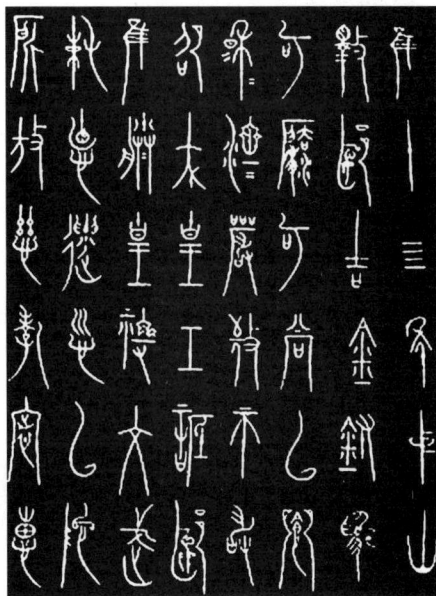

图1-25 中山王方壶铭文

图1-26 网络上来源不详铭文

（5）同甲骨文一样，金文字体也有鲜明的特点，在中国书法领域有着重要的地位，金文书法也有很高的艺术价值。例如：

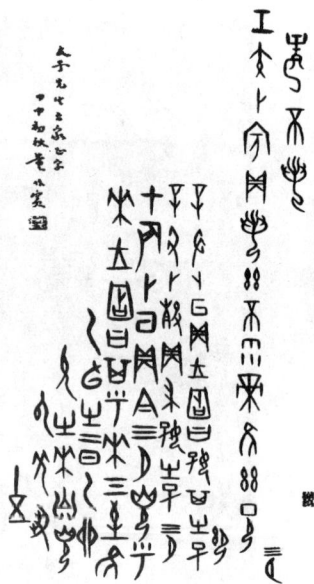

图 1 - 27　董作宾金文书法作品　　　图 1 - 28　临子璋金文书法作品

四、篆文

篆文，又叫篆书，包括大篆和小篆，一般所说的篆文多指小篆。"篆"字，《说文解字》训为"引书"，段玉裁注："引书者，引笔而著于竹帛也。"可见"篆"字含有"写字"之意。

大篆是相对于小篆而言的，有广义和狭义之分。广义的大篆是指秦代以前的甲骨文、金文、籀文和春秋战国时期通行于六国（齐、楚、燕、韩、赵、魏）的古文；狭义的大篆仅指籀文。籀文还有籀篆、籀书、史书之称，籀文出自《史籀篇》，《汉书·艺文志》记载《史籀十五篇》，自注："周宣王（公元前827—前781年）太史作大篆十五篇，建武时（25—56年）亡六篇矣。"魏晋以后此书全部失传。因其为籀所作，故世称籀文。《说文解字》保存了220多个籀文，是许慎依据所见到的《史籀》九篇收入的，并作为异体字附在正文之后，是我们今天研究大篆的主要资料。

唐初，在陕西凤翔县（今天兴县）发现了十个刻有文字的鼓形石墩，据说是周宣王打猎时所刻，[①] 是我国最早的刻石文字，但石鼓文风蚀严重，只有少数可辨清字迹。因内容记载畋猎之事，命名为"猎碣"或"雍邑刻石"；唐代诗人韦应物认为石的形状像鼓，改名"石鼓文"（图 1 - 29），现作为大篆的代表。北宋时候又发现三块刻字石头，内容是诅

---

① 一说是秦献公时所刻。

咒楚王的，将其文字称为"诅咒文"（图 1 - 30），也被看成是大篆的代表。

图 1 - 29　石鼓文

图 1 - 30　诅咒文

小篆又叫秦篆，是由大篆省改而成的，为秦朝丞相李斯等人所创，产生于战国后期的秦国，通行于秦始皇统一之后的秦朝和汉朝前期。春秋战国时期，秦、楚、齐、燕、赵、魏、韩等国书不同文，写法有异，亟待统一。正如《说文解字叙》所言："言语异声，文字异形。"秦始皇灭六国，统一华夏，推行"书同文，车同轨"，统一度量衡的政策，纷繁各异的各国文字严重阻碍了社会的发展，于是，由宰相李斯负责，在大篆籀文的基础上，进行省改、简化，《说文解字叙》："皆取史籀大篆，或颇省改，所谓小篆者也。"丞相李斯作《仓颉篇》，中车府令赵高作《爰历篇》，太史令胡毋敬作《博学篇》。李斯被称为小篆的鼻祖，《书断》论曰："画如铁石，字若飞动，斯虽草创，遂造其极。"通过改革，创制了全国统一的汉字形体，这也是我国历史上第一次大规模的官方的汉字规范运动，是汉字发展史上一个重要的里程碑，对促进经济、文化等的发展具有相当重要的作用。小篆数量很大，是古文字通向今文字的桥梁。秦时《泰山》、《峄山》、《琅琊》等刻石，传为李斯所书，是经典小篆的代表作品。[①] 还有无数的秦量、秦权和诏版也是用小篆书写的。小篆虽然后来被隶书代替，但至今它还被广泛地应用在印章上，长盛不衰。图 1 - 31、图 1 - 32 分别为秦时的泰山刻石与峄山刻石：

---

　　① 《泰山刻石》为秦始皇巡狩时在泰山顶所刻，石残。断石明代出土，残存篆书 29 字，乾隆五年（1740 年）毁于火，嘉庆二十年（1815 年），在山顶玉女池得残石 2 块，仅存 10 字。《峄山刻石》原石已被后来曹操登山时毁掉，但留下了碑文，今天所见到的是根据五代南唐徐铉的摹本由宋代人所刻。《琅琊刻石》在清乾隆时已开裂，诸城县知事宫懋让以铁束之。道光中铁束散，石碎，知县毛澄筑亭覆护。光绪二十六年（1900 年）四月大雷雨中此石散落。1921—1922 年王楮祐前后两次在琅琊台搜寻碎石，拼合后移诸城县署。

图 1-31　泰山刻石　　　图 1-32　峄山刻石

　　现在小篆集中见于东汉时期许慎的《说文解字》，全书共收 9 353 个篆文，但由于多种原因，根据后世发现的材料来看，《说文解字》中有少数篆文是不对的，有人认为是许慎之误。我们认为，这并不完全是许慎的错误，有可能是传抄的错误。① 表 1-1 为《说文解字》（简称《说文》）篆体与出土秦文字比较情况：

表 1-1　《说文》篆体与出土秦文字比较表

汉字	《说文》篆体	出土秦文字	汉字	《说文》篆体	出土秦文字
升			甀		
斗			犬		
欠			既		
早			疑		
戎			亥		
长			章		

　　汉字发展到小篆阶段，字形结构基本定形了，象形特点明显减弱，文字更加符号化。小篆的字形是长方形，笔画横平竖直，粗细均匀，流畅圆润，平面布局均衡，左右上下对称。例如：

---

　　① 《康熙字典》也注有小篆写法。

图 1-33

第四节 汉字的传播与分布

一、汉字与我国少数民族

汉族文化是强势文化，历朝历代都非常发达，即使在外族统治的时代，汉族文化依然兴旺强盛。清朝是满族统治的时代，但发展到清代中后期，满族文化已逐渐地与汉族文化融合，到最后满族官僚不得不学习和接受汉族文化。元朝是蒙古族统治的时代，最初他们把汉族人定性为下等人，强迫汉族人学习他们的文化，但最后他们还是被汉族文化所击垮。汉字是记录文化的，是文化的载体，汉字之所以长盛不衰，与强势的汉族文化有着密切关系。汉字在与少数民族交流中，对促进其文化发展，创造自己的文字发挥了重要的作用。图 1-34 为汉字的传播与分布情况示意图：

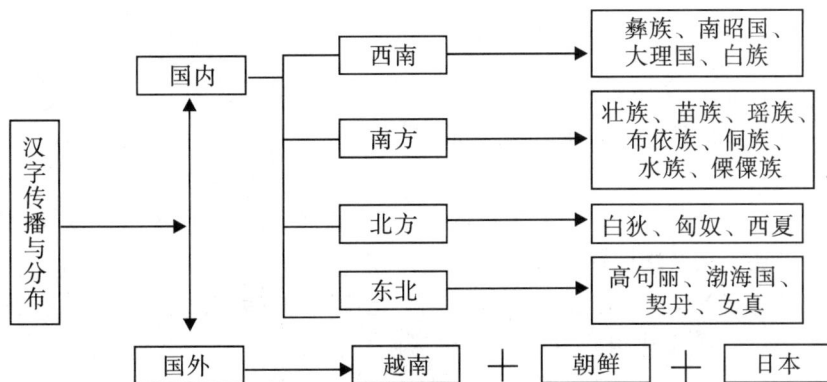

图 1-34 汉字传播与分布

1. 西南方向

汉字在西南方向的影响主要体现为对古巴蜀文字、彝族文字、南昭国文字、大理国文字和白族文字的影响。中原文化首先传入古巴蜀国，然后以巴蜀为起点，向西南方向辐射，进而影响西南地区少数民族的文字。少数民族在创造自己民族文字的时候，或是借用，或是仿造，例如彝文、白族文字就是如此。

白族文字：

侾，我们。

唔，嘴。

澝，雪。

叩，将、把。

彝族文字：

申（彝文），田。

弋（彝文），牛。

2. 南方方向

汉字在南方方向的影响比较大，首先中原文化传入吴越地区，然后吴越文化再向南传入闽越和南越，进而影响少数民族聚居区，进入西瓯、骆越。西瓯、骆越分化出多个少数民族，如壮族、苗族、瑶族、布依族、侗族、水族和傈僳族。总体来看，汉字对南方少数民族的影响是很大的，今天一些少数民族文字还保留着汉字的痕迹。

古壮文：

罺，田土，形声字，从"田"，"那"声。

鴑，鸟，形声字，从"鸟"，"六"声。

吤，我，形声字，从"口"，"九"声。

至，石头，会意字。

苗族在利用汉字方面主要有三种情况：一是直接使用汉字，形、音、义全部使用；二是假借，利用同音关系借用汉字，例如汉字"为"在苗文里面是"我"的意思；三是仿照汉字造出新的字，例如"峇"是"鼠"的意思。

3. 北方方向

狄，又叫白狄，是北方的一支游牧民族，规模不是很大，他们不仅吸收周代的文化和生活方式，而且还直接使用周代的文字。匈奴是北方的一支比较大的草原民族，最初他们没有文字，受到汉字的影响，创造了匈奴文字。党项族是古羌族的一支，后来建立了西夏王朝，汉族文化对西夏文化也产生了很大的影响。公元 1037 年，元昊推出了西夏文字，自称"蕃字"，在一定程度上摆脱了汉字的影响。但是，透过"蕃字"仍可看到汉字的痕迹，例如"口"就是由两个"反"字构成，即"贩"。

4. 东北方向

东北许多民族很早就跟中原保持着紧密的联系，建立的政权也与中原政权存在臣属关系。高句丽把汉字作为本民族的文字，在各种场合使用。渤海国是以靺鞨族人为主建立的，他们崇拜中原文化礼仪，受中原文化影响较深，行政上接受中原的领导，文字上也采用汉字。

契丹是鲜卑族的一支，被汉族打败后，臣属中原政权，后来建立了辽。文化上受汉族文化影响，实行双轨制，汉人用汉制，契丹人用契丹制。契丹在建国初期就创制了契丹文字，在辽、金推行了近三百年。汉字是契丹国的通行文字，皇帝穿汉服，太后穿契丹服，可见汉族文化影响之深。在辽统治时期，通行汉字和契丹文字，实行的是双字制。契丹把契丹语称为国语，与汉语并行，在这样的情况下创造了文字。契丹文字有两套，一是契丹大字，一是契丹小字。契丹大字主要是自造字和借用汉字，还有一些大字是将汉字改造字形、增减笔画而得到的仿造字。超过半数的大字由于没有解读出来，所以难以确定来源。契丹小字是一种标音文字，数量较少，规律性较强。契丹小字从字形和标音方法来看都是源于汉字的。例如：

契丹大字：兄（兄）夻（天）
契丹小字：灬（益）仐（伞）

女真族也是很古老的民族，很早就与中原有联系，与中原政权存在臣属关系。女真进入中原后全面吸收汉族文化，政治中心南迁，移民，仿汉族政治体制、礼仪和风俗。女真在建立金朝之后，创立了女真大小字，并与汉字和契丹大小字通行。女真族在很长时间内都使用汉字，也使用契丹字。女真字是汉式文字，虽像汉字但不是汉字，即使少量与汉字相同，音义也不同。例如：

月·（月）、朩（志）、卒（卒）、茶（茶）

二、汉字与越南、朝鲜

1. 汉字与越南

秦朝时，秦始皇派军队征服岭南，在岭南建立南越国，越南北部归南越国管理，置于象郡辖下。公元前 111 年西汉灭南越国，在其地设置交趾郡等九郡，大量汉人以驻军和垦荒的形式迁居越南，自此，中国直接统治越南长达 1 100 多年。由此可见，越南与中国有着密切的联系，在中国统治的 1 100 多年里，汉族文化的影响非常之大，渗透到其政治、军事和生活各个方面。在这 1 100 多年的时间里，汉语和汉字融入当地，汉字始终被作为正式文字加以推广。越南历史学家编写的许多历史书籍都是用汉字书写的，他们的招考制度与考试内容都沿用中国的体制与内容。

喃字是越南人仿照汉字创制的文字，用来记录越南语。尽管汉字对越南影响很大，但越南语属于南亚语系高棉语族，与汉语相比有很大差异。于是越南人仿照汉字创造了喃字，有人认为喃字大约是在 1209 年（李朝高宗治平龙启五年）创制的。喃字是从汉字的俗字发展起来的。王力认为喃字与汉字就是一种文字，因为它的构造成分与汉字完全相同。

喃字从造字法来看，一部分借用汉字，另一部分是仿照汉字自造字。

（1）借用汉字。直接借用汉字的形和义，只是读音作了调整，仿照越南语的读音，例如：

才，越南语与汉语形义相同，越南语读音是 tài。

史，越南语与汉语形义相同，越南语读音是 sù。

另外，还有一种同音假借，例如：

表 1－2　喃字比较表

喃字	眉	碎	沛	吏	包	英
读音	may^3	tai^1	$phai^3$	lai	bao^1	anh^1
词义	你	我	是	来	几何	兄

（2）自造喃字。这是仿照汉字造的一种字，属于喃字的代表。例如：

𡞕（母）、坤（模型）、𠫾（去）、𢆥（年）

16 世纪，西方传教士纷纷来到越南，宣传宗教，他们发现汉字和喃字都很难写，于是仿照拉丁字母拼写越南语，并在传教的过程中推行这种文字，还出版了一些用拉丁字母编写的书籍，对汉字和喃字产生了巨大的冲击。1862 年，法国占领越南并开始了殖民统治，1882 年规定公文要用拉丁文字书写，1885 年后在越南全国推行。1945 年八月革命胜利后，越南政府规定拉丁文字为全国唯一的文字，并加以推行。至此，汉字和喃字一起退出越南历史的舞台。

2. 汉字与朝鲜①

朝鲜与中国的联系很早就有了，而且关系密切。在春秋战国时期，齐国和燕国就与朝鲜有商业往来，秦汉时期联系更加紧密，中国文化的影响越来越大，汉字随着中国文化传到了朝鲜。在朝鲜出土的一些文物上都书写着汉字，汉字传入朝鲜已有两千年的历史。在唐朝，朝鲜还派出大批留学生到中国留学，学习汉字与文化，汉字已经融入朝鲜的日常生活中。

汉语也随着汉字传入朝鲜，大量的汉语词汇进入朝鲜语中，使朝鲜词语汉化。8 世纪大部分固有词语都汉化了，汉字尤其在上流社会占有统治地位。但是，对朝鲜语来讲，汉字也有不适应的地方，于是他们对汉字进行了变革，产生了方字和吏读。方字是朝鲜仿造的汉字，主要是通过形声字和会意字的方法仿造的。例如：

艍，小舟，形声字。
縇，席筵的边饰，衣缘，形声字。
畓，水田，会意字。
夻，大口鱼，会意字。

① 为了便于表述，这里的“朝鲜”包括今天的韩国。

朝鲜还有一种合音造字，就是把两个汉字结合在一起，两个字的读音就是新造字的读音。例如"乫"就是"加"和"乙"的组合。后来还出现过汉字与谚文的合音。

虽然造了一些方字，但是仍然解决不了汉字标注朝鲜语的弱点，于是出现了吏读。吏读也是由汉字和汉字变体构成的，但与以往不同，它按照朝鲜语的语法规则构词造句，属于汉字式的朝鲜民族文字。1940年朝鲜出土的《任申誓记石》载："今自三年之后，忠道执持，过失无誓。"按照汉语则为："誓曰：自今三年之后，执持忠道，无过失。"

吏读虽然在一定程度上起到了标记朝鲜语的作用，但并没有彻底解决这个问题，汉字与朝鲜语的冲突依然存在，加上汉字复杂、难学，于是创造了属于拼音文字的谚文。1443年颁布《训民正音》，谚文正式确立和推广。即便有了谚文之后，汉字在相当长的时间内仍然居于正统地位。1895年国家法律等文件改用谚文夹带汉字的办法，1948年则公布《谚文专用法》，规定所有官方文件全部使用谚文。朝鲜在1945年完全废弃汉字，只用谚文，韩国还保留了少数汉字，主要用于地名、人名等。

三、汉字与日本

中国与日本很早就有交往，《山海经》记载，汉武帝在灭朝鲜后，将汉朝的统治延伸到朝鲜半岛，这时与日本的联系更加紧密了。《汉书·地理志》记载，当时日本由许多小国组成，每年都派使臣来朝贡。随后朝鲜半岛出现了多个政权交错统治的复杂局面，日本与中国的交流受到一定的影响，但汉字还是在一定范围内流传开来。到了隋唐，中日交流更加紧密和频繁，大量的日本人来到中国留学，学习汉族文化与汉字汉语。遣唐使回到日本后大力宣传汉族文化和汉字汉语，汉字在日本得到较大的推广。604年，日本政府还颁布用汉字书写的法律，《古事记》（712年）、《日本书记》（800年）这些重要的著作都是用汉字书写的。701年，日本天皇颁布法令，制定了一系列发展教育的措施，模仿唐朝的教育制度，聘请到日本的汉族学人和到中国留学的日本人担任教师，汉族文化和汉字汉语得到很大的重视和推广。9世纪，日本还规定在官员考核中加考写作汉诗的能力，形成了学习汉语汉字和汉诗的热潮，出版了多部汉语诗集。中国的书法艺术也传入日本，产生了多位有名的日本书法家。总之，汉字在日本社会的各个方面都发挥着重要的作用。

汉语和日语是两种差异较大的语言，日语属于阿尔泰语系[①]，汉语属于汉藏语系，两者有着本质的不同，用汉字记录日语存在很大的困难。汉字传入日本的初期留下来的文献都是用汉字书写的，后来还把汉字作为公文用文字。日本江户时期，汉字仍是正统文字，甚至到了明治时期，汉字还在一些官方文件中存在。需要说明的是，汉字主要在知识阶层和上层社会使用，他们写汉字，作汉诗，读汉籍。但是，处于下层的平民百姓主要还是使用日语。

日本最初引入汉字的目的是想用它来记录日语，用汉字写作的文章夹杂着一些日语的语法。为了更好地记录日语，日本对汉字进行了音义两个方面的改造，出现了字音和字训，成为用汉字记录日语的最好办法。字音和字训这两个术语跟汉语的训诂学有关，"音"

---

① 有人主张归入南岛语系。

不仅是注音，而且还有音随义转的作用，"训"则是解释意义。

假借汉字的读音表示自己语言的词义是通行的做法，日语也有这种情况。他们把汉字用来记录日语的读音，不管其意义如何，这种汉字被称为假名。例如日本歌谣：

阿那迩夜志爱袁登壳袁
阿那迩夜志爱袁登古袁

意思是"啊，多么美丽的姑娘呀，多么伟大的男子汉呀"。

用汉字来记录日语的读音还是有许多局限。汉字同音字很多，可供选择的范围很大。另外，传入日本的字音，不同时期有不同的读音。在这种情况下，记录日语读音的拼音文字片假名和平假名应运而生。先有片假名，"片"是片断的意思，9世纪初弘法大师空海创制了平假名，但这些假名都是由汉字的偏旁演化而成的。

假名字母产生后，汉字在日本一统天下的局面被打破，汉字的应用受到很大的挑战。假名产生后，很快得到广泛的应用，尤其是在下层社会更加普及。但是，假名并没有完全代替汉字，自假名产生之后的一千余年里，汉字一直与假名混合使用。特别是到了近代，西洋文化传入日本，在拼音文字的影响下，假名这种拼音文字得到更大程度的重视与运用。18世纪以后，西方文明进入日本，有人提出废除汉字，全部改用假名，但没有得到大多数国民的支持。在"二战"结束以后，美国占领了日本，企图推行罗马字母，但绝大多数人反对，没有成功。

在新的形势下，日本对汉字采取了一些限制措施，减少汉字的使用数量。1873年明治时期要求把汉字控制在两三千个的范围内，1922年规定新闻用字3 500个，1933年规定标准汉字2 669个，1946年规定常用汉字1 850个，随后又公布常用汉字1 945个，另外还增加人名用字166个。现在日本严格把汉字控制在一定的数量，被废除掉的汉字全部改用假名替代。但是，不管怎样，汉字至今还活跃在日本生活的各个方面，当然，日本的汉字与中国的汉字绝大多数形、音、义都有差别。

最后需要说明的是，汉字还传入古琉球国①。另外，新加坡华人众多，也通行汉字。

---

① "二战"时日本吞并了琉球。

第二章　现代汉字字形

第一节　字形概述

一、字形

字形就是字的形体状态，它有广义和狭义两种理解。广义的字形包括繁简字、异体字和正体字以及我们通常讲的字体，如黑体、宋体、仿宋体、楷体、美术体等。例如：

費饑驕聰漣懲絲（繁体）
费饥骄聪涟惩丝（简体）
费饥骄聪涟惩丝（黑体）
费饥骄聪涟惩丝（宋体）
费饥骄聪涟惩丝（楷体）
费饥骄聪涟惩丝（仿宋体）

狭义的字形是指字的笔画形态和关系。例如：

贰武甙（楷体）

"弋"的点的位置不同，"贰"的点与横笔平行，"武甙"的点在横笔上方。

心（宋体）　　**心**（黑体）　　心（仿宋体）　　心（楷体）

宋体、黑体都是竖弯钩，仿宋体、楷体是卧钩。
这些细微的差异也属于字形问题。
我们这里讲的字形主要是指现代印刷字体的字形及其笔画形态。
在旧中国，汉字字形比较混乱，存在比较严重的分歧，具体表现为繁简并用、正体异体并存、印刷字形不统一。新中国建立后，为了扫除文盲、普及教育，对汉字进行了整理和规范，建立了一套比较科学实用的字形规范标准，更好地发挥了文字的书载作用。

二、字形特点

1. 笔画数繁多

汉字笔画数繁多，下面是平均笔画数的统计情况：

《辞海》，最多 36 画（齇），共计 16 296 字，平均为 12.706 画。

《现代汉语常用字表》，最多 24 画（矗），共计 3 500 字，平均为 9.741 画。

《现代汉语通用字表》，最多 36 画（齇），共计 7 000 字，平均为 10.173 画。

《GB2312—80 字符集》，最多 30 画（爨），共计 6 724 字，平均为 10.665 画。

《现代汉语频率词典》1 000 高频字平均笔画数为 7.958 画。[①]

各种数据平均笔画数为 10.249 画。

人们交流的时候不是以字为单位，而是以词为单位。我们这里以 1994 年国家颁布的《普通话水平测试大纲》中的 23 830 个词为例来说明问题。[②] 在 23 830 个词里面，单字词 1 894 个，多字词 21 936 个，多字词以 2 个字计算。

1 894 个单字词的笔画总数为 1 894 × 10.249 = 19 411.606 画

21 936 个多字词的笔画总数为 21 936 × 2 × 10.249 = 449 644.128 画

结论：23 830 个词平均笔画数为 469 055 ÷ 23 830 = 19.683 画

英语也是以词为单位进行交流的，但英语的单词平均字母数绝对没有 19 个。在同样的条件下，书写汉语的词，每个词平均要写 19 画。从输入法的角度来看，如果按照笔画法输入，汉语每个词平均要敲击键盘 19 次，足以说明汉字笔画数繁多。

2. 结构框架多样且复杂

英语单词的结构是线性排列，字母从左到右排列，结构单一。汉字是方块字，平面两维排列，笔画从左到右、从上到下排列。这种平面组合的特点决定了汉字结构的多样性和复杂性。汉字有多种结构类型，出发点不同，划分结果也就不同。唐代欧阳询提出 36 种，《书法三昧》列出 54 种，明朝李淳提出 92 种，傅永和先生将通用字的结构分为 85 种。曾经有人对《中华大字典》的结构作过统计[③]，得到 3 702 种结构类型。可见，汉字的结构框架确实多样、复杂。例如：

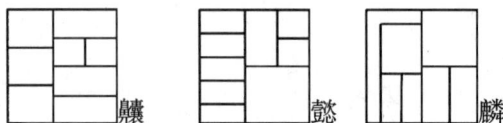

齇　懿　麟

---

① 《辞海》是文字改革委员会汉字处和武汉大学的统计数据，见何九盈等. 中国汉字文化大观. 北京：北京大学出版社，1995.79；常用字和通用字数据见陈原. 现代汉语用字信息分析. 上海，上海教育出版社，1993.40；上海交通大学汉字编码组，上海汉语拼音文字研究组. 汉字信息字典. 北京：科学出版社，1988.993；北京语言学院教学研究所. 现代汉语频率词典. 北京：北京语言学院出版社，1986.

② 刘照雄. 普通话水平测试大纲. 长春：吉林人民出版社，1994.36～346.

③ 于明江等. 汉字结构与汉字部件的计算机查频调查. 中文信息处理国际会议论文集. 中国中文信息学会，1987.

3. 笔画数越多字的清晰度越差

理论上，英语单词的结构是线性排列，字母从左到右排列，在左右距离固定的情况下，只会对左右方向的清晰度产生影响。而实际上，英语单词左右距离是不固定的，会随着字母数量的增减而调整，字母少则左右距离短，字母多则左右距离长。因此，对左右方向的清晰度不会产生影响。汉字是方块字，笔画在平面上组合，笔画从左到右、从上到下排列，在字号固定的情况下，会从上下和左右两个方向对清晰度产生影响。汉字平均笔画数是 10 画，总体来看，字的清晰度不及英语单词高。我们把 10 个字母构成的英语单词与 10 画字放在一起比较，同样是 5 号字，英语单词的清晰度确实比汉字高。例如：

cyberspace（网络空间）　precaution（防备）　supersonic（超音速的）
耕捣柴舱娟涛容羞兼烘鸳继毫著载捕

在笔画数固定的情况下，汉字的清晰度会随着字号的大小变化，字号越大则清晰度越高，字号越小则清晰度越差。同样是 10 画字，清晰度却不一样。例如：

耕捣柴舱娟涛容羞兼烘鸳继毫著载捕（3 号）

耕捣柴舱娟涛容羞兼烘鸳继毫著载捕（4 号）

耕捣柴舱娟涛容羞兼烘鸳继毫著载捕（5 号）

耕捣柴舱娟涛容羞兼烘鸳继毫著载捕（6 号）

耕捣柴舱娟涛容羞兼烘鸳继毫著载捕（7 号）

耕捣柴舱娟涛容羞兼烘鸳继毫著载捕（8 号）

在字号固定的情况下，汉字的清晰度会随着笔画数的多少而变化，笔画数越少则清晰度越高，笔画数越多则清晰度越差。同样是 5 号字，清晰度却不一样。例如：

一乙（1 画）
二十丁厂七卜八人入儿九匕几刁了乃刀力（2 画）
尸巳巴弓己卫子孑孓也女飞刃习叉马乡幺（3 画）
司尻尼民弗弘阮出阡辽奶奴尕加召皮边孕（5 画）
君灵即层屁屃尿尾迟局改张忌际陆阿孜陇（7 画）
剥恳展剧屑屐屙弱陵陬勐奘叠牂蚩崇陲陴（10 画）
壁遐犀属屡屏弼强粥巽疏隔鹭隙隘媒媪絮（12 画）
熟摩麾褒麈瘀瘊瘟瘢瘤瘠瘫斋鹕凛颜毅羯（15 画）
瓒鬟壤攘馨蘩蘘醾醴霰颥镳镶鼹籍纂鼯（20 画）
鬟趱攫攥颧躜罐鼹鼸瓤麟蠲（23 画）
蠹鼹攮嚯馕戆（25 画）
蠼（26 画）
爨（30 画）

戇（36画）

4. 形近字较多

形近字也跟汉字平面组合的特点有关，英语单词是线性排列，它只会在左右方向产生形近词，汉字则会在上下、左右两个方向产生形近字，因此，理论上汉字形近字的情况比较多。例如：

crow（乌鸦）/crown（王冠）　immoral（不道德的）/immortal（不朽的）

latitude（纬度）/altitude（高度）　march（三月）/match（比赛）

protest（抗议）/protect（保护）　inquire（询问）/require（需要）

sweet（甜的）/sweat（汗水）　through（通过）/thorough（彻底的）

戊戍戌　夫天　目且　末未　拔拔　辨辨辨辫　刺剌

竟竞　稚雉　拆折　揣踹喘惴　鹰赝膺　隅偶　炙灸

糖塘搪　杳沓　抠沤讴怄妪呕　获荻　脸睑　暇瑕遐

粹淬悴　人入　搓磋嗟　测恻侧　崇祟　辑揖　大丈

第二节　汉字的形体

一、《印刷汉字字体分类》国家标准

什么是字体？字体是从书写字形特征的角度对汉字所作的类型概括，如宋体、黑体、楷体等。汉字字体还有另外一种理解，即从应用造字角度对汉字进行的类型划分，例如异体字、繁体字、简体字、俗体字等。我们讲的字体是第一种，[①] 主要是指现代的印刷字体。

20世纪60年代初，出版物中常用的印刷字体有宋体、楷体、黑体、仿宋体四种，它们是汉字的基本印刷字体，使用最为广泛，其他各种形体的字体，都是以这四种基本字体为基础演变而来的。随着现代技术的应用，尤其是激光照排技术的应用，电脑里出现了许多新的字体。

汉字的字体可以根据字形特征进行分类，根据我们收集到的材料，国家新闻出版署曾经制定了《印刷汉字字体分类》国家标准，其分类如下：

（1）宋体系列：老宋体、书刊宋体（61-1宋体）、报刊宋体（64-1宋体）、宋一体、宋二体。

（2）仿宋体系列：仿宋体、长仿宋体。

（3）楷体系列：汉文正楷、华文正楷。

（4）黑体系列：黑体、长黑体、扁黑体、细黑体、圆头黑体。

（5）隶书系列：正文隶书、标题隶书。

---

① 严格来讲，字体还包括甲骨文、金文、篆文、草书等。

（6）魏碑体系列：魏碑体。

（7）美术体系列：小姚体、黑变体、美黑体。

各类举例如下：

老宋体：永警冠树冀康我
　　　　燕端凰建春秒国

书刊宋体：永警冠树冀康我
　　　　　燕端凰建春秒国

报刊宋体：永警冠树冀康我
　　　　　燕端凰建春秒国

宋一体：永警冠树冀康我
　　　　燕端凰建春秒国

宋二体：永警冠树冀康我
　　　　燕端凰建春秒国

仿宋体：永警冠树冀康我
　　　　燕端凰建春秒国

长仿宋体：永警冠树冀康我
　　　　　燕端凰建春秒国

汉文正楷：永警冠树冀康我
　　　　　燕端凰建春秒国

华文正楷：永警冠树冀康我
　　　　　燕端凰建春秒国

黑体：永警冠树冀康我
　　　燕端凰建春秒国

长黑体：永警冠树冀康我
　　　　燕端凰建春秒国

扁黑体：永警冠树冀康我
　　　　燕端凰建春秒国

细黑体：永警冠树冀康我
　　　　燕端凰建春秒国

圆头黑体：永警冠树冀康我
　　　　　燕端凰建春秒国

正文隶书：永警冠树冀康我
　　　　　燕端凰建春秒国

标题隶书：永警冠树冀康我
　　　　　燕端凰建春秒国

魏碑体：永警冠树冀康我
　　　　燕端凰建春秒国

小姚体：永警冠树冀康我
　　　　燕端凰建春秒国

黑变体：永警冠树冀康我
　　　　燕端凰建春秒国

美黑体：永警冠树冀康我
　　　　燕端凰建春秒国

《印刷汉字字体分类》还规定了不同字体的应用范围，这些字体的适用范围如下表所示：

字体使用范围表

字体系列	字体名称	适用范围
宋体系列	老宋体	刊物标题、广告宣传用字
	书刊宋体	书刊正文
	报刊宋体	报纸正文
	宋一体	书刊正文、报纸正文、辞书等工具书
	宋二体	书刊正文、小标题
仿宋体系列	仿宋体	诗集、古典文学著作、小标题

（续上表）

字体系列	字体名称	适用范围
	长仿宋体	刊物正副标题
楷体系列	汉文正楷	小学课本、儿童读物、刊物标题
	华文正楷	小学课本、儿童读物、刊物标题
黑体系列	黑体	刊物正副标题、广告包装用字
	长黑体	刊物正副标题、广告宣传用字
	扁黑体	刊物标题
	细黑体	书刊正文
	圆头黑体	刊物标题、广告宣传用字
隶书系列	正文隶书	书刊正文、小标题
	标题隶书	刊物标题、广告宣传用字
魏碑体系列	魏碑体	刊物标题
美术体系列	小姚体	刊物标题
	黑变体	刊物标题
	美黑体	刊物标题

　　《印刷汉字字体分类》是 1994 年颁布的，计算机出现后，特别是计算机发展到今天，这个标准显得落后了，应该制定新的国家标准。

二、现代标准字体

1. 隶书体

　　隶书也叫隶字、古书，它是在篆书基础上，为适应社会的变化发展，追求书写便捷而产生的字体。隶书体早在战国已经具备雏形，当代出土的豫西淅川战国楚墓竹简文字，笔画已经近直行，结体也带汉隶的波折。[1] 许慎《说文解字》："……秦烧经书，涤荡旧典，大发吏卒，兴役戍，官狱职务繁，初为隶书，以趣约易，而古文由此绝矣。"因为使用者多为隶人，即官府文书小吏、衙役等，故取名隶书。隶书分秦隶（也叫"古隶"）和汉隶（也叫"今隶"），汉隶大致在汉武帝中晚期形成，至汉宣帝时期成熟，在东汉时期达到顶峰，书法界有"汉隶唐楷"之称。[2] 正因为隶书是在两汉定型的，是两汉的主要书写文字，故隶书一般指的是汉隶。隶书的出现是汉字字形的一个转折点，是古代文字的一大变革，是古今文字的分水岭，标志着从此汉字告别古文字阶段，进入了崭新的时期，汉字彻底符号化，字形方正，大小一致，方块汉字正式形成。图 2－1、图 2－2 所示的分别是东

---

[1] 《史记》称程邈秦时创隶书。

[2] 唐代也有隶书，字多刻板，称为"唐隶"。隶书之后还出现过八分书，字形与隶书相似，有人因此把它归入隶书。

汉时期的张迁碑与曹全碑：

图2-1 东汉张迁碑

图2-2 东汉曹全碑

现代的印刷体隶书是以汉隶为基础设计的，既吸收了汉隶的风格，又注意到字体的规范。隶书体字形方扁，平画头部无顿笔，起笔藏峰，不露顿挫之痕，弯钩笔画在转弯收笔时顿笔明显，"蚕头雁尾"、"一波三折"是隶书体最大的特点。下面是今天的隶书体字：

中国　长城　故宫　天安门

图2-3

2. 楷体

楷体，又称楷书、正楷、正书，也称真书，根据字形的大小还分为大楷、中楷和小楷。楷书是以隶书作为楷模的，故名楷书，其字形较为方正，不像扁平的隶书。另说，楷体是字体的楷模、标准，《辞海》解释说它"形体方正，笔画平直，可作楷模，所以叫楷书"。楷书在西汉开始萌芽，经过东汉，唐朝兴盛，书法界有"汉隶唐楷"之称。西汉楷书的出现也是渐进的，到晋代楷书才定型，取代了隶书的地位，逐渐成为普遍运用的字体。初期的楷书，残留着隶书的痕迹，体略宽，横笔长而直笔短。唐代的楷书，兴盛成熟，书家辈出。唐初的欧阳询、中唐的颜真卿、晚唐的柳公权，其楷书作品均为后世的模范。① 东晋的王羲之，书法成就很高，被称为书圣，他在楷书上也有很高的成就，尤其是他的小楷备受人推崇。图 2-4 为三位书法大师的作品：

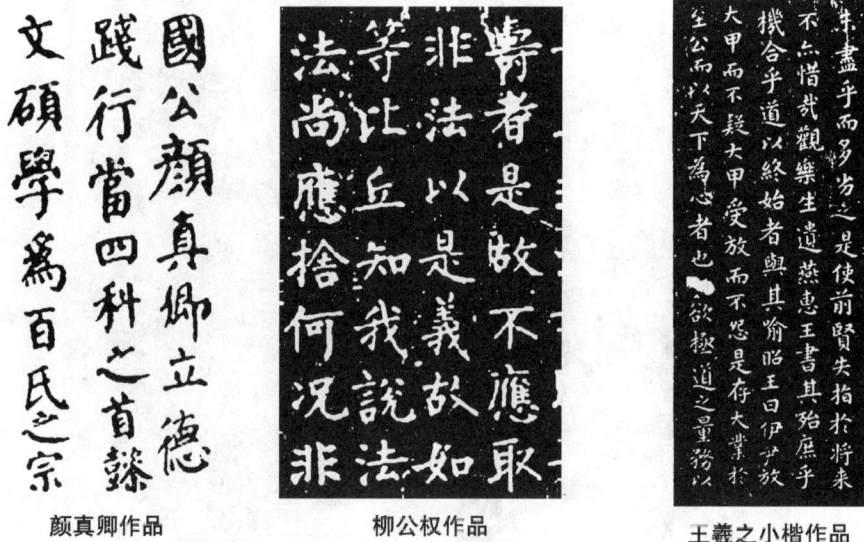

颜真卿作品　　　　柳公权作品　　　　王羲之小楷作品

图 2-4

20 世纪 50 年代以前，楷体字种类较多，之后在原有几种楷体的基础上设计了两种楷体，60 年代以后，只保留了一种楷体。楷体字形工整端正、匀称整齐，笔画粗细适中，舒展圆润，有手写字的笔意。楷体一般用于小学课本及幼教读物，以便于孩子们模仿与摹写。② 下面是今天的楷体字：

中国　长城　故宫　天安门

图 2-5

3. 宋体

宋体，也称书宋，萌芽于宋版书。在宋书中，已经出现了非颜非柳、笔画平整的印刷专用体，这就是宋体字的萌芽。宋体的形成跟印刷术有关，雕版印刷术发端于唐代，但技术还不成熟，到五代时期也没有太大的进展，一直到了宋代，国家安定后，经济发展迅速，社会读书风气日盛，官民有藏书的习惯，雕版印刷的刻书机构遍布城乡。应该说书籍产生和传播的需求促使雕版印刷得到迅速发展和普及。宋末时宋体已经比较成熟，到明代达到鼎盛。宋体因为是普通工匠所刻的一种字体，因此又称为匠体。宋体在明朝传入日

① 东晋以后，南北分裂，书法分为南北两派，北派书体带着汉隶的特点，笔法古拙劲正，风格质朴方严，即魏碑体。在古时宫、庙门见识日影及拴牲口的长方形石头叫碑，秦代在石头上镌刻文字，作为纪念物或标记，或刻文告等，秦代称为"刻石"，汉代以后即称"碑"。魏碑体指北魏时期的石刻，属于楷书，也有人认为它属于隶书，其实魏碑体兼有隶书与楷书的一些特点。

② 用楷体作标题时，字号必须比正文大一个字号，否则标题字会显得比正文小。

本，又称为明体、明朝体。图 2 - 6 所示为古书中的宋体：

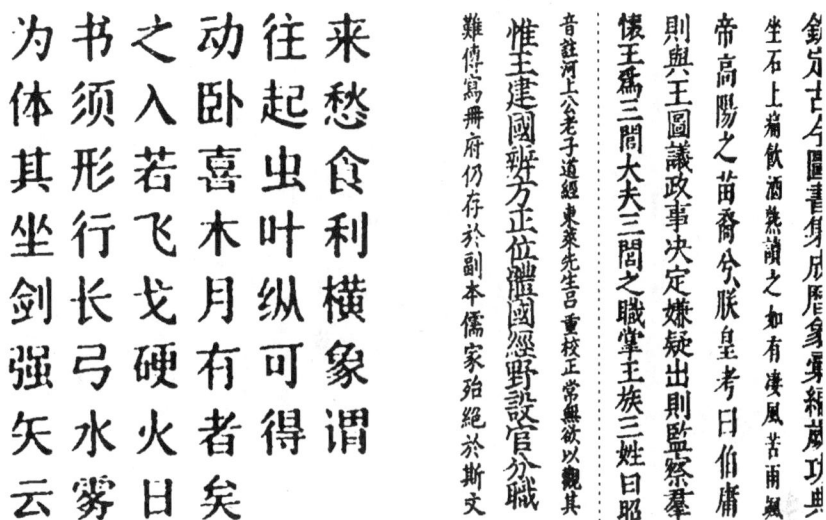

图 2 - 6　古书中的宋体

19 世纪铅活字排版技术传入我国后，刻字高手吸收了宋代以来版刻字体的各种风格，创造了新宋体字。20 世纪 60 年代以来，商务印书馆及华丰、华文等铸字厂家先后改进宋体，设计使用过七种宋体，其中两种为标题宋体，五种为正文宋体。

宋体字形方正，笔画横平竖直、横细竖粗、粗细适中，横笔的收笔处有装饰的三角，即"字脚"或"衬线"，点、撇、捺、钩等笔画有尖端，疏密布局合理，看起来清晰爽目，端庄稳重。宋体的印刷适性好，印出的笔道完整清晰，一直是书刊的正文首选字体，使用面最广，成为印刷中最常用的字体。下面是今天的宋体字：

中国　长城　故宫　天安门

图 2 - 7

4. 仿宋体

仿宋体是仿照宋体演变而来的，故称仿宋。仿宋体是 1916 年杭州金石书法家丁辅之、丁善之兄弟亲自仿写刻制的字体，1921 年丁氏兄弟与中华书局合作正式推出"聚珍仿宋体"。新中国成立后，字模厂又对仿宋体进行了精细的改进，在字体笔画风格及结构等方面，都已达到很高的水平。仿宋体既有宋体的风貌，又兼楷体的韵味，笔画挺劲，棱角分明，精细一致，横笔略向上方抬起，起笔笔锋尖细，收笔棱角分明，中端略细。仿宋体多用于中小号标题，报刊中的短文正文，古典文献和仿古版面等。图 2 - 8 所示为古书中的仿宋体：

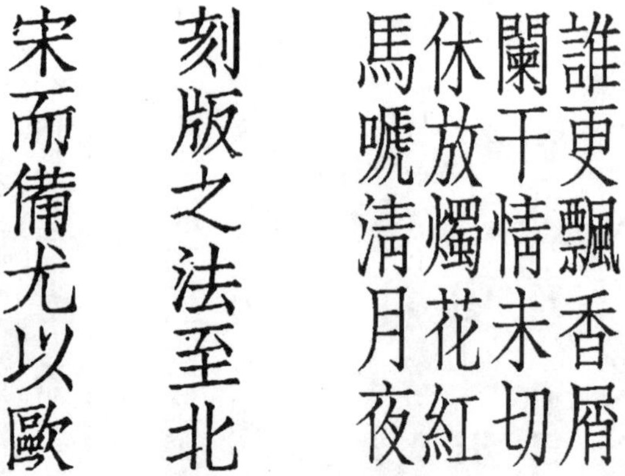

图 2-8　聚珍仿宋体

下面是今天的仿宋体字：

中国　长城　故宫　天安门

图 2-9

5. 黑体

黑体又称方头体、平体、粗体、等线体等，因笔画粗黑而得名。黑体大约出现于 20 世纪初期，是吸收西方等线黑体的风格而设计的。① 20 世纪 50 年代以前的黑体不太理想，缺乏规范化，推行简化汉字后，对黑体字作了重新设计，在字体结构和笔画粗细方面进行了精心处理，效果十分理想。黑体方正饱满，横竖笔画粗细相同、平直粗黑，起笔、收笔处成方头或圆头形状，无装饰角。由于汉字笔画多，小字黑体清晰度较差，所以一开始黑体主要用于文章标题，但随着造字技术的提高，已有许多适用于正文的黑体字型，可以排正文或辞书的词头。图 2-10 所示为 20 世纪初期的黑体：

图 2-10　20 世纪初期的黑体

---

① 也有人认为是模仿日本汉字的一种印刷字体。

下面是今天的黑体字：

中国 长城 故宫 天安门

图 2 - 11

三、计算机字体

计算机带来汉字字体的创新，各种字库应运而生，如金山字体库、方正字体库、文鼎字体库、华文字体库、汉鼎字体库、长城字体库、Photoshop 汉字字体库等，创设了许多新的字体。下面是 Microsoft Word 中的一些最常用的字体：

华文琥珀：**中华人民共和国**

华文彩云：中华人民共和国

幼　圆：中华人民共和国

华文行楷：中华人民共和国

华文新魏：中华人民共和国

华文中宋：中华人民共和国

华文细黑：中华人民共和国

方正舒体：中华人民共和国

方正姚体：中华人民共和国

微软雅黑：中华人民共和国

图 2 - 12

现在计算机已经有了甲骨文、金文、篆文等古文字字体，这些字体绝大部分与文献中的甲骨文、金文、篆文的字形有出入，不能以此认为文献中的古文字就是这样写的，更不能把它作为研究古文字的字形依据。例如"人鬼山水日月涉泉豆女男"：

甲骨文：

金　文：

篆　文： 　

图 2 - 13

目前计算机字体中美术字体最多，也最丰富。下面是搜集到的一些有特点的美术字体的例子：

方正细珊瑚体：　国家　民族　社会　团结　理智

迷你花瓣体：　国家　民族　社会　团结　理智

迷你嘟嘟体：　国家　民族　社会　团结　理智

迷你咪咪体：　国家　民族　社会　团结　理智

迷你妞妞体：　国家　民族　社会　团结　理智

迷你胖头鱼体：　国家　民族　社会　团结　理智

迷你香肠体：　国家　民族　社会　团结　理智

迷你雪峰体：　国家　民族　社会　团结　理智

迷你淹水体：　国家　民族　社会　团结　理智

迷你竹子体：　国家　民族　社会　团结　理智

文鼎齿轮体：　国家　民族　社会　团结　理智

文鼎花瓣体：　国家　民族　社会　团结　理智

文鼎潇洒体：　国家　民族　社会　团结　理智

方正粗活意体：　国家　民族　社会　团结　理智

方正剪纸体：　国家　民族　社会　团结　理智

汉仪彩蝶体：　国家　民族　社会　团结　理智

汉仪陈频破体：　国家　民族　社会　团结　理智

汉仪凌波体：　国家　民族　社会　团结　理智

汉仪漫步体：　国家　民族　社会　团结　理智

汉仪水波体：**国家　民族　社会　团结　理智**

其他美术字：

图 2-14

四、字号

字号就是"字的号码"，指铅字字丁字腹到字背的距离，是根据不同的需要对汉字形体大小的分类，为了统一规格，就人为规定了号码标准，字号分类的原则主要考虑书刊印刷中排版的需要以及视觉审美方面的特点。

我国的汉字字号最初是由美国印刷专家姜别利创设的。1859 年姜别利在宁波创制电镀字模，此后，为了解决中西文的混排问题，姜氏将汉字按照西文活字规格，制成七种不同大小的汉字活字，分别命名为：一号"显"字，二号"明"字，三号"中"字，四号"行"字，五号"解"字，六号"注"字，七号"珍"字。

我国汉字字号的分类采用数码表示，字号越大，字身越小。从大到小分别是：一号、二号、三号、四号、五号、六号、七号等。七号字在铅字里是最小的印刷体汉字，再小就没法刻制字模了。但在现代技术下已经有八号字。有时需要比一号字还要大的字，就叫做特号或初号，后来又在原字号的基础上适当缩小字身，出现了各字号的变体，称为"新 X 号"或"小 X 号"，三号字最初没有新字号，但目前电脑字库已经有小三号。字号总体如下：初号、小初号、一号、小一号、二号、小二号、三号、小三号、四号、小四号、五号、小五号、六号、小六号、七号。

字号大小以"点"（来自英文 point）为计量单位，也有译为"磅"的，[①] 换算关系如下：1 英寸 =72 点或磅，1 磅≈0.35 毫米。

汉字字号与磅数值的对应关系如下：

初号：42 磅，小初：36 磅，一号：26 磅，小一：24 磅

二号：22 磅，小二：18 磅，三号：16 磅，四号：14 磅

小四：12 磅，五号：10.5 磅，小五：9 磅，六号：7.5 磅

---

① 见 1958 年 6 月，文化部出版局《活字及字模规格化的决定》。单位"点"，容易让人误以为一个"点"就是针式打印机中的一个"针点"或者"墨点"的大小。为了适应人们的习惯，在一些文字处理软件中"字体大小"框提供的字号单位一般都用"磅"。

小六：6.5 磅，七号：5.5 磅，八号：5 磅①

初号：现代汉字

小初：现代汉字

一号：现代汉字

小一：现代汉字

二号：现代汉字 小二：现代汉字

三号：现代汉字 小三：现代汉字

四号：现代汉字 小四：现代汉字

五号：现代汉字 小五：现代汉字

六号：现代汉字 小六：现代汉字

七号：现代汉字 八号：现代汉字

图 2 – 15

第三节　字形整理与规范

一、简化汉字

1. 汉字简化简史

汉字总的演变趋势是简化。"汉字的历史，如果从殷商时代的甲骨文、金文算起，距今已有三四千年了。在这个漫长的时期里，汉字总的来说是处于变动与相对稳定之中。汉字的发展演变，就其形体来说，有简化也有繁化，但主导趋势还是简化。"② 简化汉字由来已久，甲骨文、篆书、隶书、楷书都有简体字。简体字在民间应用相当普遍，被称为俗体字。在南北朝的碑刻中已经出现简体字，到隋唐时代简化字逐渐增多，唐代颜元孙的《干禄字书》就收录了很多的俗体字。宋代以后，随着印刷术的发明，扩大了简体字的流行

---

① 关于字体大小的限制问题，在 Microsoft Office 系列软件中，"字体大小"框列表通常只列出了那些不超过初号及 72 磅的常用字号，而其他不常用字号和较大的字号都没有列出来，一些人便误解为最大的字号是 72 磅。其实，较大的字号可以通过单击字号栏，直接在字号栏里面输入一个合法的磅数值（允许输入 1~1 638 磅的字号，且允许以 0.5 磅为单位变化），这样就可以得到你想要的字号了。

② 张书岩. 简化字溯源. 北京：语文出版社，1997.2.

范围，简体字的数量大大增多。汉字一直处于不断的变化中，简化是主要倾向，只不过这些简体字主要是在民间使用。例如在甲骨文、金文中，"涉"就有多种写法（见图 2-16）：

图 2-16

周有光曾对 521 个简化字出现的年代进行过统计，结果如下：[1]

先秦，67 字，占 13%。例如：布、才（佈、纔）。

秦汉，92 字，占 18%。例如：碍、办（礙、辦）。

魏晋南北朝，32 字，占 6%。例如：爱、笔（愛、筆）。

隋唐五代，29 字，占 6%。例如：参、蚕（參、蠶）。

宋辽金元，80 字，占 15%。例如：边、标（邊、標）。

明清太平天国，53 字，占 10%。例如：罢、表（罷、錶）。

中华民国，57 字，占 11%。例如：袄、坝（襖、壩）。

中华人民共和国（截至 1956 年《汉字简化方案》公布，包括 1949 年前的"解放字"[2]），111 字，占 21%。例如：肮脏、拥护（骯髒、擁護）。

官方的汉字简化行为源于近代太平天国运动，不过太平天国灭亡后，文字简化运动也停止了。太平天国的简化字运动并没有相关的政策法令，但是，为了提升识字率，太平天国的官方文件都用简体字书写，例如在布告、土地证、商业执照、碑刻等方面都使用了大量的俗体字。经非正式统计，太平天国总共使用一百多个简体字。太平天国最有名的汉字简化是将"國"中的"或"改成"王"。

"五四"运动以来，白话文运动兴起，简化字获得许多知识分子的赞成。

1909 年，陆费逵在《教育杂志》创刊号上发表《普通教育应当采用俗体字》，第一次公开提倡使用俗体字。1922 年，又发表《整理汉字的意见》，提出精简汉字的办法，建议采用已在民间流行的简体字，并将其他笔画多的字也进行简化。

1920 年，钱玄同在《新青年》上发表《减省汉字笔画的提议》，认为汉字非简省不可。1922 年，钱玄同与黎锦熙、杨树达等知名学者一起向国语统一筹备会第四次大会提出了《减省现行汉字的笔画案》，系统地阐述了简化汉字的理由和办法。

1923 年，胡适在《国语月刊·汉字改革号》的"卷头言"中指出：要用"合理又合用的简笔新字来代替那些繁难不适用的旧字"。

1934 年，陈望道发表《文学和大众语》，提倡手头字，进一步推动了汉字简化工作。

1935 年 2 月 24 日，上海《申报》刊载《手头字之提倡》的新闻报道，同时发表了《推行手头字缘起》和《手头字第一期字汇》。

在这种形势下，国民政府开始重视汉字简化问题，蒋介石亲自找教育部部长王世杰询

---

① 周有光.语文闲谈（下）.北京：生活·读书·新知三联书店，1995.19.

② 中国共产党领导的抗日根据地和解放区的大量刊物及宣传品曾经采用和创造了许多简体字，是一大批新创的简体字，这些简体字被称为"解放字"。据支持汉字简化的学者称，它们流传到全国各地。

问汉字简化的可行性。王世杰委托北京大学教授、著名语言文字学家黎锦熙主持这项工作。1935 年 8 月，中华民国教育部发布部令，正式公布《第一批简体字表》，这是政府第一次大规模推行简化汉字。但是，由于保守势力的反对，1936 年 2 月教育部奉行政院命令，训令"简体字应暂缓推行"，《第一批简体字表》被收回废止。①

在新中国成立后，大规模的带有政府性质的汉字简化才真正开始，并得到很好的推行。

1950 年 8 月教育部着手汉字的简化工作。1951 年编辑了《第一批简体字表》，收字555 个。

1952 年文字改革研究委员会成立，并致力于汉字的整理工作。1954 年制定了《汉字简化方案草案》第一稿，收比较通行的简体字 700 个。毛泽东阅该稿后指出：拟出的 700个简体字还不够简。做简体字要多利用草体，找出简化规律，作出基本形体，有规律地进行简化。

1954 年中国文字改革委员会成立。经过细致工作，多方征求意见，反复修改，于当年11 月推出《汉字简化方案草案》（收 798 个简体字，拟废除的 400 个异体字，251 个手写体汉字简化偏旁）。

1955 年 1 月，中国文字改革委员会、教育部、中国人民解放军总政治部、中华全国总工会发出联合通知，印发《汉字简化方案草案》30 万份，征求意见，② 1955 年 9 月，中国文字改革委员会拟出《汉字简化方案修正草案》，删除了原草案中的"拟废除的 400 个异体字表草案"和"汉字偏旁手写简化表草案"。1955 年 10 月 15 日至 23 日，中国文字改革委员会和教育部联合召开了全国文字改革会议，修改了《汉字简化方案修正草案》中的 19 个简化字，取消了一个简化偏旁。

1956 年 1 月 28 日国务院全体会议第二十三次会议通过了《关于公布〈汉字简化方案〉的决议》。1956 年 1 月 31 日《人民日报》全文发表了国务院《关于公布〈汉字简化方案〉的决议》和《汉字简化方案》。该方案收简化字 515 个，简化偏旁 54 个。

1956 年 1 月 1 日全国报刊实行横排，使用简化字。

1964 年 2 月 4 日，国务院发布《国务院关于同意中国文字改革委员会简化字问题的请示的通知》。文字改革委员会根据国务院的指示对已经推行的简化字的使用情况进行总结整理，1964 年 5 月编印出版了《简化字总表》，作为简化字的标准。③

《简化字总表》分为三个字表。第一表是 352 个不作简化偏旁用的简化字，第二表是132 个可作简化偏旁用的简化字和 14 个简化偏旁，第三表是应用第二表所列简化字和简化偏旁类推简化得出的 1 754 个简化字。三个字表合计有 2 238 个字。因"签"、"须"两字

---

① 新中国成立后退守台湾的蒋介石于 1952 年再次提出文字改革，台湾国民党当局"教育部"组织专家学者研究简化汉字的方案。1956 年大陆推行简化汉字运动，国民党当局开始将简化汉字斥为"共党阴谋"、"忘本卖国"等，汉字简化被赋予政治色彩，最终不了了之。

② 自《汉字简化方案草案》发表至同年 7 月的半年多时间里，中国文字改革委员会共收到各界群众的来信和意见书 5 167 件，全国参加讨论的人数达 20 万，其中赞成《汉字简化方案草案》的人数占 97%。

③ 1957 年，中共展开"反右斗争"，很多知识分子因为曾对"汉字简化"及"汉字拼音化方案"提出异议而遭到迫害，中国大陆对汉字简化的质疑自此被压制。1967—1969 年"文革"火热时期，各地方红卫兵都曾推出不同程度过分简化的字体，"文革"后被明令禁止使用。

重复出现，实际有简化字 2 236 个。

虽然已对汉字作了一些简化，但民间要求进一步简化汉字的呼声很高，并自发地对一些字进行了简化。为了满足群众的要求，中国科学院文字改革办公室从 1972 年 7 月起，开始拟订《第二次汉字简化方案（草案）》的工作。1977 年 12 月 20 日，经国务院批准，中国文字改革委员会发表了《第二次汉字简化方案（草案）》，并于同日在《人民日报》、《光明日报》、《解放军报》及各省、市、自治区一级报纸发表。《第二次汉字简化方案（草案）》共收入简体字 800 多个，第一表收简化字 248 个，第二表收简化字 605 个。其特点是既减少了字的笔画，又精简了汉字的数量，比如"龄"简化为"令"，"帮"简化为"邦"，"舞"简化为"午"，"部"简化为"卩"，"副"、"腐"、"傅"都简化为"付"等。12 月 21 日《人民日报》开始试用《第二次汉字简化方案（草案）》第一表的简化字。次年 3 月 2 日教育部发出《关于学校试用简化字的通知》，但公布不久，中小学课本上就停止使用了。1978 年 7 月，《人民日报》、《解放军报》停止试用这批简化字。后来作过多次修订，权衡利弊之后，认为不推行为好。① 1986 年 6 月 24 日，国务院发出了《批转国家语言文字工作委员会〈关于废止第二次汉字简化方案（草案）和纠正社会用字混乱现象的请示〉的通知》，决定废止"二简（草案）"，重新发布《简化字总表》。国务院在通知中明确指出："今后，对汉字的简化应持谨慎态度，使汉字形体在一个时期内保持相对稳定，以利社会应用。"图 2 – 17 所示为"二简"中的部分简化字：

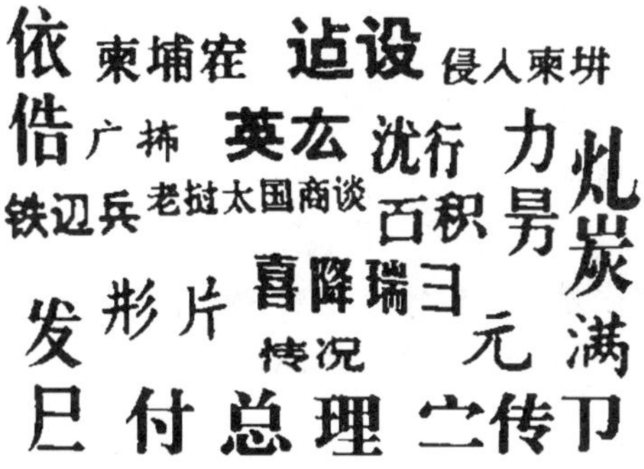

图 2 – 17 　"二简"中部分简化字

2000 年 10 月第九届全国人民代表大会常务委员会第十八次会议通过《中华人民共和国国家通用语言文字法》，以法律形式确定普通话和规范汉字作为国家通用的语言文字，同时对方言、繁体字和异体字作为文化遗产加以保护，并允许在一定领域和特定地区内长

---

① 第二次简化字在《人民日报》试用后很快受到舆论的强烈批评。当年积极倡导并参与新中国文字改革的周有光、胡愈之等名家批评这种文字"比例失调、难看之极，一味追求简单而失去了汉字的风貌"。

期存在。至此，汉字简化工作停止了，汉字字形稳定下来。①

2. 1986 年版《简化字总表》

重新发表的《简化字总表》对原表中的个别字作了调整，调整的内容有如下三个方面：

（1）"叠、覆、像、囉"不再作"迭、复、象、罗"的繁体字处理。因此，在第一表中删去了"迭［叠］"、"象［像］"两组字，"复"字字头下删去繁体字［覆］，在第二表"罗"字字头下删去繁体字［囉］，"囉"依简化偏旁"罗"类推简化为"啰"，收入第三表。这样，第一表的简化字便由 352 个变为 350 个，第三表的简化字由 1 752 个变为 1 753个，三个表的简化字总数为 2 235 个。

（2）"瞭"字读 liǎo（了解）时仍简作"了"，读 liào（瞭望）时作"瞭"，不简作"了"。

（3）对第一表"余［餘］"的脚注内容作了补充（在余和馀意义可能混淆时，仍用馀）。第三表"饣"下偏旁类推字"雠"字加了脚注（雠：用于校雠、雠定、仇雠等。表示仇恨、仇敌义时用仇）。

叠：（过去）迭加、迭韵、迭字→（现在）叠加、叠韵、叠字

覆：（过去）复盖、复灭、复没→（现在）覆盖、覆灭、覆没

像：（过去）象话、象章→（现在）像话、像章

罗：（过去）罗嗦→（现在）啰嗦

瞭：（过去）了解→（现在）了解

（过去）了望→（现在）瞭望

雠：（过去）校仇→（现在）校雠

（过去）仇恨→（现在）仇恨

新《简化字总表》正文共三个字表，共收简化字 2 235 个，第一表是"不作简化偏旁用的简化字"350 个，第二表是"可作偏旁用的简化字"132 个和 14 个简化偏旁，第三表是"应用第二表所列简化字和简化偏旁得出来的简化字"1 753 个（在《新华字典》8 000字的范围内）。

简化字构成方式主要有：

（1）保留原字特征轮廓：卤［鹵］、号［號］、丽［麗］、伞［傘］、肃［肅］、际［際］、飞［飛］、开［開］、声［聲］、录［錄］、齿［齒］。

（2）改换为形体较简单的声旁或形旁：

改换声旁：运［運］、辽［遼］、补［補］、优［優］、拥［擁］、袄［襖］、胆［膽］。

改换形旁：猫［貓］、愿［願］、肮［骯］、唇［脣］、贷［貸］。

声形都换：惊［驚］、帮［幫］、响［響］、护［護］。

---

① 目前，简体字主要在中国内地、马来西亚、新加坡以及东南亚的一些华人社区中使用。过去简体字与繁体字并存于联合国各式文件中，中华人民共和国于 1971 年恢复联合国合法席位后，目前联合国中已无成员国家使用繁体中文字体。联合国的汉字体系标准与中国内地的简体汉字保持一致。对外发布的汉字正式文本以简体汉字为准。2008 年后，联合国不再同时发行两种汉字文本，只保留简体文本。

（3）用会意字改形声字或会意字：尘［塵］、体［體］、灶［竈］、笔［筆］、宝［寶］。

（4）用形声字改会意字：邮［郵］、宙［竄］、桩［椿］。

（5）草书楷化：为［爲］、长［長］、书［書］、车［車］。草书如下：

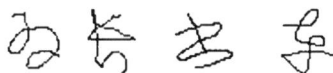

图 2 - 18

（6）简单符号代替：仅［僅］、汉［漢］、师［師］、归［歸］、赵［趙］、区［區］、枣［棗］。

（7）同音或近音代替：丑［醜］、后［後］、斗［鬥］、只［隻］、卜［蔔］、谷［穀］。

（8）利用古旧字体：万［萬］、无［無］、尔［爾］。

（9）用简化偏旁或简化字类推：页［頁］：颜［顔］、顺［順］、额［額］；专［專］：传［傳］、转［轉］、砖［磚］；择［擇］、译［譯］、泽［澤］、驿［驛］。

3. 简化字的效果

汉字简化取得了明显的效果。① 首先减少了笔画数目。1986 年版《简化字总表》简化字 2 235 个，总笔画数 23 025 画，平均每字 10.3 画。被简化的 2 261 个繁体字，总笔画数 36 236 画，平均每字 16 画，平均每字减少 5.7 画。

其次，减少了通用汉字的字数。几个繁体字共用一个简化字。如"臟（内脏）、髒（肮脏）"合并用"脏"；"檯（桌子）、臺（高而平的建筑等）、颱（台风）"合并用"台"；"干（干涉）、乾（与湿相反）、幹（树干）"合并用"干"。这样共减少了 102 个字。

在 8 000 个字的范围内，简化了 2 235 个字，占总数的 27.9%，简化了四分之一以上。根据对《现代汉语常用字表》的统计，其中常用字 2 500 个中，有简化字 857 个，占 2 500 个常用字的 34.28%，三分之一以上得到简化；次常用字 1 000 个中，有简化字 287 个，占 1 000 个次常用字的 28.7%，四分之一以上得到简化；二者合计简化字共 1 144 个，占 3 500 个常用字总数的 32.69%，接近三分之一的汉字得到简化。一般的文章用字，大体在 3 500 个常用字范围内，因而一般的文章用字有三分之一得到简化。

简化字有它的优点，仅从表意表音功能来看，有很多简化字明显优于繁体字。例如，"众、尘、灭、茧、蚕、从、笔、宝、伞、网"（眾、塵、滅、繭、蠶、從、筆、寶、傘、網）等字的表意功能要比被替代的繁体字强。"补、递、战、态、苹、粮、帮、护、舰、园"（補、遞、戰、態、蘋、糧、幫、護、艦、園）等形声字的声旁经简化后表音度达到 100%，也比被替代的繁体字强。另外，有些字简化后部件更便于称说，如"灶"（竈）等。

---

① 高更生.现行汉字规范问题.北京：商务印书馆，2002.201.

4. 简化字的争论

简化字当然也存在一些问题，一些简化字简化后的字形表音作用比不上繁体字。例如，"顾、爷、际、层、导、邓、鸡、烛、坛、盘"（顧、爺、際、層、導、鄧、雞、燭、壇、盤）等字的表音功能完全丧失。"灯、邻、淀、灿、吨、岭、础、拥、价、袄、毙"（燈、鄰、澱、燦、噸、嶺、礎、擁、價、襖、斃）等字的表音功能被不同程度地削弱。另外，同样是"卢"（盧）构成的字，有的被"户"替代，有的被"卢"替代，缺乏合理性。例如：

庐、炉、芦、驴（盧、爐、蘆、驢）
泸、鲈、颅、垆、胪、轳、舻、鸬（瀘、鱸、顱、壚、臚、轤、艫、鸕）

部分类推并不一致，例如：

门［門］、闷［悶］、问［問］、闻［聞］、开［開］、关［關］
汤［湯］、杨［楊］、场［場］、阳［陽］、伤［傷］、荡［蕩］
闹［鬧］、斗［鬥］
与［與］、屿［嶼］、誉［譽］、举［舉］

人们对简化字还有不同的看法，部分简化字使用了"符号代替"，打乱了字族的严整性。如"汉、权、鸡、仅、邓"（漢、權、雞、僅、鄧）等字，"又"作为简化偏旁替换了本身完全不同的四个繁体字偏旁，同时既不能表音，也不能表意，让人难以理解。"爱、庆"（愛、慶）都去掉了义符"心"，失去了最重要的造字理据。[①]

围绕简化字带来的一些问题，在20世纪80年代末展开了一系列争论。1988年，袁晓园提出"识繁写简"，把繁体字作为印刷体，把简化字作为手写体。这一主张遭到郑林曦、史有为、戴昭铭等人的反对，他们认为，"识繁写简"会造成新的混乱，出现新的文盲，增加学习的负担。这场争论延续了几年，1992年12月江泽民总书记对语言文字问题发表了三点意见："（1）继续贯彻国家现行的语言文字工作方针政策，汉字简化的方向不能改变。各种印刷品、宣传品尤应坚持使用简化字。（2）海峡两岸的汉字，当前可各自维持现状，一些不同的看法可以留待将来去讨论。（3）书法是一种艺术创作。写繁体字，还是写简化字，应尊重作者的风格和习惯，可以悉听尊便。"直到这时争论才告一段落。[②] 2009年4月8日，在中国社会科学院的国学论坛上，全国政协常委、著名语言学家、中国社科院前副院长江蓝生对汉字繁简之争发表了自己的看法：半个世纪的实践表明，中国简化汉字的方向是正确的，其实践也是成功的。简体字笔画少，形体清晰，方便计算机造字和认读，提高了书写效率，对提高国民文化水平有利。联合国把简化汉字作为中文的规范字

---

① 日常生活中民众的这类烦恼，主要是"一简对多繁"引起的，比如"锺"和"鐘"都简化为"钟"后，香港出版钱锺书的著作时曾写成"鐘"，钱锺书十分生气，表示自己的名字不能简化。

② 2008年全国两会期间，宋祖英等21名文艺界的政协委员联名递交一份提案，认为"汉字的简化造成了中国文化的一种阻断"，建议"小学阶段增设繁体字教育"，以把中国文化的根传承下去。

体，已经成为国际标准。随着中国国际地位的提升，随着中华文化在全球日益广泛深入的传播，简化汉字必将有更广阔的应用前景，后退既无道理也无必要。在推行简化汉字的语文政策方面，我们应该不动摇，不折腾。①

二、淘汰异体字

1. 异体字的整理

异体字指的是读音和意义相同而字形不同的字，汉字自古以来就存在异体字，甲骨文"车"字的异体字就有十来个。异体字是多余的字，只会增加人们学习的负担，因此整理和淘汰异体字是非常必要的。过去正体与异体并存，例如：

图 2-19　网络上"窗"的异体字

异体字分为整体异体字和部分异体字，整体异体字指所有意义和读音都与正体字相同的异体字，例如"窗—窻"。部分异体字指与正体字某部分相同的异体字，例如，"虎"一部分含义与"唬"相同（虚张声势吓人），在这个意义上二者是异体字关系。

1953 年在进行简化字工作的时候，就同时进行了异体字的整理。1954 年 11 月拟订的《汉字简化方案（草案）》包含了"拟废除的 400 个异体字表草案"。后来异体字的整理独立出来，1955 年 12 月文化部和中国文字改革委员会联合公布了《第一批异体字整理表》，1956 年 2 月 1 日开始实行。该表收异体字 810 组，每组最少 2 字，最多 6 字，合计 1 865 字。按照从俗从简的原则加以整理，每组选定一个字作为正体，其他字淘汰不用。共选用 810 字，淘汰 1 055 个异体字，大大减轻了学习和使用汉字的负担。

2000 年颁布的《中华人民共和国国家通用语言文字法》规定异体字为非规范汉字。除以下场合外不允许使用：①文物古迹。②姓氏中的异体字。③书法、篆刻等艺术作品。④题词和招牌的手书字。⑤出版、教学、研究中需要使用的。⑥经国务院有关部门批准的特殊情况。

这次整理异体字本着从俗和从简相结合的原则，照顾书写方便。

（1）"从俗"，是指选择应用较广的字，废除较生僻的字。例如：

---

① 汉字简化：半个多世纪的争论. 瞭望新闻周刊，2009-07-21.

村［邨］　乃［迺］　奔［犇］　冰［氷］

（2）"从简"，就是保留笔画较少的，废除笔画较多的。例如：

采［採］　志［誌］　哲［喆］　挂［掛］

（3）如果从俗和从简不能兼顾，或繁简相差无几，则以从俗为主。例如：

耻［恥］　考［攷］　够［夠］　阔［濶］

（4）有左右和上下结构的异体字，为了便于书写，一般选用左右结构的字作为规范字。例如：

峰［峯］　群［羣］　略［畧］　峨［峩］

（5）只有少数的几组，因为群众习用，仍选用上下结构的字作为规范字。例如：

蟹［蠏］　幕［幙］　岸［岍］

在《第一批异体字整理表》发布后，1956 年拟出《第二批异体字整理表（初稿）》，收异体字 595 组，合计 1 361 字，废除异体字 766 字。后来曾多次征求意见，反复修改，但由于多种原因，至今尚未公布。

2. 异体字的调整

后来根据一些实际问题，曾三次对异体字进行了调整：

（1）1956 年 3 月 23 日，文化部和文改会发出《修正〈第一批异体字整理表〉内"阪、挫"二字的通知》。《通知》规定：原表"坂"［阪坂］括弧内的"阪"字，用作日本地名"大阪"时仍用原字；原表"锉"［剉挫］括弧内的"挫"字，应删去。"阪、挫"两个已经淘汰的字予以恢复，不再作为异体字。例如：

日本·大阪　　挫败/挫伤/挫折

（2）1986 年 10 月 10 日国家语言文字工作委员会重新发表《简化字总表》，确认收入的"䜣、讌、晔、詟、诃、鳛、绌、划、鲙、诓、雠"11 个类推简化字为规范字，不再作为淘汰的异体字。说明如下：

䜣 xīn 姓，欣［䜣］　　讌 yàn 叙谈，宴［讌］　　晔 yè 兴盛，烨［晔］
詟 zhé 恐惧，慑［詟］　诃 hē 音译用字，呵［诃］　鳛 qiú 践踏，鰍［鳛］
鲙 kuài 鲙鱼，脍［鲙］　诓 kuāng 欺骗，诳［诓］　雠 chóu 校对，仇［雠］

绐 chōu 引出，绸 ［绐］　　刬 chàn 一刬，一味，铲 ［刬］

（3）1988 年 3 月 25 日国家语言文字工作委员会与新闻出版署发布《关于发布〈现代汉语通用字表〉的联合通知》，确认该字表收入的"蒇、邱、於、澹、骼、彷、菰、溷、徼、薰、黏、桉、愣、晖、凋"15 个字为规范字，不再作为淘汰的异体字。说明如下：

蒇 jiǎn 姓，剪 ［蒇］　　　邱 qiū 姓，丘 ［邱］　　　於 yū 姓，于 ［於］

澹 tán 姓，淡 ［澹］　　　骼 gé 骨骼，胳 ［骼］　　　彷 páng 彷徨，仿 ［彷］

菰 gū 植物，菇 ［菰］　　　溷 hùn 厕所，混 ［溷］　　　徼 jiào 边界，侥 ［徼］

薰 xūn 香草，熏 ［薰］　　　黏 nián 粘连，粘 ［黏］　　　桉 ān 桉树，案 ［桉］

愣 lèng 发呆，楞 ［愣］　　　晖 huī 阳光，辉 ［晖］　　　凋 diāo 枯萎，雕 ［凋］

除此之外，《第一批异体字整理表》里的"谄 ［谄］"和"粳 ［粳秔秔］"两组字也有改动。"谄"读 tāo，与"谄"（chǎn）没有异体关系，应该去掉。"粳"和"秔"一般也认为不具有异体关系，要从"粳"组中删去"秔"。这样一来，淘汰的异体字又少了两个字。经过上述调整，《第一批异体字整理表》实际有异体字 795 组，淘汰了异体字1 025 字。

异体字的整理存在两个问题：

（1）《第一批异体字整理表》存在一些问题，需要纠正。例如"券 ［券］"。"券"读quàn，古代的契据，常分为两半，双方各执其一，现代指票据或作凭证的纸片。券 juàn 同"倦"。这两个字根本不构成异体字关系。

（2）还有部分异体字没有整理，需要继续整理。例如，《新华字典》中"蟆"同"蟆"，二者是异体字关系，需要整理。

三、规范字形

1. 字形整理与标准

整理印刷体字形，主要是对异写字进行整理。异写字是指构字部件相同而写法略有不同的一组字，在字形整理以前，汉字的楷书印刷体中存在着许多字形不统一的现象，即同一个字在不同的出版物中，写法多有出入。例如：吞—吞、匀—匀、户—戶—戸、亞—亚、青—靑、既—旣。

这种现象使得部首、笔画、四角号码等汉字排检法都遇到许多不易解决的难题，印刷体的混乱现象同样也影响到手写体，给人们学习和使用汉字增加了负担。为此，1955 年中国文字改革委员会组成标准字形研究组，1956 年 9 月研究组编成了《标准字形方案（草案）》，1957 年进行了修改，改名为《汉字字形整理方案（草案）》。1959 年 12 月文改会、教育部、中国科学院语言研究所联合组成汉字字形整理组，在文改会编成的《汉字字形整理方案（草案）》的基础上进行了整理，于 1960 年 5 月制定了《通用汉字字形表（草案）》，广泛征求意见。1962 年 3 月成立新的汉字字形整理组，就印刷通用字范围内的铅字字形加以整理，确定每一个字的笔画结构和笔画数，用以统一铅字的字形标准。汉字字形整理组经过两年多的工作，于1964年5月编成《印刷通用汉字字形表》，该表收印刷通用宋体字6 196字。按照从简从俗、便于学习和使用的原则，给每一个通用汉字规定了标准字形（选定的字形叫"新字形"①）。该字表的字按笔画从少到多排列，同笔数的字按第一笔的笔形，即横、竖、撇、点、折次序排列，第一笔相同的看第二笔，以此类推。这样《印刷通用汉字字形表》就包括了6 196个字的笔画数、结构和书写笔顺。经过这次整理，消除了印刷通用汉字字形上的分歧，对汉字规范化起到了很好的作用。

字形整理主要有四个方面：

（1）长方点、斜方点、横点、竖点、撇点改作侧点。例如：户［戶］、刃［刄］。

（2）减少笔画数。例如：吕［呂］、盗［盜］、黄［黃］、奥［奧］。

（3）把断笔连写成一笔。例如：并［并］。

（4）其他。例如：吴［吳］、兑［兌］、真［眞］。

1988年1月，国家语言文字工作委员会和国家教育工作委员会公布了《现代汉语常用字表》，其中常用字2 500字，次常用字1 000字。同年3月，国家语言文字工作委员会和新闻出版署联合公布了《现代汉语通用字表》，收7 000字，包括了《现代汉语常用字表》的3 500字，也包括了《印刷通用汉字字形表》的字（只是作了调整：删去50字，增收854字）。《现代汉语常用字表》、《现代汉语通用字表》是集中反映多项汉字规范内容的重要文献，是字形方面的重要标准。

2. 笔画的变化

有的笔画在字的不同部位会引起笔形的变化，这种变化主要有：

（1）横改为提："工、土、子、马、王、车、止、牛、正、业、且、生、丘、立、耳、至、血、豆、里、金（qiān）、直、鱼、堇"作左偏旁时，末笔的横要改为提。例如：

功城孙驯琦轧歧特政邺助甥
邱飒耶致衅豌野敛蠹鲍靳

（2）竖改为撇："半、羊、辛"作左偏旁时末笔的竖要改为撇。例如：

判翔辣

（3）撇改为竖："月"在别的部件的下面时起笔的撇要改为竖。例如：

有青肯能削消

---

① 《新华字典》、《中华字典》、《现代汉语规范字典》、《现代汉语规范词典》、《现代汉语词典》、《语言文字规范化手册》等工具书都收有《新旧字形对照表》，把《印刷通用汉字字形表》中有特点的新字形的偏旁或单字辑录在一起，供了解查找新字形之用。

但也有例外，如"萌、赢"中"月"字的撇就不改。此外，"肌、肝、脾、腕、腿"等"月"在字的左边，撇不改为竖。

（4）捺改为点："人、又、大、夫、木、水、公、分、仓、文、火、矢、禾、令、皮、耒、夹、会、合、交、衣、关、米、麦、求、束、柬、采、谷、金、果、隶、客、叟、乘、兼、襄"作左偏旁或处在包围、半包围结构之中时，捺改为点。例如：

从劝因规林森颂颂创斌燃短秋
邻颇耕频剑鸽郊裁郑粒麸教救刺
赖彩欲敛颗澜额飓剩歉瓢

（5）避重捺。当一个字的相邻笔画有两个或两个以上的捺笔时，为了摆稳全字的重心，使字形富于变化，只保留一个捺笔，其余的捺改为点。例如：

奏秦暴这述送炎黍餐

（6）横折钩改为横折。"羽、甫"处于别的部件的上面时要去掉钩，横折钩改为横折。例如：

翌摺翟翠羿翼耀博搏膊傅缚敷

（7）横折弯钩改为横折弯。"几"在别的部件上面时要去掉钩。例如：

朵没设船般段踪

（8）横折弯钩改为横折提。"九、几"处在左侧或中下时，横折弯钩改为横折提。例如：

微薇鸠颓激

（9）竖钩改为竖。"小、可"处在上面时，竖钩改为竖。例如：

少劣抄钞吵尖尘省歌哥雀当光肖

（10）竖钩改为撇。"手"在左偏旁或者中间时，竖钩改为撇。例如：

拜掰湃

（11）竖弯钩改为竖提。"七、厄、己、毛、元、屯、比、电、先、光、克、此"在左偏旁时，竖弯钩改为竖提。例如：

切顾改橇顽顿麟鹤赞耀虢雌

3.《通用规范汉字表》对字形的调整①

2009 年 8 月 12 日国家公布了《通用规范汉字表》（征求意见稿）。《通用规范汉字表》对宋体字的字形进行了微调，主要是取得宋体字笔形变异上的一致。1965 年发布的《印刷通用汉字字形表》和 1988 年发布的《现代汉语通用字表》有少部分字在同样条件下笔形变异处理不一致，《通用规范汉字表》对与规则不一致的 44 个字的字形进行了调整。调整情况如下：

（1）琴、瑟、琵、琶、徽，"琴、瑟、琵、琶"的上左部件和"徽"的中下部件"王"最后一笔横变提。

琴、瑟、琵、琶、徽

（2）魅、籴（dí 卖粮食）、汆（cuān 汆烫）、褰（qián 提衣）、裒，"魅"的右部件和"籴、汆、褰、裒"的下部件的末笔捺变点。

魅、籴、汆、褰、裒

（3）巽（xùn 八卦之一）、撰、馔（zhuàn 吃）、潠（xùn 喷水），"巽（撰、馔、潠同）"的上左部件"已"的最后一笔竖弯钩变竖提。

巽、撰、馔、潠

（4）亲、榇（chèn 棺材）、杀、刹、脎（sà）、铩（shā）、弑、条、涤、绦（tāo）、鲦（tiáo）、茶、搽（chá）、新、薪、杂、寨，"亲（榇同）、杀（刹、脎、铩、弑同）、条（涤、绦、鲦同）、茶（搽同）、新（薪同）、杂、寨"下部件"木"的竖钩变竖。

亲 榇 杀 刹 脎 铩 弑 条 涤 绦 鲦
茶 搽 新 薪 杂 寨

（5）惠、瞥、弊、憋，"惠"的上部件和"瞥（弊、憋同）"的上左部件中横折钩变

---
① 字形调整遭到很多人，尤其是信息处理行业的强烈反对，此表至今未正式公布。本部分仅作参考。

横折。

愚、瞥、弊、憋

（6）唇、蜃（shèn 蛤蜊）、蓐（rù 草席）、溽（rù 湿）、缛（rù 繁多）、褥（rù）、耨（nòu 锄草器）、薅（hāo 除草），"蓐、溽、缛、褥、耨、薅"中的部件"辱"以及"唇、蜃"由半包围结构改为上下结构。

唇、蜃、蓐、溽、缛、褥、耨、薅

（7）毂（gǔ 车轮中心），"毂"的左下部件"车"上添加一短横，与"彀"这类字的字形取得一致。

毂、彀

我们对 7 000 个通用字印刷体中的宋体、仿宋体、楷体、黑体进行了考察，发现目前汉字的字形还有不够完善的地方，例如：

（1）相同的字号，不同字体字形大小却有所不同，楷体明显偏小，就是同一字体内部不同的字大小也不一样。

国田园因佳走（宋体）
国田园因佳走（黑体）
国田园因佳走（仿宋体）
国田园因佳走（楷体）

仿宋体、楷体比宋体、黑体小，相同字体大小也有差别，如"田"就比其他字小。

（2）字形设计特殊。

冒冒冒冒　瑁瑁瑁瑁　帽帽帽帽

"冒"系列字的字形比较特殊，"冒"上面部分中的两横笔与左右断开，与类似结构的字不同。

四、整合异形词

异形词，指普通话书面语中并存并用的同音、同义而书写形式不同的多音节词语。例如：

61

按语—案语　百叶窗—百页窗　车厢—车箱　耽搁—担搁

发人深省—发人深醒　孤苦伶仃—孤苦零丁　含糊—含胡

纪念—记念　刻画—刻划　联结—连结　牛仔裤—牛崽裤

模仿—摹仿　凭空—平空　神采—神彩　热乎乎—热呼呼

异形词有两种情况：

（1）异形词某个字写法不同，但是，这两个字之间不是异体字关系。例如：

糊涂—胡涂　发酵—酸酵　订单—定单　参与—参预

勾画—勾划　热衷—热中　磨难—魔难　漂流—飘流

（2）整个异形词写法不同，这两种写法之间不是异体字关系。例如：

孜孜—孳孳　魍魉—蜩蜽　拳拳—惓惓　腼腆—醍觍

彷徨—旁皇　溜达—蹓跶　褴褛—蓝缕　琥珀—虎魄

2002 年 3 月 31 日，教育部国家语言文字工作委员会发布了《第一批异形词整理表》。这次整理根据"积极稳妥、循序渐进、区别对待、分批整理"的工作方针，选取了普通话书面语中经常使用、公众的取舍倾向比较明显的 338 组（不含以下所列的 44 组）异形词（包括词和固定短语），作为第一批进行整理，给出了每组异形词的推荐使用词形。

整理异形词的主要原则有三个方面：

1. 通用性原则

根据科学的词频统计和社会调查，选取公众目前普遍使用的词形作为推荐词形。据多方考察，90% 以上的常见异形词在使用中词频逐渐出现显著性差异，符合通用性原则的词形绝大多数与理据性等原则是一致的。即使少数词频高的词形与语源或理据不完全一致，但一旦约定俗成，也应尊重社会的选择。例如"指手画脚"和"指手划脚"，从道理上看，"指手划脚"比"指手画脚"更合适，但是，"指手画脚"的使用率更高，因此，根据通用性原则，"指手画脚"为推荐词形。

2. 理据性原则

某些异形词目前较少使用，或词频无显著性差异，难以依据通用性原则确定取舍，则从词语发展的理据性角度推荐一种较为合理的词形，以便于理解词义和使用。例如"折衷"和"折中"。从通用性原则来看，两个词语的词频差异不大，"折衷"略高于"折中"。但是，"中"有"中心、中和"的意义，而"衷"本义是贴身的内衣，引申指"中间"，基本上与"中"相通。显然，选择"折中"比选择"折衷"更合理。再如"规诫"和"规戒"。"戒"、"诫"在古代皆有"告诫"和"警戒"义，但现代汉语中"诫"多表"告诫"义，"戒"多表"警戒"义，"规诫"是以言相劝，因此，"诫"更适合，故以"规诫"为推荐词形。

3. 系统性原则

词汇内部有较强的系统性，在整理异形词时要考虑同语素系列词用字的一致性。例如

"侈靡"和"侈縻"的词频都为 0，"靡费"和"縻费"的词频都为 3，根据使用频率，难以确定取舍。但同系列的异形词"奢靡"词频 87，"奢縻"词频 17，前者词频明显高于后者，故整个系列都确定以含"靡"的词形为推荐词形。

另外，目前社会上还流行着一批含有非规范字，即国家早已废止的异体字或已简化的繁体字的异形词，造成书面语使用中的混乱。这次选择了一些影响较大的列为附录，明确作为非规范词形予以废除。下面是含有非规范字（标有下划线者）的异形词（44 组）：

抵触（牴触）	抵牾（牴牾）	喋血（啑血）
仿佛（彷佛、髣髴）	飞扬（飞颺）	氛围（雰围）
构陷（搆陷）	浩渺（浩淼）	红果儿（红菓儿）
胡同（衚衕）	糊口（餬口）	蒺藜（蒺蔾）
家伙（傢伙）	家具（傢具）	家什（傢什）
侥幸（傲倖、徼倖）	局促（偈促、跼促）	撅嘴（噘嘴）
克期（剋期）	空蒙（空濛）	昆仑（崑崙）
劳动（劳働）	绿豆（菉豆）	马扎（马劄）
蒙眬（曚眬）	蒙蒙（濛濛）	弥漫（瀰漫）
弥蒙（瀰濛）	迷蒙（迷濛）	渺茫（淼茫）
飘扬（飘颺）	憔悴（顦顇）	轻扬（轻颺）
水果（水菓）	趟地（蹚地）	趟浑水（蹚浑水）
趟水（蹚水）	纨绔（纨袴）	丫杈（桠杈）
丫枝（桠枝）	殷勤（慇懃）	札记（劄记）
枝丫（枝桠）	跖骨（蹠骨）	

五、其他调整

我国幅员辽阔，地名繁多，仅县级以上地名就有三千多个。许多地名用字地域性很强，生僻难认，有些笔画太繁书写不便，给人们的社会交往和信息传递造成了障碍。这些字在当地属常用字，但在全国范围内是生僻的。同时，这些字给计算机的汉字输入造成了困难，也在邮电传递上发生错误。1964 年止，经国务院批准，全国有 35 个县级以上地名所使用的生僻字被改为常用字，共计 35 个地名，精简生僻字 32 个（收在《简化字总表》后面作为附录）。

1987 年 3 月 27 日，国家语委、中国地名委员会、铁道部、交通部、国家海洋局、国家测绘局联合颁发了《关于地名用字的若干规定》的通知，对地名用字规范作了新的规定，要求"地名的汉字字形，以 1965 年文化部和中国文字改革委员会联合发布的《印刷通用汉字字形表》为准"。例如：

江西：雩都县→于都县
广西：鬱林县→玉林县

四川：越巂县→越西县

陕西：盩厔县→周至县

黑龙江：铁骊县→铁力县

　　1959 年，国务院发布了《关于我国计量制度的命令》，纠正了计量单位用字中的一些混乱状况，废除了一些特殊汉字，但是，计量单位用字仍很混乱。1977 年 7 月，中国文字改革委员会和国家标准计量局联合发出了《关于部分计量单位名称统一用字的通知》，对部分计量单位名称用字进行了规范，淘汰了一些旧译名，共精简 22 个特造的字。例如：

长度单位：浬/海浬→海里　哩→英里　呎→英尺　吋→英寸

容量单位：公升/竔→升　咖/簻→加仑

功率单位：瓩→千瓦

附录　第一批异形词整理表

说明：前面的为规范词语，后面的为不规范的词语。

A

按捺—按纳 ànnà
按语—案语 ànyǔ

B

百废俱兴—百废具兴
　　bǎifèijùxīng
百叶窗—百页窗 bǎiyèchuāng
斑白—班白、颁白 bānbái
斑驳—班驳 bānbó
孢子—胞子 bāozǐ
保镖—保镳 bǎobiāo
保姆—保母、褓姆 bǎomǔ
辈分—辈份 bèifèn
本分—本份 běnfèn
笔画—笔划 bǐhuà
毕恭毕敬—必恭必敬
　　bìgōngbìjìng
编者按—编者案 biānzhě'àn
扁豆—萹豆、稨豆、藊豆 biǎndòu
标志—标识 biāozhì
鬓角—鬓脚 bìnjiǎo
秉承—禀承 bǐngchéng
补丁—补靪、补钉 bǔdìng

C

参与—参预 cānyù
惨淡—惨澹 cǎndàn
差池—差迟 chāchí
掺和—搀和 chānhuo[1]
掺假—搀假 chānjiǎ
掺杂—搀杂 chānzá
铲除—划除 chǎnchú
徜徉—倘佯 chángyáng

车厢—车箱 chēxiāng
彻底—澈底 chèdǐ
沉思—沈思 chénsī[2]
称心—趁心 chènxīn
成分—成份 chéngfèn
澄澈—澄彻 chéngchè
侈靡—侈糜 chǐmí
筹划—筹画 chóuhuà
筹码—筹马 chóumǎ
踌躇—踌蹰 chóuchú
出谋划策—出谋画策
　　chūmóuhuàcè
喘吁吁—喘嘘嘘 chuǎnxūxū
瓷器—磁器 cíqì
赐予—赐与 cìyǔ
粗鲁—粗卤 cūlǔ

D

搭档—搭当、搭挡 dādàng
搭讪—搭赸、答讪 dāshàn
答复—答覆 dáfù
戴孝—带孝 dàixiào
担心—耽心 dānxīn
担忧—耽忧 dānyōu
耽搁—担搁 dānge
淡泊—澹泊 dànbó
淡然—澹然 dànrán
倒霉—倒楣 dǎoméi
低回—低徊 dīhuí[3]
凋敝—雕敝、雕弊 diāobì[4]
凋零—雕零 diāolíng
凋落—雕落 diāoluò
凋谢—雕谢 diāoxiè
跌宕—跌荡 diēdàng
跌跤—跌交 diējiāo
喋血—蹀血 diéxuè

叮咛—丁宁 dīngníng
订单—定单 dìngdān[5]
订户—定户 dìnghù
订婚—定婚 dìnghūn
订货—定货 dìnghuò
订阅—定阅 dìngyuè
斗拱—科拱、枓栱 dǒugǒng
逗留—逗遛 dòuliú
逗趣儿—斗趣儿 dòuqùr
独角戏—独脚戏 dújiǎoxì
端午—端五 duānwǔ

E

二黄—二簧 èrhuáng
二心—贰心 èrxīn

F

发酵—酦酵 fājiào
发人深省—发人深醒
　　fārén shēnxǐng
繁衍—蕃衍 fányǎn
吩咐—分付 fēnfù
分量—份量 fènliàng
分内—份内 fènnèi
分外—份外 fènwài
分子—份子 fènzǐ[6]
愤愤—忿忿 fènfèn
丰富多彩—丰富多采
　　fēngfùduōcǎi
风瘫—疯瘫 fēngtān
疯癫—疯颠 fēngdiān
锋芒—锋铓 fēngmáng
服侍—伏侍、服事 fúshi
服输—伏输 fúshū
服罪—伏罪 fúzuì
负隅顽抗—负嵎顽抗 fùyúwánkàng

65

附会—傅会 fùhuì

复信—覆信 fùxìn

覆辙—复辙 fùzhé

G

干预—干与 gānyù

告诫—告戒 gàojiè

耿直—梗直、鲠直 gěngzhí

恭维—恭惟 gōngwéi

勾画—勾划 gōuhuà

勾连—勾联 gōulián

孤苦伶仃—孤苦零丁 gūkǔlíngdīng

辜负—孤负 gūfù

古董—骨董 gǔdǒng

股份—股分 gǔfèn

骨瘦如柴—骨瘦如豺 gǔshòurúchái

关联—关连 guānlián

光彩—光采 guāngcǎi

归根结底—归根结柢 guīgēnjiédǐ

规诫—规戒 guījiè

鬼哭狼嚎—鬼哭狼嗥 guǐkūlángháo

过分—过份 guòfèn

H

蛤蟆—虾蟆 háma

含糊—含胡 hánhu

含蓄—涵蓄 hánxù

寒碜—寒伧 hánchen

喝彩—喝采 hècǎi

喝倒彩—喝倒采 hèdàocǎi

轰动—哄动 hōngdòng

弘扬—宏扬 hóngyáng

红彤彤—红通通 hóngtōngtōng

宏论—弘论 hónglùn

宏图—弘图、鸿图 hóngtú

宏愿—弘愿 hóngyuàn

宏旨—弘旨 hóngzhǐ

洪福—鸿福 hóngfú

狐臭—胡臭 húchòu

蝴蝶—胡蝶 húdié

糊涂—胡涂 hútu

琥珀—虎魄 hǔpò

花招—花着 huāzhāo

划拳—豁拳、搳拳 huáquán

恍惚—恍忽 huǎnghū

辉映—晖映 huīyìng

溃脓—殨脓 huìnóng

浑水摸鱼—混水摸鱼 húnshuǐmōyú

伙伴—火伴 huǒbàn

J

机灵—机伶 jīling

激愤—激忿 jīfèn

计划—计画 jìhuà

纪念—记念 jìniàn

寄予—寄与 jìyǔ

夹克—茄克 jiākè

嘉宾—佳宾 jiābīn

驾驭—驾御 jiàyù

架势—架式 jiàshi

嫁妆—嫁装 jiàzhuang

简练—简炼 jiǎnliàn

骄奢淫逸—骄奢淫佚 jiāoshēyínyì

角门—脚门 jiǎomén

狡猾—狡滑 jiǎohuá

脚跟—脚根 jiǎogēn

叫花子—叫化子 jiàohuāzi

精彩—精采 jīngcǎi

纠合—鸠合 jiūhé

纠集—鸠集 jiūjí

就座—就坐 jiùzuò

角色—脚色 juésè

K

克期—刻期 kèqī

克日—刻日 kèrì

刻画—刻划 kèhuà

阔佬—阔老 kuòlǎo

L

褴褛—蓝缕 lánlǚ

烂漫—烂缦、烂熳 lànmàn

狼藉—狼籍 lángjí

榔头—狼头、鎯头 lángtou

累赘—累坠 léizhui

黧黑—黎黑 líhēi

连贯—联贯 liánguàn

连接—联接 liánjiē

连绵—联绵 liánmián⑦

连缀—联缀 liánzhuì

联结—连结 liánjié

联袂—连袂 liánmèi

联翩—连翩 liánpiān

踉跄—踉蹡 liàngqiàng

嘹亮—嘹喨 liáoliàng

缭乱—撩乱 liáoluàn

伶仃—零丁 língdīng

囹圄—囹圉 língyǔ

溜达—蹓跶 liūda

流连—留连 liúlián

喽啰—喽罗、偻㑩 lóuluó

鲁莽—卤莽 lǔmǎng

录像—录象、录相 lùxiàng

络腮胡子—落腮胡子 luòsāihúzi

落寞—落漠、落莫 luòmò

M

麻痹—痲痹 mábì

麻风—痲风 máfēng

麻疹—痲疹 mázhěn

马蜂—蚂蜂 mǎfēng

马虎—马糊 mǎhu

门槛—门坎 ménkǎn

靡费—糜费 mǐfèi

绵连—绵联 miánlián

腼腆—靦觍 miǎntiǎn

模仿—摹仿 mófǎng

模糊—模胡 móhu

模拟—摹拟 mónǐ

摹写—模写 móxiě

摩擦—磨擦 mócā

摩拳擦掌—磨拳擦掌
　　móquáncāzhǎng

磨难—魔难 mónàn

脉脉—眽眽 mòmò

谋划—谋画 móuhuà

N

那么—那末 nàme

内讧—内哄 nèihòng

凝练—凝炼 níngliàn

牛仔裤—牛崽裤 niúzǎikù

纽扣—钮扣 niǔkòu

P

扒手—爬手 páshǒu

盘根错节—蟠根错节
　　pángēncuòjié

盘踞—盘据、蟠踞、蟠据 pánjù

盘曲—蟠曲 pánqū

盘陀—盘陁 pántuó

磐石—盘石、蟠石 pánshí

蹒跚—盘跚 pánshān

彷徨—旁皇 pánghuáng

披星戴月—披星带月
　　pīxīngdàiyuè

疲沓—疲塌 píta

漂泊—飘泊 piāobó

漂流—飘流 piāoliú

飘零—漂零 piāolíng

飘摇—飘飖 piāoyáo

凭空—平空 píngkōng

Q

牵连—牵联 qiānlián

憔悴—蕉萃 qiáocuì

清澈—清彻 qīngchè

情愫—情素 qíngsù

拳拳—惓惓 quánquán

劝诫—劝戒 quànjiè

R

热乎乎—热呼呼 rèhūhū

热乎—热呼 rèhu

热衷—热中 rèzhōng

人才—人材 réncái

日食—日蚀 rìshí

入座—入坐 rùzuò

S

色彩—色采 sècǎi

杀一儆百—杀一警百
　　shāyījǐngbǎi

鲨鱼—沙鱼 shāyú

山楂—山查 shānzhā

舢板—舢舨 shānbǎn

艄公—梢公 shāogōng

奢靡—奢糜 shēmí

申雪—伸雪 shēnxuě

神采—神彩 shéncǎi

湿漉漉—湿渌渌 shīlùlù

什锦—十锦 shíjǐn

收服—收伏 shōufú

首座—首坐 shǒuzuò

书简—书柬 shūjiǎn

双簧—双鐄 shuānghuáng

思维—思惟 sīwéi

死心塌地—死心踏地 sǐxīntādì

T

踏实—塌实 tāshi

甜菜—菾菜 tiáncài

铤而走险—挺而走险
　　tǐng'érzǒuxiǎn

透彻—透澈 tòuchè

图像—图象 túxiàng

推诿—推委 tuīwěi

W

玩意儿—玩艺儿 wányìr

魍魉—蝄蜽 wǎngliǎng

诿过—委过 wěiguò

乌七八糟—污七八糟
　　wūqībāzāo

无动于衷—无动于中
　　wúdòngyúzhōng

毋宁—无宁 wúnìng

毋庸—无庸 wúyōng

五彩缤纷—五采缤纷
　　wǔcǎibīnfēn

五劳七伤—五痨七伤
　　wǔláoqīshāng

X

息肉—瘜肉 xīròu

稀罕—希罕 xīhan

稀奇—希奇 xīqí

稀少—希少 xīshǎo

稀世—希世 xīshì

稀有—希有 xīyǒu

翕动—噏动 xīdòng

洗练—洗炼 xǐliàn

贤惠—贤慧 xiánhuì

香醇—香纯 xiāngchún

香菇—香菰 xiānggū

相貌—像貌 xiàngmào

潇洒—萧洒 xiāosǎ

小题大做—小题大作
　　xiǎotídàzuò

卸载—卸傤 xièzài

信口开河—信口开合
　　xìnkǒukāihé

惺忪—惺松 xīngsōng

秀外慧中—秀外惠中
　　xiùwàihuìzhōng

序文—叙文 xùwén

序言—叙言 xùyán

训诫—训戒 xùnjiè

Y

压服—压伏 yāfú

押韵—压韵 yāyùn

鸦片—雅片 yāpiàn

扬琴—洋琴 yángqín

要么—要末 yàome

夜宵—夜消 yèxiāo

一锤定音——槌定音 yīchuídìngyīn

一股脑儿——古脑儿 yīgǔnǎor

衣襟—衣衿 yījīn

衣着—衣著 yīzhuó

义无反顾—义无返顾 yìwúfǎngù

淫雨—霪雨 yínyǔ

盈余—赢余 yíngyú

影像—影象 yǐngxiàng

余晖—余辉 yúhuī

渔具—鱼具 yújù

渔网—鱼网 yúwǎng

与会—预会 yùhuì

与闻—预闻 yùwén

驭手—御手 yùshǒu

预备—豫备 yùbèi[8]

原来—元来 yuánlái

原煤—元煤 yuánméi

原原本本—源源本本、元元本本 yuányuánběnběn

缘故—原故 yuángù

缘由—原由 yuányóu

月食—月蚀 yuèshí

月牙—月芽 yuèyá

芸豆—云豆 yúndòu

Z

杂沓—杂遝 zátà

再接再厉—再接再砺 zàijiēzàilì

崭新—斩新 zhǎnxīn

辗转—展转 zhǎnzhuǎn

战栗—颤栗 zhànlì[9]

账本—帐本 zhàngběn[10]

折中—折衷 zhézhōng

这么—这末 zhème

正经八百—正经八摆 zhèngjīngbābǎi

芝麻—脂麻 zhīma

肢解—支解、枝解 zhījiě

直截了当—直捷了当、直接了当 zhíjiéliǎodàng

指手画脚—指手划脚 zhǐshǒuhuàjiǎo

周济—赒济 zhōujì

转悠—转游 zhuànyou

装潢—装璜 zhuānghuáng

孜孜—孳孳 zīzī

姿势—姿式 zīshì

仔细—于细 zǐxì

自个儿—自各儿 zìgěr

佐证—左证 zuǒzhèng

注释：

①"掺"、"搀"实行分工："掺"表混合义，"搀"表搀扶义。

②"沉"本为"沈"的俗体，后来"沉"字成了通用字，与"沈"并存并用，并形成了许多异形词，如"沉没—沈没/沉思—沈思/深沉—深沈"等。现在"沈"只读 shěn，用于姓氏。地名沈阳的"沈"是"瀋"的简化字。表示"沉没"及其引申义，现在一般写作"沉"，读 chén。

③《普通话异读词审音表》审定"徊"统读 huái。"低回"一词只读 dīhuí，不读 dīhuái。

④"凋"、"雕"古代通用，1955年《第一批异体字整理表》曾将"凋"作为"雕"的异体字予以淘汰。1988年《现代汉语通用字表》确认"凋"为规范字，表示"凋谢"及其引申义。

⑤"订"、"定"二字中古时本不同音，演变为同音字后，才在"预先、约定"的义项上通用，形成了一批异形词。不过近几十年二字在此共同义项上又发生了细微的分化："订"多指事先经过双方商讨的，只是约定，并非确定不变的；"定"侧重在确定，不轻易变动。故有些异形词现已分化为近义词，但本表所列的"订单—定单"等仍为全等异形词，应依据通用性原则予以规范。

⑥此词是指属于一定阶级、阶层、集团或具有某种特征的人，如"地主～/知识～/先进～"。与分母相对的"分子"、由原子构成的"分子"（读 fēnzǐ）、凑份子送礼的"份子"（读 fènzi），音、义均不同，不可混淆。

⑦"联绵字"、"联绵词"中的"联"不能改写为"连"。

⑧"预"、"豫"二字，古代在"预先、约定"的意义上通用，故形成了"预备—豫备｜预防—豫防｜预感—豫感｜预期—豫期"等20多组异形词。现在此义项已完全由"预"承担。但考虑到鲁迅等名家习惯用"豫"，他们的作品影响深远，故列出一组特作说明。

⑨"颤"有两读，读 zhàn 时，表示人发抖，与"战"相通；读 chàn 时，主要表物体轻微振动，也可表示人发抖，如"颤动"既可用于物，也可用于人。什么时候读 zhàn，什么时候读 chàn，很难从意义

上把握，统一写作"颤"必然会给读音带来一定困难，故宜根据目前大多数人的习惯读音来规范词形，以利于稳定读音，避免混读。如"颤动、颤抖、颤巍巍、颤音、颤悠、发颤"多读 chàn，写作"颤"；"战栗、打冷战、打战、胆战心惊、冷战、寒战"等词习惯多读 zhàn，写作"战"。

⑩"账"是"帐"的分化字。古人常把账目记于布帛上悬挂起来以利保存，故称日用的账目为"帐"。后来为了与帷帐分开，另造形声字"账"，表示与钱财有关。"账"、"帐"并存并用后，形成了几十组异形词。《简化字总表》、《现代汉语通用字表》中"账"、"帐"均收，可见主张分化。二字分工如下："账"用于货币和货物出入的记载、债务等，如"账本、报账、借账、还账"等；"帐"专表用布、纱、绸子等制成的遮蔽物，如"蚊帐、帐篷、青纱帐（比喻用法）"等。

说明：含有非规范字的异形词参见本章"整合异形词"部分。

第三章 现代汉字字音

第一节 字音概述

一、字音特点

1. 汉字不提示读音

世界上的文字主要都是表音文字，表音文字可以从字（词）形反映读音，只要我们懂得其拼音规则，就能够读出它的音来。例如英文单词：

quaint［kweint］（奇特的）　　twig［twig］（嫩枝）　　cleanse［klenz］（使清洁）
male［meil］（男人）　　sprain［sprein］（扭伤）　mountain［mauntin］（山）

其他文字：

汽车：Auto（德文）　　　　　　　Voiture（法文）
　　　Автомобиль（俄文）　　　　Coche（西班牙文）
面包：Brot（德文）　　　Pain（法文）　　Хлеб（俄文）　　　Pan（西班牙文）
飞机：Flugzeug（德文）　　　　　Avions（法文）
　　　Самолет（俄文）　　　　　Avión（西班牙文）
音乐：Musik（德文）　　　　　　Musique（法文）
　　　Музыка（俄文）　　　　　Música（西班牙文）

汉字不属于表音文字，无法从字形看出它的读音。这一特点引起两个问题：一是从来没见过的字不知道怎么读；二是即使见过的字，如果不常用，也会忘记它的读音。例如：

湣（hùn，混乱）　　　　殳（shū，兵器）　　　　犨（chóu，喘息声）
踆（cūn，踢）　　　　　擷（xié，摘下）　　　　櫜（gāo，贮藏）
麇（jūn，獐子）　　　　謐（mì，平静）　　　　氊（liè，长毛）
貔（pí，野兽）　　　　　焙（bèi，烘烤）　　　　奭（shì，姓）
栒（xiāo，空虚）　　　　煢（qióng，孤独）　　　仉（zhǎng，姓）
衲（nà，僧人的衣服）　　窠（kē，鸟窝）　　　　蛒（gè，蛒螂）

70

汉字还有多音字、易混字等，使字音的掌握更加困难，高考中经常考字音题。例如2008年广东高考语文试卷：

加点的字，每对读音都不相同的是

A 滋润/蕴含　　赡养/瞻仰　　调试/调和

B 对峙/嗜好　　竣工/英俊　　强迫/倔强

C 造诣/逃逸　　堤岸/提拔　　抹黑/抹布

D 湖畔/装扮　　怄气/枢纽　　阻塞/边塞

这一特点也给小学生学习和掌握汉字的字音带来了困难。

2. 同音字很多

英语有同音词。例如：

whole（整个的）——　hole（洞；孔；坑）

sun（太阳）——　son（儿子）

meet（会见）——　meat（肉）

汉语也有同音词。例如：

公式/公示/公事/攻势/宫室　　目的/墓地　　律诗/律师

意志/抑制　　掩饰/演示　　大忌/大计/大祭

融化/溶化/熔化　　婷婷/亭亭　　蒸汽/争气

汉语还有同音字，且同音字情况很突出。例如，《现代汉语通用字表》（7 000字）中yì音就有61个字：乂弋亿义艺刈忆艾议屹亦异抑邑佚役译易峄佾怿诣绎驿轶弈奕疫羿益浥悒谊埸勚逸翊翌肄嗌裔意溢缢蜴廙瘗鹝毅熠镒薏殪螠劓翳臆翼镱癔懿。

3. 一个字一个音节

汉字一个字就是一个音节，有多少个字就有多少个音节，这为追求语音上的整齐美提供了条件。律诗要求音节整齐，也就是每一句的字数要相同。例如：

故人具鸡黍，邀我至田家。
绿树村边合，青山郭外斜。
开轩面场圃，把酒话桑麻。
待到重阳日，还来就菊花。

（孟浩然《过故人庄》）

对联也要求音节整齐，字数相同。例如：

南通州，北通州，南北通州通南北；（乾隆）
东当铺，西当铺，东西当铺当东西。（纪昀）

如果汉字不是一个字一个音节，那么我们追求语句的整齐美就无从谈起。

4. 每个字都有声调

汉语的每个字都有声调，声调是由音高构成的。普通话有 4 个声调，每个声调的音高变化形式不同，这就在音高上形成了抑扬顿挫的表达效果。与表音文字相比，这也是汉语特有的语音现象。例如：

山明水秀	天然宝藏	千锤百炼	资源宝库
调虎离山	万里河山	字里行间	信以为真
悲欢离合	丰衣足食	公安人员	先声夺人
欢欣鼓舞	当机立断	临时通知	愁眉苦脸

这为诗词讲究平仄提供了条件。例如：

白日依山尽，黄河入海流。
平仄平平仄　平平仄仄平
欲穷千里目，更上一层楼。
仄平平仄仄　仄仄仄平平
两岸青山相对出，孤帆一片日边来。
仄仄平平平仄仄　平平仄仄仄平平

英文读起来就没有抑扬顿挫的感觉。例如：

It's like a range,
When you look at the mountain from the front.
But it's like a peak，
When you look at it sideways.
The mountain shows its different features，
In different levels near and far.
You don't know the real Lushan Mountain，
Because you are in the mountain yourself.

译文：横看成岭侧成峰，远近高低各不同。不识庐山真面目，只缘身在此山中。

二、音节构字统计数据

音节是交谈时自然感到的语音片段。英语等的音节由辅音和元音构成。汉语由于有声调，每个音节都带上了声调，因此汉语的音节有两种情况：一种是不带声调的音节，即由声母与韵母构成的音节，我们称之为基本音节；另一种是带声调的音节，即由声母、韵母和声调构成的音节，我们称之为带调音节。根据《汉字信息字典》的统计，基本音节有414 个，带调音节有 1 254 个。理论上 414 个基本音节与四声组合，应该有 1 656 个不同的读音变化，而实际上，根据我们的统计只有 1 254 个，缺 402 个。构字最多的声调是去声（349 个），然后依次为阴平（333 个）、上声（316 个）、阳平（256 个）。音节结构如图3－1所示：

图 3－1　音节结构

表 3－1、表 3－2 是根据《汉字信息字典》（7 785 字）提供的资料整理出来的数据：

表 3－1　构字较多的基本音节表

音节	字数	音节	字数	音节	字数	音节	字数	音节	字数
yi	131	ju	70	zhu	53	shi	47	ying	43
ji	121	wei	69	hui	51	shan	45	ge	42
yu	115	bi	66	you	51	zha	45	jin	42
xi	102	wu	62	xie	50	he	44	mo	42
fu	99	jiao	58	yin	50	jia	44	yao	42
zhi	97	jie	58	di	49	jing	44	qu	41
qi	89	pi	56	lu	49	bo	43	si	41
jian	81	xian	56	shu	49	chi	43	yuan	41
li	81	gu	54	qian	48	ke	43	jue	40
yan	80	hu	54	zi	48	xu	43	zhen	40

表 3－2　构字较多的带调音节表

音节	字数	音节	字数	音节	字数	音节	字数	音节	字数
yì	69	jī	38	yí	28	jù	25	hú	22
xī	67	qí	38	zī	28	gǔ	24	huáng	22
bì	52	jué	35	bó	27	jié	24	kē	22
yù	50	jí	31	jiàn	27	xiāo	24	yàn	22

（续上表）

音节	字数	音节	字数	音节	字数	音节	字数	音节	字数
fú	46	líng	30	mò	27	yuán	24	è	21
lì	44	huì	29	xiè	26	lí	23	jiāo	21
zhì	44	jiān	29	fù	25	shàn	23	wěi	21
yú	42	hé	28	jiǎn	25	wù	23	zhù	21
jì	41	lù	28	jū	25	yǎn	23		

第二节　字音频度数据与解析

一、静态统计与动态统计

字音是汉字形、音、义三要素之一，但是，目前对字音频度的统计研究基本上还是空白，尤其是字音频度的动态统计更是如此。本书试图对字音的频度从静态和动态进行统计与分析。具体说明如下：

（1）字音成分按照传统分为声母、韵母和声调。

（2）北京语言学院《汉字频率表》统计方法得当，抽样科学，得出的结果有很高的参考价值，所以我们把它作为统计的依据。该表收录 4 574 字，但其中涉及多音字，多音字的声韵调不便归类，所以这里排除多音字，最后是以 4 038 个单音字为依据分别进行静态和动态统计。用相同的汉字分别进行静态统计和动态统计更能说明问题。

（3）统计分为静态统计和动态统计。动态统计，就是语言成分在使用中呈现出来的统计数据；静态统计，就是语言成分在字词典中呈现出来的数据。静态统计不计字次，统计 4 038 字自身的声韵调情况。动态统计根据《汉字频率表》提供的动态字次统计 4 038 字的声韵调情况。冯志伟认为，静态数据与动态数据有很大的差异，一般而言，动态数据更可靠一些，更能说明问题。[①]

字音频度统计结果对普通话语音教学和普通话水平测试试题的编制有着指导作用。如何进行普通话语音教学，以前没有语音上的参考标准，各声母、韵母等不分主次地平均教学，没有突出重点。现在有字音频度统计结果，我们可以根据它进行有针对性的重点教学。例如动态数据，翘舌音（zh、ch、sh、r）占 18.9%，约占了五分之一；平舌音（z、c、s）占 6.99%，两项合计 25.89%。可见，平舌音和翘舌音约占四分之一，应该是教学的重点。统计结果也为普通话教材的编写提供了依据。

从 1994 年至今，全国开展了普通话水平测试。试卷主要由读单音节字词、读多音节词语、读短文和说话四题构成。读短文和说话是动态测试，读单音节字词、读多音节词语则是静态测试。在编制读单音节字词、读多音节词语试题的时候，声韵调要按要求分配。

---

① 冯志伟. 现代汉字和计算机. 北京：北京大学出版社，1989. 138.

例如单音节字词题，《普通话水平测试大纲》规定，在 100 个音节中，每个声母出现次数不少于 3 次，韵母不少于 2 次，4 个声调出现次数大致均衡[①]。这样的规定显然与静态统计和动态统计结果都不符合。照理应该按照动态统计结果来编制试题。例如零声母大约要占 17 个，zh 大约要占 6 个，sh 大约要占 8 个。所以，统计结果可以为普通话水平测试编制试题提供指导。

二、静态统计结果与分析

表 3 - 3、表 3 - 4、表 3 - 5 分别为声母、韵母、声调静态数据表：

表 3 - 3　声母静态数据表[②]

序号	声母	构字数	频度（%）	累计频度（%）
1	b	183	4.530 8	4.530 8
2	p	129	3.193 8	7.724 6
3	m	174	4.307 9	12.032 5
4	f	122	3.020 5	15.053
5	d	193	4.778 4	19.831 4
6	t	167	4.134 7	23.966 1
7	n	93	2.302 6	26.268 7
8	l	279	6.907 7	33.176 4
9	g	170	4.208 9	37.385 3
10	k	108	2.673 9	40.059 2
11	h	182	4.506 1	44.565 3
12	j	308	7.625 7	52.191
13	q	174	4.307 9	56.498 9
14	x	248	6.140 1	62.639
15	z	98	2.426 3	65.065 3
16	c	91	2.253 0	67.318 3
17	s	96	2.376 8	69.695 1
18	zh	246	6.090 6	75.785 7
19	ch	169	4.184 2	79.969 9
20	sh	189	4.679 4	84.649 3
21	r	65	1.609 3	86.258 6
22	θ	554	13.741 0	100
合计		4 038	100	

[①]　国家语言文字工作委员会普通话培训测试中心．普通话水平测试实施纲要．北京：商务印书馆，2004.2.

[②]　θ 代表零声母。

表 3-4　韵母静态数据表①

序号	韵母	构字数	频度（%）	累计频度（%）
1	a	114	2.823 2	2.823 2
2	ai	113	2.798 4	5.621 6
3	an	223	5.522 5	11.144 1
4	ang	135	3.343 2	14.487 3
5	ao	164	4.061 4	18.548 7
6	e	118	2.922 2	21.470 9
7	ei	74	1.832 6	23.303 5
8	en	98	2.426 9	25.730 4
9	eng	125	3.095 6	28.826
10	er	8	0.198 1	29.024 1
11	i	348	8.618 1	37.642 2
12	ia	49	1.213 5	38.855 7
13	ian	212	5.250 1	44.105 8
14	iang	75	1.857 4	45.963 2
15	iao	131	3.244 2	49.207 4
16	ie	105	2.600 3	51.807 7
17	in	99	2.451 7	54.259 4
18	ing	156	3.863 3	58.122 7
19	iong	28	0.693 4	58.816 1
20	iou	87	2.154 5	60.970 6
21	o	46	1.139 2	62.109 8
22	ong	111	2.748 9	64.858 7
23	ou	111	2.748 9	67.607 6
24	u	349	8.642 9	76.250 5
25	ü	136	3.368	79.618 5
26	ua	30	0.742 9	80.361 4
27	uai	21	0.520 1	80.881 5
28	uan	88	2.179 3	83.060 8
29	üan	49	1.213 5	84.274 3
30	uang	58	1.436 4	85.710 7

---

① 普通话韵母是39个，缺少ê韵母，只有38个。"欸"（ê）在《汉字频率表》中是个多音字，被排除掉了，所以韵母只有38个。另外在《汉字频率表》中有io韵母（字次10次），因为它不在39个韵母中，加上字次很少，所以不予统计。

（续上表）

序号	韵母	构字数	频度（%）	累计频度（%）
31	üe	39	0.965 8	86.676 5
32	uei	145	3.590 9	90.267 4
33	uen	65	1.609 7	91.877 1
34	ueng	4	0.099 1	91.976 2
35	ün	42	1.040 1	93.016 3
36	uo	119	2.947	95.963 3
37	后 i	114	2.823 2	98.786 5
38	前 i	49	1.213 5	100
合计		4 038	100	

表 3 - 5 声调静态数据表

序号	声调	构字数	频度（%）	累计频度（%）
1	阴平	1 013	25.080 5	25.080 5
2	阳平	1 004	24.857 6	49.938 1
3	上声	696	17.231 9	67.17
4	去声	1 316	32.582 3	99.752 3
5	轻声	9	0.247 6	100
合计		4 038	100	

1. 声母分析

（1）从发音部位看：

舌尖后音（zh、ch、sh、r），占 16.56%。

舌尖中音（d、t、n、l），占 18.12%。

舌面音（j、q、x），占 18.07%。

舌根音（g、k、h），占 11.39%。

双唇音（b、p、m），占 12.03%。

舌尖前音（z、c、s），占 7.06%。

唇齿音（f），占 3.02%。

（2）从发音方法看：

塞擦音（z、c、zh、ch、j、q），占 26.89%。

擦音（s、sh、r、h、x、f），占 22.33%。

塞音（b、p、d、t、g、k），占 23.52%。

鼻音（m、n），占 6.61%。

边音（l），占 6.91%。

不送气音（b、d、g、j、z、zh），占 29.66%。

送气音（p、t、k、q、c、ch），占 20.75%。

清辅音（b、p、f、d、t、g、k、h、j、q、x、z、c、s、zh、ch、sh），占 71.13%。

浊辅音（r、n、l、m），占 15.13%。

（3）零声母比例较大，占 13.74%，非零声母占 86.26%。

（4）主要方音：

z 占 2.43%，zh 占 6.09%；c 占 2.25%，ch 占 4.18%；s 占 2.38%，sh 占 4.68%。平舌音占 7.06%，翘舌音（仅 zh、ch、sh）占 14.95%，两项合计占 22.01%。

n 占 2.3%，l 占 6.91%，两项合计占 9.21%。

h 占 4.51%，f 占 3.02%，两项合计占 7.53%。

2. 韵母分析

（1）从传统结构看：

单韵母占 31.75%。

复韵母占 29.42%。前响复韵母（ai、ao、ei、ou）占 11.44%，中响复韵母（uei、uai、iou、iao）占 9.51%，后响复韵母（ia、ua、uo、ie、üe）占 8.47%。

鼻韵母占 38.83%。前鼻音鼻韵母（an、uan、ian、üan、en、uen、in、ün）占 21.69%，后鼻音鼻韵母（ang、uang、iang、eng、ueng、ing、ong、iong）占 17.14%。

（2）从"四呼"看：

开口呼（非 i、u、ü 或 i、u、ü 开头的韵母）占 36.95%。齐齿呼（i 或 i 开头的韵母）占 31.25%。合口呼（u 或 u 开头的韵母）占 24.52%。撮口呼（ü 或 ü 开头的韵母）占 7.28%。

（3）主要方音：

in/ing，in 占 2.45%，ing 占 3.86%；en/eng，en 占 2.43%，eng 占 3.09%。前鼻音韵母合计占 4.88%，后鼻音韵母合计占 6.95%。

uan/uang，uan 占 2.18%，uang 占 1.44%；an/ang，an 占 5.52%，ang 占 3.34%，ian/iang，ian 占 5.25%，iang 占 1.86%。前鼻音韵母合计占 12.95%，后鼻音韵母合计占 6.64%。

i/ü，i 占 8.62%，ü 占 3.37%；in/ün，in 占 2.45%，ün 占 1.04%；ian/üan，ian 占 5.25%，üan 占 1.21%；ie/üe，ie 占 2.6%，üe 占 0.97%。扁唇音合计占 18.92%，圆唇音合计占 6.59%。

3. 声调分析

去声构字最多，约占三分之一，再就是阴平、阳平、上声。

三、动态统计结果与分析

表 3-6、表 3-7、表 3-8 分别为声母、韵母、声调动态数据表：

表 3-6 声母动态数据表

序号	声母	字次	频度（%）	累计频度（%）
1	b	70 406	5.291 5	5.291 5
2	p	15 391	1.156 7	6.448 2
3	m	47 691	3.584 3	10.032 5
4	f	28 178	2.117 8	12.150 3
5	d	72 741	5.467	17.617 3
6	t	63 342	4.760 6	22.377 9
7	n	35 786	2.689 5	25.067 4
8	l	68 384	5.139 5	30.206 9
9	g	67 092	5.042 4	35.249 3
10	k	20 752	1.559 6	36.808 9
11	h	46 723	3.511 5	40.320 4
12	j	90 757	6.821	47.141 4
13	q	52 033	3.910 6	51.052
14	x	79 933	6.007 5	57.059 5
15	z	53 690	4.035 1	61.094 6
16	c	18 930	1.422 7	62.517 3
17	s	20 385	1.532 1	64.049 4
18	zh	78 210	5.878	69.927 4
19	ch	36 394	2.735 2	72.662 6
20	sh	102 619	7.712 5	80.375 1
21	r	34 292	2.577 3	82.952 4
22	θ	226 830	17.047 7	100
合计		1 330 559	100	

表 3-7 韵母动态数据表

序号	韵母	字次	频度（%）	累计频度（%）
1	a	40 196	3.020 9	3.020 9
2	ai	67 986	5.109 6	8.130 5
3	an	46 908	3.525 4	11.655 9
4	ang	27 072	2.034 6	13.690 5
5	ao	45 740	3.437 7	17.128 2
6	e	61 770	4.642 4	21.770 6
7	ei	14 325	1.076 6	22.847 2

（续上表）

序号	韵母	字次	频度（%）	累计频度（%）
8	en	45 475	3. 417 7	26. 264 9
9	eng	39 769	2. 988 9	29. 253 8
10	er	7 795	0. 585 8	29. 839 6
11	i	153 052	11. 502 8	41. 342 4
12	ia	17 112	1. 286 1	42. 628 5
13	ian	65 179	4. 898 6	47. 527 1
14	iang	29 454	2. 213 7	49. 740 8
15	iao	33 508	2. 518 3	52. 259 1
16	ie	29 329	2. 204 3	54. 463 4
17	in	29 941	2. 250 3	56. 713 7
18	ing	41 147	3. 092 5	59. 806 2
19	iong	6 988	0. 525 2	60. 331 4
20	iou	49 952	3. 754 2	64. 085 6
21	o	3 597	0. 270 3	64. 355 9
22	ong	35 878	2. 696 5	67. 052 4
23	ou	30 373	2. 282 7	69. 335 1
24	u	99 661	7. 490 2	76. 825 3
25	ü	27 250	2. 048 1	78. 873 4
26	ua	9 235	0. 694 1	79. 567 5
27	uai	7 037	0. 528 9	80. 096 4
28	uan	17 906	1. 345 8	81. 442 2
29	üan	11 091	0. 833 6	82. 275 8
30	uang	12 099	0. 909 3	83. 185 1
31	üe	15 259	1. 1468	84. 331 9
32	uei	32 727	2. 459 6	86. 791 5
33	uen	12 619	0. 948 4	87. 739 9
34	ueng	109	0. 008 2	87. 748 1
35	ün	6 432	0. 483 4	88. 231 5
36	uo	55 979	4. 207 2	92. 438 7
37	后 i	83 139	6. 248 4	98. 687 1
38	前 i	17 470	1. 312 9	100
合计		1 330 559	100	

表 3 – 8　声调动态数据表

序号	声调	字次	频度（%）	累计频度（%）
1	阴平	285 597	21.464 4	21.464 4
2	阳平	262 398	19.720 9	41.185 3
3	上声	274 629	20.640 1	61.825 4
4	去声	499 484	37.539 4	99.364 8
5	轻声	8 451	0.635 2	100
合计		1 330 559	100	

1. 声母分析

（1）从发音部位看：

舌尖后音（zh、ch、sh、r），占 18.9%。

舌尖中音（d、t、n、l），占 18.06%。

舌面音（j、q、x），占 16.74%。

舌根音（g、k、h），占 10.11%。

双唇音（b、p、m），占 10.03%。

舌尖前音（z、c、s），占 6.99%。

唇齿音（f），占 2.12%。

（2）从发音方法看：

塞擦音（z、c、zh、ch、j、q），占 24.8%。

擦音（s、sh、r、h、x、f），占 23.46%。

塞音（b、p、d、t、g、k），占 23.28%。

鼻音（m、n），占 6.27%。

边音（l），占 5.14%。

不送气音（b、d、g、j、z、zh），占 32.54%。

送气音（p、t、k、q、c、ch），占 15.55%。

清辅音（b、p、f、d、t、g、k、h、j、q、x、z、c、s、zh、ch、sh），占 68.96%。

浊辅音（r、n、l、m），占 13.99%。

（3）零声母比例较大，占 17.05%；非零声母占 82.95%。

（4）主要方音：

z 占 4.04%，zh 占 5.88%；c 占 1.42%，ch 占 2.74%；s 占 1.53%，sh 占 7.71%。平舌音占 6.99%，翘舌音（仅 zh、ch、sh）占 16.33%，两项合计占 23.32%。

n 占 2.69%，l 占 5.14%，两项合计占 7.83%。

h 占 3.51%，f 占 2.12%，两项合计占 5.63%。

2. 韵母分析

（1）从传统结构看：

单韵母占 37.12%。

复韵母占 30.71%。前响复韵母（ai、ao、ei、ou）占 11.91%，中响复韵母（uei、uai、iou、iao）占 9.26%，后响复韵母（ia、ua、uo、ie、üe）占 9.54%。

鼻韵母占 32.17%。前鼻音鼻韵母（an、uan、ian、üan、en、uen、in、ün）占 17.7%，后鼻音鼻韵母（ang、uang、iang、eng、ueng、ing、ong、iong）占 14.47%。

（2）从"四呼"看：

开口呼（非 i、u、ü 或 i、u、ü 开头的韵母）占 39.95%。

齐齿呼（i 或 i 开头的韵母）占 33.72%。

合口呼（u 或 u 开头的韵母）占 21.29%。

撮口呼（ü 或 ü 开头的韵母）占 5.04%。

（3）主要方音：

in/ing，in 占 2.25%，ing 占 3.09%；en/eng，en 占 3.42%，eng 占 2.99%。前鼻音韵母合计占 5.67%，后鼻音韵母合计占 6.08%。

uan/uang，uan 占 1.35%，uang 占 0.91%；an/ang，an 占 3.53%，ang 占 2.03%，ian/iang，ian 占 4.9%，iang 占 2.21%。前鼻音韵母合计占 9.78%，后鼻音韵母合计占 5.15%。

i/ü，i 占 11.5%，ü 占 2.05%；in/ün，in 占 2.25%，ün 占 0.48%；ian/üan，ian 占 4.9%，üan 占 0.83%；ie/üe，ie 占 2.2%，üe 占 1.15%。扁唇音合计占 20.85%，圆唇音合计占 4.51%。

3. 声调分析

去声构字最多，超过三分之一，再就是阴平、上声、阳平。

声母动态数据与静态数据相比，总体上差异不大，只是 sh、ch、z、p、l、k 和零声母差异较大，尤其是 sh 和零声母差异最大，达到 3%。具体如表 3-9 所示：

表 3-9 声母差异表

序号	声母	动态频度（%）	静态频度（%）	差额（%）
1	p	1.156 7	3.193 8	2.037 1
2	l	5.139 5	6.907 7	1.768 2
3	k	1.559 6	2.673 9	1.114 3
4	z	4.035 1	2.426 3	1.608 8
5	ch	2.735 2	4.184 2	1.449
6	sh	7.712 5	4.679 4	3.033 1
7	θ	17.047 7	13.741 0	3.306 7

韵母动态数据与静态数据相比，总体上差异也不大，只有少数韵母差异大一些。后 i、uo、uei、u、ü、iou、i、e、ai、an、ang 的差异在 1% 以上，尤其是后 i 差异达到 3%。具体如表 3-10 所示：

表 3 – 10　韵母差异表

序号	韵母	动态频度（%）	静态频度（%）	差额（%）
1	ai	5.109 6	2.798 4	2.311 2
2	an	3.525 4	5.522 5	1.997 1
3	ang	2.034 6	3.343 2	1.308 6
4	e	4.642 4	2.922 2	1.720 2
5	i	11.502 8	8.618 1	2.884 7
6	iou	3.754 2	2.154 5	1.599 7
7	u	7.490 2	8.642 9	1.152 7
8	ü	2.048 1	3.368	1.319 9
9	uei	2.459 6	3.590 9	1.131 3
10	uo	4.207 2	2.947	1.260 2
11	后 i	6.248 4	2.823 2	3.425 2

声调动态数据与静态数据相比，总体上差异较大，阴平、阳平、上声和去声差异都在 3% 到 5% 之间。具体如表 3 – 11 所示：

表 3 – 11　声调差异表

序号	声调	动态频度（%）	静态频度（%）	差额（%）
1	阴平	21.464 4	25.080 5	3.616 1
2	阳平	19.720 9	24.857 6	5.136 7
3	上声	20.640 1	17.231 9	3.408 2
4	去声	37.539 4	32.582 3	4.957 1

另外，很多现代汉语教材在讲到汉语音节特点的时候，都提到元音占优势的问题。[①] 为此，我们将 4 038 个单音字的音节拆解到音素，并从静态和动态两方面进行了统计。静态统计结果：总计 11 241 个音素（有重复），其中元音音素 6 189 个，辅音音素 5 052 个，元音音素占 55%，辅音音素占 45%。动态统计结果：总计 3 549 586 个音素（有重复），其中元音音素 2 017 790 个，辅音音素 1 531 796 个，元音音素占 57%，辅音音素占 43%。可见，不管是静态数据，还是动态数据，都证明元音优势不明显，至少不占绝对的优势。

---

① 黄伯荣，廖序东．现代汉语（上册）．北京：高等教育出版社，2007.74.

第三节　字音类型

一、多音字

1. 多音字概述

多音字指形同而音义不同的字，即常说的多音多义字。例如：

【闷】

mèn ❶心烦，不舒畅：愁闷、沉闷、郁闷、闷闷不乐。❷密闭，不透气：闷子车。

mēn ❶因空气不流通而引起的感觉：闷气、闷热。❷密闭，使不透气：茶刚沏上，闷会儿再喝。❸不吭声，不声张：他只是闷头苦干。

【折】

zhē 翻转，倒腾：折腾、折跟头。

zhé ❶断，弄断：折断、折桂（喻科举及第）。❷幼年死亡：夭折。❸弯转，屈曲：曲折、转折、折中。❹返转，回转：折返。❹损失：损兵折将。❺挫辱：折磨。❻减少：折寿、折扣。❽抵作，对换，以此代彼：折合、折价。❾心服：折服。❿戏曲名词，杂剧一本分四折，一折等于后来的一出：折子戏。

shé ❶断：绳子折了。❷亏损：折本生意。

多音字的作用与局限：多音字有积极的作用，符合语言经济适用的原则，一字多音，可以减少汉字的数量，如果一字一音，势必增加汉字的数量。多音字占10%左右，如果采用一字一音，那么汉字总量大概要增加10％，7 000个通用字就要增加700字左右。明代方以智希望汉字能够一字一音，这种想法显然是不可取的。① 但是，从学习和应用角度来看，一字一音要容易一些，一字多音则比较困难。为了便于学习和应用，多音字还需要进一步调整和规范。"现在有不少人反映，学习普通话，感觉多音困难，不好掌握，主张合并简化多音。这个任务要在今后有领导、有组织的新的审音工作中去完成。"② 例如：

【塞】

sāi（常用音）❶堵，填满空隙：堵塞漏洞。❷堵住器物口的东西：活塞、塞子。

sài（次常用音）边界上险要地方：要塞、关塞、塞外、边塞、塞翁失马。

sè（不常用音）用于若干书面语词：闭塞、阻塞、搪塞。

这三个音经常被读错。再如"框"，以前有第一声和第四声两种读音，人们常常分不

---

① 张清常. 语言学论文集. 北京：商务印书馆，1993.125.
② 徐世荣. 四十年来的普通话语音规范. 语文建设，1995（6）.

清，为了解决这个问题，1985 年颁布的《普通话异读词审音表》统读为第四声。

另外，有的多音字使用不当还会造成麻烦。南京有个地名"黄家圩（wéi，防水堤）"，"圩"还可以读 xū（集市），一外地人打出租车，把它读成"黄家圩（xū）"，结果出租车司机不知所云，两人还为此吵了起来，最后只得报警请民警调解了事。根据青岛新闻网（2002 – 11 – 30　16：12：51）消息，2000 年，张某向高某借了 14 000 元。2002 年 7 月，张某归还高某部分钱款后向高某打了借条。在借条上，张某写道："张某借高某人民币 14 000 元，今还欠款 4 000 元。"可是张某一直未再还款。高某便以一纸诉状将张某告到了法院，诉称张某尚欠其余款 10 000 元，请求返还。"今还欠款 4 000 元"中"还"字是动词还是副词？是读"hái"还是"huán"？读音不同，解释就不同，既可以解释为"已归还欠款 4 000 元"，又可以解释为"尚欠款 4 000 元"。这就是借条上一个"还"字惹出的一场官司。①

2. 多音字的数量与音项

多音字有多少？不同材料收选不一样。下面是各种材料收选的多音字情况：

《新华字典》（1971 年版）：多音字 735 个，约占总字数的 10%。②

《现代汉语词典》：大约有 11 000 字，多音字约有 1 000 字，约占总字数的 10%。③

《现代汉语通用字表》：收字 7 000 个，多音字 624 个，约占总字数的 8.9%。④

《现代汉语常用字表》：收字 3 500 个，多音字 417 个，约占总字数的 11.9%。⑤

《汉字信息字典》：收字 7 785 个，多音字 747 个，约占总字数的 9.6%。⑥

《辞海》（1979 年版）：收字 11 834 个，多音字 2 641 个，约占总字数的 22%。⑦

总体而言，现代汉字中多音字约占总字数的 10%。

多音字的每个字音称为音项，有几个音就有几个音项，各音项之间有常用与不常用之分，可以分为常用音项、次常用音项、不常用音项等。一般字词典按照常用音项、次常用音项、不常用音项等排列各音项。例如：

【咽】

yān（常用音）口腔后部由肌肉和黏膜构成的管子：咽喉。

yàn（次常用音）使嘴里的食物或别的东西通过咽头到食道里去：咽唾沫、狼吞虎咽、细嚼慢咽。

yè（不常用音）阻塞，声音因阻塞而低沉：哽咽、呜咽。

---

① 根据合同法的规定，如果一方提供的用词可以合理得出两种理解时，应选择不利于用语提供人的解释。张某在此案中是用语提供人，因此对"还"字的理解应选择不利于他的解释，也就是"还"应读"huán"，解释为归还，那么张某理应返还高某 10 000 元。法院支持了前一种说法，由此也提醒大家：写借条时要注意多音字的准确运用。

② 周有光. 现代汉字中的多音字问题. 中国语文，1979（6）.

③ 张清常. 语言学论文集. 北京：商务印书馆，1993. 136.

④ 龚嘉镇. 现行汉字形音关系研究. 武汉：湖北人民出版社，1995. 57.

⑤ 同上。

⑥ 上海交通大学汉字编码组，上海充语拼音文字研究组. 汉字信息字典. 北京：科学出版社，1988. 1086.

⑦ 苏培成. 现代汉字学纲要. 北京：北京大学出版社，2001. 153.

表 3 – 12 是几本常用工具书中的多音字音项统计情况:

表 3 – 12　多音字音项统计表

项目	多音字	二音	三音	四音	五音	六音	七音	八音
《现代汉语常用字表》	417	363	48	4	2			
《现代汉语通用字表》	624	557	60	5	2	1		
《汉字信息字典》	747	671	69	5	2			
《辞海》	2 641	2 112	422	81	18	7		1

说明:统计的材料不同,得到的音项数也不同。

从表 3 – 12 可见,在多音字中,二音的最多,《现代汉语常用字表》占87%,《现代汉语通用字表》占89%,《汉字信息字典》占90%,《辞海》占80%。三音的,《现代汉语常用字表》占12%,《现代汉语通用字表》占9.6%,《汉字信息字典》占9%,《辞海》占16%。例如:

【和】

hé❶相安,谐调:和美、和睦、和谐、和声。❷平静:温和、祥和。❸平息争端:讲和。❹数学上指加法运算中的得数:二加二的和是四。❺连带:和盘托出。❻连词,跟,同:我和老师打球。❼介词,向,对:我和老师请教。❽体育比赛不分胜负的结果:和棋。❾姓。

hè❶和谐地跟着唱:曲高和寡。❷依照别人的诗词的题材或体裁作诗词:和诗。

huó 在粉状物中搅拌或揉弄使黏在一起:和面、和泥。

huò 粉状或粒状物掺和在一起,或加水搅拌:和药、和稀泥。

hú 打麻将或斗纸牌时某一家的牌合乎规定的要求,取得胜利。

【差】

chà❶错误:话说差了。❷不相当,不相合:差不多。❸缺欠:还差十元钱。❹不好,不够标准:差等。成绩差。

chā❶不同,不同之点:差别、差距、差额、差价。❷大致还可以:差可。❸错误:差错、偏差。❹数学上指减法运算中的得数:差数。

chāi❶派遣去做事:差遣。❷旧时称被派遣的人:差人。❸被派遣去做的事:差事、公差、出差。

cī 参差。

3. 多音字的种类

从语音的异同上可以把多音字分为四类,具体说明如下。

(1) 声调不同引起的多音字(声母、韵母相同):

86

挨 āi、ái	熬 āo、áo	把 bǎ、bà	背 bēi、bèi
奔 bēn、bèn	绷 bēng、běng、bèng	别 bié、biè	簸 bǒ、bò
叉 chā、chǎ	杈 chā、chà	场 cháng、chǎng	冲 chōng、chòng
处 chǔ、chù	揣 chuāi、chuǎi	创 chuāng、chuàng	答 dā、dá
打 dá、dǎ	逮 dǎi、dài		

（2）声母不同引起的多音字（声调、韵母相同）：

辟 bì、pì	颤 chàn、zhàn	系 jì、xì	校 jiào、xiào
扎 zā、zhā	属 shǔ、zhǔ	琢 zhuó、zuó	

（3）韵母不同引起的多音字（声母、声调相同）：

拓 tà、tuò	削 xiāo、xuē	约 yāo、yuē	阿 ā、ē
剥 bāo、bō	恶 è、wù	都 dōu、dū	爪 zhǎo、zhuǎ
仔 zǎi、zǐ	核 hé、hú	还 hái、huán	劲 jìn、jìng
嚼 jiáo、jué	俩 liǎ、liǎng	陆 liù、lù	绿 lù、lǜ

（4）其他情况不同引起的多音字：

觉 jiào、jué	重 chóng、zhòng	曾 céng、zēng	择 zé、zhái
攒 cuán、zǎn	行 háng、xíng	巷 hàng、xiàng	石 dàn、shí
省 shěng、xǐng	色 sè、shǎi	刹 chà、shā	茄 jiā、qié
盛 chéng、shèng	吓 hè、xià	纤 qiàn、xiān	屏 bǐng、píng

我们对 241 组常见多音字（二音）进行了统计，声调不同引起的多音字有 143 个，所占比例最大，达到 59%。

4. 多音字的形成

多音字是怎样形成的？其根本原因主要有两个：一是新事物的出现，二是对旧事物的新认识。新事物的出现会产生新的词语，这些词语最终落实到汉字上。为了不增加新的汉字，就借用已有的汉字来表达，又为了在读音上与已有汉字相区别，出现了新的读音，进而形成多音字。例如：

【率】

shuài ❶带领：率领、率队。❷轻易地，不细想，不慎重：轻率、草率。❸爽直坦白：直率、坦率。

lǜ 比值，两数之比：效率、功率、税率、概率、圆周率、出勤率。

原来的读音是 shuài，后来出现了功率、效率等新的词义，照理应该另造汉字来表达，为了不增加汉字的总量，于是借用"率（shuài）"来表达，又为了读音上与"率（shuài）"区别，于是增加了 lǜ 的读音，使"率（shuài）"由单音字变成了多音字。

旧事物已经有词语承载，但随着人们认识的深入和拓展，词义越来越丰富，为了突出和强调新的词义，对新词义给予新的读音，从而形成多音字。例如：

【背】
bèi❶人体后面从肩到腰的部分：背脊。❷物体的后面或反面：背面、刀背。❸用背部对着，与"向"相对：背光。❹向相反的方向：背道而驰。❺避开，离开：背井离乡。❻凭记忆读出：背书。❼违反：违背。❽不顺：背运。❾听觉不灵：耳背。
bēi 人用背驮东西，引申为负担：背负。

"背"原来是名词，后来发展为动词，有了动作义，尤其是"人用背驮东西"这个动作义，很常用，为了突出这个意义，于是增加了 bēi 的读音，使"背"由单音字变成了多音字。

多音字每个音都有含义，从这些含义之间的关系来看，有两种情况：一是有关联的多音字，也就是说，不同的读音之间意义上存在内在的联系；二是无关联的多音字，也就是说，不同的读音之间意义上不存在内在的联系。如上面两例，"背"两个读音的含义存在内在的联系，即由名词到动词的转换，而"率"两个读音的含义则不存在内在的联系。

具体而言，多音字按其形成的原因，可分为以下几种。
（1）有关联的多音字。
①字义增加引起的多音字。例如：

【看】
kàn❶使视线接触人或物：看见、看书。❷观察，判断：看病。❸访问，拜望：看朋友。❹照应，对待：看重、看待。❺想，以为：看法。❻提防，小心：别跑，看摔着。❼安排：看茶、看酒、看座。
kān 守护，监视：看护、看押、看门。

【强】
qiáng❶健壮，有力，与"弱"相对：强壮。❷程度高：强手。❸胜过，优越，好：争强好胜。❹使用强力，硬性地：强占。
qiǎng 硬要，迫使，尽力：强迫、勉强、强词夺理。
jiàng 固执，强硬不屈：倔强。

②词性变化引起的多音字。例如：

【难】
nán❶不容易，做起来费事：难处。❷不大可能办到，使人感到困难：难免、难为。

❸不好：难听。

nàn 灾祸，困苦：难民、灾难、遇难。（名词）

【把】

bǎ❶拿，抓住：～酒。❷控制，掌握：～握。❸看守：～守。❹介词，义为拿，处置，致使：你能～他怎么样。❺量词。❻结盟：拜～子、～兄弟。

bà 物体上便于手拿的部分：刀～儿。（名词）

（2）无关联的多音字。

①音译词引起的多音字。在用汉字音译的时候，受到来源语读音的影响，该汉字的读音发生变化，形成多音字。例如："卡"，原读 qiǎ，义为哨卡、关卡，后用于音译英语单词 carbine（卡宾枪）、car（卡车）、cartoon（卡通）、card（卡片），受之影响，新增读音 kǎ，并由此还增加了"卡尺、卡带、卡规"等新词。其他例子还有：

打：dǎ，击，打击；dá，量词，12 个，来源于 dozen。

磅：páng，磅礴；bàng，英美重量单位，来源于 pound。

茜：qiàn，草本植物；xī，多用于外国女性人名①

娜：nuó，婀娜；nà，多用于外国女性人名。②

②假借字引起的多音字。假借字是形成多音字的重要原因，但不是所有的假借字都会出现多音字，只有异音假借才会出现多音字。新事物的出现，带来了新的词义，进而形成新的字义，为了避免汉字总量的增加，没有去新造汉字，而是借用现有的汉字来表示新的意义，这就是假借的方法。例如：

【价】

jià 商品所值的钱数：价钱。商品之间相互比较和交换的基础：价值。

jiè 旧时称派遣传递东西或传达事情的人："走价驰书来诣"。（假借）

【县】

xiàn 中国省级以下的一种行政区划。

xuán 古同"悬"。（假借）

【柜】

guì 一种收藏东西用的家具，通常为长方形，有盖或有门：柜子。

jǔ 柜柳。（假借）

③简化合并引起的多音字。汉字在简化的时候，存在把读音不同的两个字合并为一个字，从而形成多音字的情况。在简化字中，有 26 个这种字。例如：

---

① 现也有中国人用它作名字。

② 同上。

发＝發＋髮：發，fā，出發。髮，fà，头髮。

纤＝纖＋縴：纖，xiān，纖维。縴，qiàn，拉船的绳子。

辟＝辟＋闢：辟，bì，复辟。闢，pì，开闢。

症＝症＋癥：症，zhèng，症状。癥，zhēng，癥结。

脏＝臟＋髒：臟，zàng，心臟。髒，zāng，髒东西。

别＝别＋彆：别，bié，不要。彆，biè，彆扭。

斗＝斗＋鬥：斗，dǒu，容量单位。鬥，dòu，争鬥。

只＝只＋隻：只，zhǐ，仅。隻，zhī，隻身。

干＝干＋幹：干，gān，干涉、干支。幹，gàn，幹工作。

④同形字引起的多音字。同形字指字音不同，意义上又无联系，只是字形巧合相同的字。人们因为不同的意义造不同的字，只是造出来的字字形相同而已。例如：

【参】

cān❶加入在内：参加。❷相间，夹杂：参杂。❸检验：参考。❹探究，领悟：参悟。❺旧指下级进见上级：参见。❻弹劾，向皇帝告状：参奏。

shēn 中药名：人参、党参。

cēn 参差。

【锔】

jú 人造的放射性金属元素，符号 Cm。

jū 用锔子（一种两脚钉）连合破裂的器物：锔盆、锔缸。

另外还有普通用法和人名地名等特殊用法不同造成的多音字，也归入同形字引起的多音字。例如：

【单】

dān 单位，简单，菜单，单纯。

shàn 姓单，单县（地名）。

chán 单于（古代匈奴的君主）。

【柏】

bǎi 柏树，松柏常青，柏油马路。

bó 柏林（地名）。

bò 黄柏（中药名）。

另外还有古音、方音形成的多音字。我们认为，其意义之间存在联系，可以归入字义增加形成的多音字。

二、同音字

1. 同音字概述

同音字指读音完全相同的字，分为同形同音字和异形同音字两种。同形同音字是指字形和读音相同的字。例如：

澳^{1}ào 海边弯曲可以停船的地方：澳门。
澳^{2}ào 指"澳大利亚洲"。"大洋洲"的旧称，简称"澳洲"。
巴^{1}bā 黏结着的东西：泥巴。粘贴，依附在别的东西上：巴结别人。贴近：前不巴村，后不巴店。盼，期望：巴望。
巴^{2}bā 古国名，在今中国四川省东部，泛指四川：巴山蜀水。
巴^{3}bā 气压的压强单位。
巴^{4}bā 巴士。

异形同音字是指字形不同而读音相同的字。例如《现代汉语通用字表》：

xiān 仙先纤掀鲜锨氙袄籼苫酰跹暹
xián 闲贤弦咸衔嫌涎舷挦痃娴鹇痫
xiǎn 显洗险鲜铣狝冼蚬猃筅跣藓燹
xiàn 县现限线宪陷馅羡献腺苋岘霰
xiāng 乡相香箱厢湘镶芗缃襄骧
xiáng 详降祥翔庠
xiǎng 享响想饷飨鲞
xiàng 向项巷相象像橡

我们讲的同音字一般是指异形同音字。

同音字的作用和局限：同音字有积极的作用。一方面，同音字使汉语的音节数量得到控制，不至于因音节数量太多而难以掌握，影响语音学习。另一方面，同音字在语言表达中起着很好的作用，一些辞格就是利用同音字关系构成的，例如：

仿词：草木皆冰（兵）。
双关：空棺材出丧，目（木）中无人。

歇后语是广大劳动人民在长久的生活生产实践中总结出来的哲理经验，它的前半句多是对动物、物品、传奇人物的形象描写，后半句则点明意思，两句间通过某种联系幽默地联结起来。其中，我们常见的是同音字联系法。例如：

　　半个月绣不出一朵花——真（针）慢

　　外甥打灯笼——照旧（舅）

　　麻袋片上绣花——一代（袋）不如一代（袋）

　　王八肚上插鸡毛——龟（归）心似箭

　　鼻子下面挂电灯——闻名（明）

　　鼻梁上推小车——走投（头）无路

　　同音字也有消极的一面，它给汉字的应用带来较大的困难，如果语境不够充分，就会影响交流的效果。例如：

　　致癌物质/治癌物质

　　正在演越剧/正在演粤剧

　　占有的房子/战友的房子

　　同音字太多，给以语音为依据的信息处理技术的应用带来麻烦，如语音识别技术、汉字输入技术等。汉语里区分同音字的手段是字形，这种特性就决定了形码在处理同音字方面必然胜过音码。以拼音输入中的同音词自动辨识为例，据统计，汉语单字同音现象是非常严重的。以 GB2312－80《信息交换用汉字编码字符集·基本集》（1980）6 763 个汉字为例，没有同音字的汉字只有 16 个，其他汉字都有同音字。因此，音码输入受到同音字的严重制约。

　　同音现象是一种正常的语言现象，同音现象是有限的语音形式和无限的意义内容之间矛盾的必然产物，它是语言经济原则的反映。正如符淮青所说："如果真的使语言完全消除多义、同音现象，那所造成的混乱将不知要比现在大多少倍。因此，使语言符号简易经济，便于掌握和运用是多义同、同音词给语言带来的一个重要的积极作用。"[1] 同音现象由于语境的作用在语言交流方面基本上没有造成交流的障碍，相反，有时候还增进了语言的表达效果，丰富了语言表达的内涵。只有在语境不明确的情况下，才会让人误会。高家莺说："其实汉语里同音词再多，在一般情况下也不会造成混淆，不会影响交际。即使偶有发生混淆的，也可以设法加以区分或避免。"[2] 但是，我们必须看到，计算机的出现，音码输入法的应用，使汉语同音现象的弱点暴露无遗。同音现象给以语音为基础的信息处理技术的应用造成了巨大困难，当我们在用拼音录入汉字时，不得不面对同音字的艰难选择。

　　2. 同音字的数量

　　1994 年国家颁布了《普通话水平测试大纲》，[3] 该大纲收入了现代汉语常用和比较常用的词语，共计"表一"和"表二"两个词表。"表一"所收 8 455 个词语，是国家汉办

① 符淮青. 现代汉语词汇. 北京：北京大学出版社，1985. 86.

② 高家莺等. 现代汉字学. 北京：高等教育出版社，1993. 85.

③ 刘照雄. 普通话水平测试大纲. 长春：吉林人民出版社，1994.

和汉语水平考试部刊布《汉语水平词汇与汉字等级大纲》中《词汇等级大纲》中的全部词语，这些词语既包括单字词，也包括多字词。"表二"所收 15 496 个词语，选自社科院语言所编《现代汉语词典》（不包括"补编"）。两部分词语共计 23 951 个。《现代汉语词典》在"表一"已经出现的词语，"表二"不再重复收入。但筛选时，《现代汉语词典》有少数词语在"表一"已经出现过，在"表二"又出现了。我们将它们输入 Microsoft Excel 表格软件处理分析，发现两表有 121 个词语重复，不同的词语实际只有 23 830 个，并从中提取单字词 3 979 个。我们认为，《普通话水平测试大纲》收入的词语，从来源看，比较准确地反映了现代汉语的词语面貌，所以，我们将这些词语作为分析汉语同音现象的依据。[①]

音节是由音素构成的，汉语有声调，汉语的音节除了有音质因素外，还有超音质因素，由声母、韵母和声调三部分构成。在 23 830 个词语中，《大纲》列出的单字词有 1 894 个，即成词字有 1 894 个，不成词字有 2 085 个。根据对 3 979 个单字词的统计，不同的带调音节只有 1 114 个。表 3 – 13 是根据统计结果制作的"同音字情况统计表"。

表 3 – 13　同音字情况统计表

类别	音节数（个）	同音字乘积值	同音字（个）	同音率（%）	非同音字（个）	非同音率（%）	合计字数（个）
一音一字	320	0	0	0	320	100	320
一音二字	227	1	227	50	227	50	454
一音三字	157	2	314	67	157	33	471
一音四字	101	3	303	75	101	25	404
一音五字	94	4	376	80	94	20	470
一音六字	58	5	290	83	58	17	348
一音七字	48	6	288	86	48	14	336
一音八字	30	7	210	88	30	12	240
一音九字	28	8	224	89	28	11	252
一音十字	14	9	126	90	14	10	140
一音十一字	11	10	110	91	11	9	121
一音十二字	6	11	66	92	6	8	72
一音十三字	5	12	60	92	5	8	65
一音十四字	4	13	52	93	4	7	56
一音十六字	1	15	15	94	1	6	16

①　2004 年，国家重新颁布了《普通话水平测试大纲》，并对收入的词语作了大的调整，参照的是国家语委现代汉语语料库和《现代汉语词典》中的词语，"表一"收词 6 595 个，"表二"收词 10 460 个，共计收词 17 055 个，与 1994 年大纲相比，减少 6 775 个，减少达 28%。为了确保统计的可靠性，我们仍以 1994 年大纲的 23 830 个词语为依据，这样更能反映现代汉语词语的实际情况。

（续上表）

类别	音节数（个）	同音字乘积值	同音字（个）	同音率（%）	非同音字（个）	非同音率（%）	合计字数（个）
一音十九字	4	18	72	95	4	5	76
一音二十字	2	19	38	95	2	5	40
一音二十一字	1	20	20	95	1	5	21
一音二十二字	1	21	21	95	1	5	22
一音二十四字	1	23	23	96	1	4	24
一音三十一字	1	30	30	97	1	3	31

同音字共计 2 865 个，非同音字共计 1 114 个，合计 3 979 个。由此计算出单字总的同音率为 72.00%（2 865÷3 979）。根据同音率计算出非同音率（定序率）为 28.00%。从汉字总量看，同音字组主要集中在一音二字到一音九字区段，占 3 979 字的 56.09%。[①]

需要说明的是，随着汉字数量的增加，同音字的情况会越来越严重，同音率会提高，非同音率会降低。以 1 114 个不同的音节计算，不同字量的同音字情况如表 3-14 所示：

表 3-14　汉字字量与同音率关系表

字量（个）	4 000	6 000	8 000	10 000	12 000	14 000	16 000	18 000	20 000	25 000
同音率（%）	72	81	86	89	91	92	93	94	94	96

3. 同音字的形成

造成汉字同音现象的根本原因在于汉语的音节变化形式太少。汉字同音现象非常严重，根据《汉字信息字典》的统计，基本音节 414 个，加上声调的变化也只有 1 254 种变化形式，按照 7 000 个通用字计算，平均 5.6 字中就有 1 个同音字。汉字总体上看有一两万字，自然同音字会很多。如果以 414 个基本音节计算，同音字会多 2 倍。

造成音节偏少的原因是什么呢？我们认为，是语音的局限性和简化。音节是人的耳朵能够感受到的最小的语音片断，音节是由音素构成的，音素是从物理性划分出来的最小的语音单位。语音是利用发音器官的各种变化形成的，这种变化主要是舌头、唇和小舌的变化，而人能表现出这种能被感知出来的变化种类是非常有限的。因此，人发出的能被感知出来的音素也是有限的。世界各种语言的音素数量都不多，国际音标元音表、辅音表都只有几十个音素。由于人发出的音素有限，因而形成的音节也很有限。音素的任意排列在理论上是比较多的，但是，各种语言的音素在组合成音节的时候有一定规律或条件，因而形成的音节有限。例如汉语，普通话有 21 个声母，39 个韵母；基本元音有 10 个，基本辅音有 22 个，共计 32 个基本音素。汉语音节最多 4 个音素，如果以排列计算，有 863 040 个

---

① 总体来看，汉语同音字很多，比例相当大，同音率达到 72%，而由这些字构成的词及其形成的同音词，根据我们的研究，同音情况则有了大的改善，同音率仅为 5.38%，对语言交流没有什么影响。

（32×31×30×29）音节。而实际上，22 个辅音中，有 20 个只能出现在音节的开头，有 2 个既可以出现在音节的开头，也可以出现在音节的末尾；10 个元音中，有 3 个可以做韵头，有 2 个可以做韵尾。汉语音节的结构有四种形式，即：①声母 + 韵头 + 韵腹 + 韵尾；②声母 + 韵头 + 韵腹；③声母 + 韵腹 + 韵尾；④声母 + 韵腹。把零声母也考虑进去，形成的音节理论上就少了很多，根据我们的计算，只有 4 400 个（22×3×10×4 + 22×3×10 + 22×10×4 + 22×10）音节。普通话的音节构成还有许多条件，因此音节数量理论上还要大幅下降。

从古到今，语音朝着简化的方向发展，这种发展趋势也使得汉语的音节变化形式进一步减少。王力说：“汉语语音简单化是语音发展的一般趋势，特别是在普通话里是这样。在声母方面，由三十五声母到早梅诗的二十声母；在韵母方面，由十六摄减为要法的十二摄，由两呼四等减为四呼；在声调方面，虽然平声分化为二，但是入声消失了，也没有增加声调的数目。”[1] 苏培成也指出：“语音系统简化，音节数就相应地减少，同音字数就相应地增加。有些字古音本不相同，今音却变得相同了。例如‘东冬’、‘支脂之’、‘耕庚’、‘清青’、‘士市事势’等每组内的几个字在古代是不同音的，现代都同音了。”[2] 可见，语音的简化确实使音节的数量减少了一些。

三、异读字

1. 异读字概述

异读字指同义同形异音的字。例如：教室，室，shí，又 shì。复杂，复，fǔ，又 fù。质量，质，zhǐ，又 zhì。汉字古代就有异读字。例如：《广韵·阳韵》的“镶”有“息良、女羊”二切，《广韵·皆韵》“稭”有“古谐、古八”二切。

异读字和异读词是有区别的。苏培成先生对此作了详细说明，他指出：[3]

异读字是多音同义字，也就是一个字有两个或两个以上的读音而表示的意义相同。异读词是多音同义词，也就是一个词有两个或两个以上的读音而表示的意义相同。两者有区别，又有联系。汉语的单音词，在书面上使用一个字，所以单音的异读词也就是异读字。例如“吨”，是译音专用字，音译英语的 ton，声调不确定。旧字典或读 dùn，或 dūn、dùn 并存，成为异读。“吨”的异读，既属于异读词，又属于异读字。复音的异读词可以分为两类。一类如“出击、打击、攻击、射击、突击、游击、追击”等词里的“击”，有 jī、jí 两读，而且所有包含“击”的词语都有这样的两读。这样的异读词里面包含有异读字，这样的异读字无论出现在哪个词语里都有异读。另一类如“喷嚏”有 pēntì 和 pèntì 两读，是异读词，其中的“喷”也有 pēn、pèn 两读，是异读字。可是“喷香”pènxiāng、“嚏喷”tìpen 只有一读，不是异读词，而且“喷香”的“喷”只读 pèn，“嚏喷”的“喷”只读

① 王力. 汉语史稿. 北京：中华书局，1980. 207.
② 苏培成. 现代汉字学纲要. 北京：北京大学出版社，2001. 161.
③ 苏培成. 现代汉字学纲要. 北京：北京大学出版社，2001. 146.

pen，所以"喷"字也没有异读，不是异读字。在审定异读字时，如"击"类，因为凡是含有"击"的词语都有异读，所以要对所有词语里的"击"统一处理；而"喷"类，只审定"喷嚏"里的"喷"，不审定"喷香、嚏喷"里的"喷"。

上述区别可以概括为：

（1）单音的异读词也就是异读字。例如：吨，dūn，又dùn。

（2）复音的异读词，如果同一个词中的某个字有异读，该字为异读字。例如：打击，击，jī，又jí。

（3）如果某个字在不同的复音词中有不同的读音，该字不是异读字。例如：喷香，pènxiāng，嚏喷，tìpen，"喷"不是异读字。

异读字，只是同义同形异音的字，没有积极的作用，应该进行规范，保留一个读音即可。例如：教室，室，仅shì。复杂，复，仅fù。吨，仅dūn。打击，击，仅jī。

2. 异读字的类型

异读字从语音角度可以分为四类：（前一个为规范读音，后一个为淘汰读音）

（1）声母不同的异读字：

波浪 bōlàng/pōlàng	机械 jīxiè/jījiè
缔结 dìjié/tìjié	暂时 zànshí/zhànshí
发酵 fājiào/fāxiào	玩弄 wánnòng/wánlòng

（2）韵母不同的异读字：

熟练 shúliàn/shóuliàn	琴弦 qínxián/qínxuán
烙印 làoyìn/luòyìn	露头 lòutóu/lùtóu
剥削 bōxuē/bāoxiāo	漂浮 piāofú/piāofóu

（3）声调不同的异读字：

不妨 bùfáng/bùfāng	比较 bǐjiào/bǐjiǎo
混合 hùnhé/hǔnhé	召集 zhāojí/zhàojí
教室 jiàoshì/jiàoshí	质量 zhìliàng/zhíliàng

（4）其他类型的异读字：

确凿 quèzáo/quèzuò	暴露 bàolù/pùlù
麻雀 máquè/máqiǎo	沸腾 fèiténg/fúténg
贝壳 bèiké/bèiqiào	畸形 jīxíng/qíxíng

3. 异读字的形成

造成语音异读的原因，徐世荣在《普通话异读词审音表释例》中作了说明：①

（1）习惯误读，已习非成是。例如"塑料"的"塑 sù"，误读为 suò（受部件"朔 shuò"的影响）。

（2）近代变化，不合语音发展规律，但已约定俗成。例如"广播"的"播 bō"，旧读 bò。

（3）文、语并存。"文"即文读、读书音，"语"即白读、口语音。例如"赐教"中"赐"的 cì（语）、sì（文），审订为取语舍文，通读 cì；"血"的 xuè（文）、xiě（语），审订为二者分工。

（4）方音影响。例如"疏忽"中"疏 shū"的方言读音 sū，"复杂"中"复 fù"的方言读音 fú 等，审订为废除方言读音。

（5）北京土音。例如"蝴蝶 húdié"的北京土音 hùtiěr，审订为废除北京土音。

（6）多音多义，一般不能辨义而误读。例如"畜"的名物义的 chù（牲畜）和动作义的 xù（畜牧）相混淆，审订为二者分化。

（7）古义又读。例如"蛮横、横财"的"横 hèng"和"纵横"的"横 héng"，审订为二者分化。

（8）词间变读，也属于文语并存。例如"杉"，在"红杉、紫杉"中读 shān（文），在"杉篙、杉木"中读 shā（语），审订为二者分化。

（9）特定读音。例如"迫"只在"迫击炮"中读 pǎi。

（10）又音两存，不辨义，也非文白之分。审订后只保留一个词："谁 shéi，又音 shuí。"

第四节　字音整理与规范

一、异读词的审定

异读现象只会增加学习的负担，因此必须对它进行规范。1955 年 10 月中国科学院在北京召开了现代汉语规范问题学术会议，集中讨论了现代汉语和汉字的统一规范问题，并提出了应当开展的具体工作。1956 年中国科学院语言研究所与中国文字改革委员会合作成立了普通话审音委员会，专门审定异读词的读音。审音委员会曾经在 1957 年 10 月《普通话异读词审音表初稿和本国地名审音表初稿》、1959 年 7 月《普通话异读词审音表初稿（续）》、1962 年 12 月《普通话异读词审音表初稿（第三编）》先后三次对普通话异读词进行审定，在 1963 年 2 月出版了《普通话异读词三次审音总表初稿》（后简称《初稿》），作为当时异读词读音的规范。

当时审定的原则主要有：

① 徐世荣. 普通话异读词审音表释例. 北京：语文出版社，1997. 273.

（1）一个字的读音不合北京语音的发展规律，但是，在北京话里很通行，且在北方方言里应用广泛，这个音可以采用。

（2）"四呼"的读音，以符合语音发展规律为准。

（3）古代清音入声字在北京话里的声调，没有异读的，就以通行的北京音为准；有异读的，如果有阴平调，则采用阴平调。否则，采用比较通行的读音。

（4）每个词原则上暂定一个音，但是也有少数词保留了两个读音。

1985 年 12 月国家语言文字工作委员会、国家教育委员会、广播电视部发布了《普通话异读词审音表》（以下简称《审音表》）。这个《审音表》对《初稿》作了修改和增补。如"呆板"的"呆"，《初稿》审作 ái，《审音表》规定"呆"统读 dāi。鲁迅小说《故乡》中的"猹"，过去《新华字典》作 zhā，《现代汉语词典》作 chá，《初稿》未审，《审音表》审作 chá。

《审音表》虽然基本解决了异读词的读音问题，但还是存在一些问题，有待进一步规范。例如"荫"统读 yìn，废除 yīn 的音义，在一般词语里不会发生什么问题，主要问题是充当地名、人名用字的处理问题。地名用字在《初稿》中已经审订了黑龙江省嘉荫县的读音是 jiāyīn，这就使二者产生了矛盾。厉兵在《从"荫"字的读音谈起》[1] 一文中指出，北京的柳荫街、柳荫公园，山西的荫城、荫营，湖南的荫田，山东济南的槐荫区，近代的黄之荫、杨荫榆，现代的赵荫堂、成荫、丁荫南等，至今"荫"的读音没有变化，仍读阴平，没有读去声的。

二、《普通话异读词审音表》[2]

1. 《审音表》的调整情况

《普通话异读词审音表》是由国家语委、国家教委、广电部于 1985 年 12 月发布的。迄今为止，它是关于异读词读音规范的法定标准，是我们规范异读字读音的主要依据。

《普通话异读词审音表》与《初稿》相比主要有以下变化：

（1）《审音表》共审 839 条异读字的读音。

（2）增加了"统读"。其中审定为"统读"的有 586 字，占 69%。

（3）增加了"文"、"语"的区分。有 31 个字保留了文白异读。

（4）修改了原审的一些读音，共 41 处。

2. 《审音表》的体例[3]

（1）在字后注明"统读"的，表示此字不论用于任何词语中都只读一音（轻声变读不受此限），《审音表》不再举出词例。例如："阀"字注明"fá（统读）"，《初稿》"军阀、学阀、财阀"条和《初稿》所无的"阀门"等词均不再列举。这种情况具有唯一性

---

[1]　厉兵. 从"荫"字的读音谈起. 语文建设，1993（10）.

[2]　字词典标注的读音与《审音表》不一致的地方先后进行了调整，1988 年版的《新华字典》、1996 年版的《现代汉语词典》根据《审音表》对字音作了调整。

[3]　《审音表》主要审定的是普通话有异读的词和有异读的作为"语素"的字。不列出多音多义字的全部读音和全部义项，与字典、词典形式不同。人名、地名的异读审订，除原表已涉及的少量词条外，留待以后再审。

特点，例如"凹"，统读 āo，原来的 wā 音不再读，只有一个读音。

癌 ái（统读）	爆 bào（统读）	侈 chǐ（统读）	呆 dāi（统读）
讽 fěng（统读）	冈 gāng（统读）	扔 rēng（统读）	踝 huái（统读）
羁 jī（统读）	抠 kōu（统读）	孪 luán（统读）	皿 mǐn（统读）
馁 něi（统读）	殴 ōu（统读）	爿 pán（统读）	期 qī（统读）
埽 sào（统读）	啥 shá（统读）	索 suǒ（统读）	庭 tíng（统读）
惜 xī（统读）	沿 yán（统读）	憎 zēng（统读）	往 wǎng（统读）

（2）在字后不注"统读"的，表示此字有几种读音，《审音表》只审订其中有异读的词语的读音。例如，"艾"有 ài 和 yì 两音，本表只举"自怨自艾"一词，注明此处读 yì 音；至于 ài 音及其义项，并无异读，故不再罗列。这种情况具有多样性特点，例如"曝光"中"曝"读 bào，说明除了读 bào 音外，还有其他读音（pù），如"一曝十寒"。不能与统读音混淆。

攒 cuán　万头～动、万箭～心　　打 dá　苏～、一～（十二个）
点 dian　打～（收拾、贿赂）　　度 duó　忖～、～德量力
发 fà　理～、脱～、结～　　　　岗 gǎng　～楼、～哨、～子、门～、站～
服 fú　～毒、～药　　　　　　　革 gé　～命、～新、改～

（3）有些字有文白二读，《审音表》以"文"和"语"作注。前者一般用于书面语言、复音词和文言成语中；后者多用于口语中的单音词及少数日常生活事物的复音词中。这种情况在必要时各举词语为例。例如："杉"字下注"（一）shān（文）：紫～、红～、水～。（二）shā（语）：～篙、～木"。这种情况具有互补性特点，也就是说，"文读"、"语读"相互补充，各有各的使用条件。

蔓（一）màn（文）～延、不～不支。（二）wàn（语）瓜～、压～。
泌（一）mì（语）分～。（二）bì（文）～阳〔地名〕。
疟（一）nüè（文）～疾。（二）yào（语）发～子。
荨（一）qián（文）～麻。（二）xún（语）～麻疹。
翘（一）qiào（语）～尾巴。（二）qiáo（文）～首、～楚、连～。
色（一）sè（文）。（二）shǎi（语）。
厦（一）shà（语）。（二）xià（文）～门、噶～。
杉（一）shān（文）紫～、红～、水～。（二）shā（语）～篙、～木。
葚（一）shèn（文）桑～。（二）rèn（语）桑～儿。
螫（一）shì（文）。（二）zhē（语）。
熟（一）shú（文）。（二）shóu（语）。

（4）有些字除附举词例之外，酌加简单说明，以便读者分辨。说明或按具体字义，或按"动作义、名物义"等区分，例如："畜"字下注"（一）chù（名物义）：～力、家～、牲～、幼～。（二）xù（动作义）：～产、～牧、～养。"

冠（一）guān（名物义）～心病。（二）guàn（动作义）沐猴而～、～军。

桧（一）guì〔树名〕。（二）huì〔人名〕秦～。

苫（一）shàn（动作义）～布。（二）shān（名物义）草～子。

笼（一）lóng（名物义）～子、牢～。（二）lǒng（动作义）～络、～括、～统、～罩。

（5）有些字的几种读音中某音用处较窄，另音用处甚宽，则注"除××（较少的词）念乙音外，其他都念甲音"，以避免列举词条繁而未尽、挂一漏万的缺点。例如："结"字下注"除'～了个果子'、'开花～果'、'～巴'、'～实'念 jiē 之外，其他都念 jié"。

估（除"～衣"读 gù 外，其他都读 gū）

骨（除"～碌"、"～朵"读 gū 外，其他都读 gǔ）

过（除姓氏读 guō 外，其他都读 guò）

结（除"～了个果子"、"开花～果"、"～巴"、"～实"念 jiē 之外，其他都念 jié）

擂（除"～台"、"打～"读 lèi 外，其余都读 léi）

脉（除"～～"念 mòmò 外，一律念 mài）

秘（除"～鲁"读 bì 外，其余都读 mì）

轧（除"～钢"、"～辊"念 zhá 外，其他都念 yà）（gá 为方言，不审）

作（除"～坊"读 zuō 外，其余都读 zuò）

三、《审音表》新变字音解读

《审音表》内容很多，调整的字音不多，为了减少学习的负担，使学习者更快地掌握这些有变化的字音，我们把《审音表》与《初稿》、《新华字典》（简称《新华》）、《现代汉语词典》（简称《现汉》）新旧音进行了比较，仅把有变化的字音整理出来，列表如下：

表 3 - 15

字词	《审音表》	《初稿》、《新华》、《现汉》
凹	āo（统读音）	āo/wā。wā，用于地名。
柄	bǐng（统读音）	bǐng/bìng。bìng《新华》注"又音"。
厕	cè（统读音）	cè/si。"茅厕"读 si。
橙	chéng（统读音）	chéng/chén。仅"橙子"一词，chéng，又 chén。其余都读 chéng。

（续上表）

字词	《审音表》	《初稿》、《新华》、《现汉》
闯	chuǎng（统读音）	chuǎng/chuàng。chuàng，《新华》音，"闯荡"。
从	cóng（统读音）	cóng/cōng。"从容"读 cōng。
呆	dāi（统读音）	dāi/ái。"呆板"读 ái。
堆	duī（统读音）	duī/zuī。"归里包堆"（方言词语，意为总计）读 zuī。
妨	fáng（统读音）	fáng/fāng。单用及"不妨、无妨、何妨"读 fāng。
幅	fú（统读音）	fú/fǔ。"幅儿"读 fǔ，意为布匹面的宽度。
徊	huái（统读音）	huái/huí。《现汉》"低徊"读 huí。
脊	jǐ（统读音）	jǐ/jí。"脊梁"读 jí。
嗟	jiē（统读音）	jiē/juē。juē 为又音。
俱	jù（统读音）	jù/jū。《新华》为又音，《现汉》jū 为姓氏音。
框	kuàng（统读音）	kuàng/kuāng。"框框"及动作义读 kuāng。
傀	kuǐ（统读音）	kuǐ/guī。"傀奇、傀然独立"读 guī。
括	kuò（统读音）	kuò/guā。《新华》"搜括"，《现汉》"挺括"读 guā。
掠	lüè（统读音）	lüè/lüě。lüě，《现汉》方言词语，顺手拿的意思。
芒	máng（统读音）	máng/wáng。"麦芒"及"芒"字读 wáng，"芒种、光芒"读 máng。
盟	méng（统读音）	méng/míng。"盟誓"动作义读 míng，名物义读 méng。
祢	mí（统读音）	mí/nǐ。《现汉》古时候父亲死后，在宗庙里面立牌位后的称谓。
娩	miǎn（统读音）	miǎn/wǎn。《现汉》"婉娩"（柔顺义）读 wǎn。
摸	mō（统读音）	mō/mó。《新华》、《现汉》"摸棱"读 mó。
恁	nèn（统读音）	nèn/nín。《现汉》收 nín 音，相当于"您"。
酿	niàng（统读音）	niàng/niáng。《现汉》niáng，"酒酿"，即"酒娘"。
呕	ǒu（统读音）	ǒu/òu。《现汉》收 òu 音，即"怄"。
澎	péng（统读音）	péng/pēng。"澎湃"读 pēng。
期	qī（统读音）	qī/jī。《新华》、《现汉》收 jī 音，义为周年。
嵌	qiàn（统读音）	qiàn/kàn。kàn，《现汉》地名，台湾赤嵌。
跄	qiàng（统读音）	qiàng/qiāng。《现汉》"跄跄"读 qiāng。
瞿	qú（统读音）	qú/jù。《现汉》收 jù 音，义为惊视。
绕	rào（统读音）	rào/rǎo。单用读 rào，复合词读 rǎo。
挼	ruò（统读音）	ruò/ruá。《新华》、《现汉》收 ruá 音，方言词语，义为皱。
靸	sǎ（统读音）	sǎ/tā。《现汉》"靸拉"（把鞋后帮踩在脚跟下）读 tā。
胜	shèng（统读音）	shèng/shēng。《新华》、《现汉》收 shēng 音，一种化学物质，肽。
往	wǎng（统读音）	wǎng/wàng。方向义读音为 wàng。

（续上表）

字词	《审音表》	《初稿》、《新华》、《现汉》
忘	wàng（统读音）	wàng/wáng。《现汉》"忘八"（王八）读 wáng。
唯	wéi（统读音）	wéi/wěi。wěi，《新华》、《现汉》表示答应的词语。
萎	wěi（统读音）	wěi/wēi。《新华》、《现汉》wēi 表示衰落义，气萎。
喔	wō（统读音）	wō/ō/ò。《现汉》ō，叹词。ò 同"哦"。
溪	xī（统读音）	xī/qī。《新华》qī，又音。
霰	xiàn（统读音）	xiàn/sǎn。《现汉》"霰弹"（榴霰弹）读 sǎn。
挟	xié（统读音）	xié/jiā。《新华》、《现汉》收 jiā 音，即"夹"。
寻	xún（统读音）	xún/xín。《初稿》"寻思、寻死"读 xín。
崖	yá（统读音）	yá/ái。《现汉》ái，又音。
沿	yán（统读音）	yán/yàn。《新华》、《现汉》收 yàn 音，义为水边，河沿。
屹	yì（统读音）	yì/gē。《现汉》收 gē 音，"屹嶂"（疙瘩），小土丘。
荫	yìn（统读音）	yìn/yīn。《新华》、《现汉》收 yīn 音，"树荫、荫蔽、荫翳"。《审音表》规定"树荫、林荫道"应当写作"树阴、林阴道"。
咱	zán（统读音）	zán/zá。"咱家"读 zá。
凿	záo（统读音）	záo/zuò。"确凿"读 zuò。
召	zhào（统读音）	zhào/shào。《新华》、《现汉》收 shào 音，义为姓氏。
指	zhǐ（统读音）	zhǐ/zhī/zhí。"指甲"读 zhī，"指头"读 zhí。
掷	zhì（统读音）	zhì/zhī。"掷色子"读 zhī。
筑	zhù（统读音）	zhù/zhú。《初稿》，贵州旧县名"贵筑"读 zhú。《现汉》认为是贵阳市的别称。
猹	chá（统读音）	chá/zhā。鲁迅作品《故乡》中的一种小动物，《新华》读 zhā。
汲	jí（统读音）	jí/jī。《现汉》收 jī 音，义为姓氏及从下往上打水。
迹	jì（统读音）	jī。事迹。
绩	jì（统读音）	jī。成绩。
拎	līn（统读音）	līn/līng。《新华》读 līng。
嬷	mó（统读音）	mā。嬷嬷。
杷	pá（统读音）	pā/pa。《新华》、《初稿》读 pa，《现汉》读 pá。
琶	pá（统读音）	pá/pa。《新华》、《初稿》读 pa，《现汉》读 pá。
槭	qì（统读音）	qī。槭树。
啥	shá（统读音）	shà。义为什么，如："啥事？"
哮	xiào（统读音）	xiāo。哮喘、咆哮。
驯	xùn（统读音）	xún。驯服、驯顺、驯养。

（续上表）

字词	《审音表》	《初稿》、《新华》、《现汉》
帧	zhēn（统读音）	zhèng。《新华》、《现汉》读 zhèng，"装帧"及一幅画为一帧。
卓	zhuó（统读音）	zhuō。《新华》、《现汉》读 zhuō，卓文君、卓越。
打点	dian	diǎn/dian。《新华》读 diǎn。
脖颈子	gěng	jǐng/gěng。《新华》读 jǐng。
蛤蟆	há	xiā/há。《新华》读 xiā。
饥荒	huang	huāng/huang。《新华》读 huāng。
逻辑	ji	jí。《新华》、《现汉》读 jí。
千斤	jin	jīn/jin。《新华》读 jīn。
曝光	bào	pù。《新华》、《现汉》读 pù。
打哈欠	qian	qiàn/qian。《新华》读 qiàn。
乌拉	wù	wū/wù。《新华》读 wū。
乌拉草	wù	wū/wù。《新华》读 wū。
零散	san	sǎn/san。《新华》读 sǎn。
哭丧着脸	sang	sàng/sang。《新华》读 sàng。
疲沓	ta	tà/ta。《新华》读 tà。
苤蓝	lan	la。
潦草	liáo	liǎo。
潦倒	liáo	liǎo。
眯了眼	mí	mǐ。
雀盲症	què	qiǎo。
碌碡	liùzhou	liùzhóu。
诸葛	gě（单姓、复姓）	gé。复姓，gé。单姓，gě。
骨	除"骨碌、骨朵"读 gū 外，其余均读 gǔ。	"骨碌、骨朵"读 gū。"骨头"读 gú，其余均读 gǔ。
过	除姓氏读 guō 外，其余均读 guò。	"过费、过逾"及姓氏读 guō，其余均读 guò。
秘	除"秘鲁"读 bì 外，其余均读 mì。	"便秘"及姓氏读 bì，其余均读 mì。
作	除"作坊"读 zuō 外，其余均读 zuò。	"作坊、作弄、作死、作揖"读 zuō，"作践、作料、作兴"读 zuó，其余均读 zuò。

四、汉字注音方法

英文是表音体系的文字，能够记录英文的读音。例如 department，即使不知道它的意义，也能根据拼读规则读出它的读音。汉字是表意体系的文字，不能反映汉字的读音。例如"爨"大体上可以看出它的意义，但看不出它的准确的读音。① 所以，汉字需要单独注音。汉字的记音方案有两大类：一类是用甲汉字给乙汉字注音，分为直音法和反切法；另一类是用字母给汉字注音，分为注音字母和拼音字母。如图 3 - 2 所示：

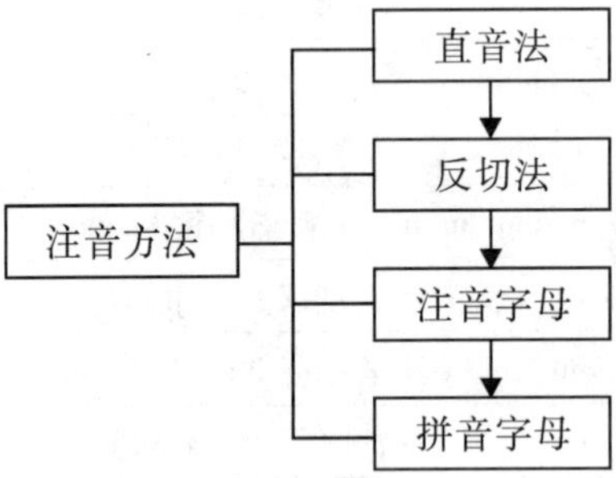

图 3 - 2　注音方法

　　直音法出现于汉代，是用同音字标注汉字读音的方法。例如《尔雅》郭璞给"肇"的注音："肇，音兆。"直音法有明显的弱点：①必须以认读一定数量的汉字为基础，如果不认读用来注音的汉字，被注音的汉字还是无法认读；②有些汉字没有同音字，不能使用直音法，如"女、能"等。

　　反切法出现于东汉或三国时代，是用别的两个汉字来给某个汉字注音的方法。用来注音的两个汉字，第一个汉字叫做反切上字，取其声，第二个汉字叫做反切下字，取其韵和调。例如《广韵》给"堵"的注音："堵，当古切。"取"当"的声母 d，取"古"的韵母 u 和声调上声，拼合后得到"堵"的读音 dǔ。同直音法一样，反切法也有明显的弱点，也必须以认读一定数量的汉字为基础，如果不认读用来注音的汉字，被注音的汉字还是无法认读。②

　　直音法和反切法是古代给汉字注音的方法，使用时间很长。到了明末，随着传教士来到中国，才开始用字母拼音给汉字注音。第一个用罗马字母来拼读汉字的是意大利传教士利玛窦。到清代又出现了"教会罗马字"、"威妥玛式拼音"。到民国，出现了"注音字母"、"国语罗马字"（简称"国罗"）和北方话拉丁话新文字（简称"北拉"）。中华人民共和国成立后，推出了《汉语拼音方案》。

　　1912 年民国政府教育部召开了"中央临时教育会议"，决定统一国语读音，通过了采用注音字母给汉字注音的方案。1913 年通过了注音字母，1918 年由教育部正式颁布执行，这是我国由政府颁布的法定的拼音方案。注音字母从古汉字或汉字偏旁演变而成，采用声、介、韵三拼制，比以往的汉字注音方案有较大的进步。注音字母方案使用的字母有ㄅ、ㄆ、ㄇ、ㄈ、ㄉ、ㄊ、ㄋ、ㄌ、ㄍ、ㄎ、ㄏ、ㄐ、ㄑ、ㄒ、ㄓ、ㄔ、ㄕ、ㄖ、ㄗ、ㄘ、

---

　　① "爨"的读音是 cuàn。汉字有许多形声字，形声字的声旁能够反映该字的读音。但是，汉字发展到今天，字音有了变化，形声字声旁的表音功能已经严重衰退，形声字声旁能表音的还有 25% 左右。参见：周有光. 现代汉字中声旁的表音功能问题. 中国语文，1978（3）.

　　② 《广韵》中的反切上字（452 个）和反切下字（1 031 个）就达 1 483 个，数量比较多。

ㄙ、ㄚ、ㄛ、ㄜ、ㄞ、ㄟ、ㄠ、ㄡ、ㄢ、ㄣ、ㄤ、ㄥ、ㄦ、ㄧ、ㄨ、ㄩ等。

　　注音字母方案对统一国语国音，促进教育起了重要作用。但是，注音字母具有汉化的特点，不便于书写，国际化不够，不利于向世界推广。从记音的准确性看，音素化程度也不够。

　　新中国成立后，在中央政府的领导下，在吸取了以往汉字注音方案优点的基础上，经过普遍征求各方意见，反复研究讨论，中国文字改革委员会于 1956 年拟订了《汉语拼音方案（草案）》，后又经过各方反复讨论，汉语拼音方案审订委员会反复审议和修改，对《汉语拼音方案》进行了修订，提出了"修正草案"。1957 年 11 月报请国务院全体会议通过，于 1958 年 2 月，由第一届全国人民代表大会第五次会议正式批准颁布施行《汉语拼音方案》。《汉语拼音方案》由字母表、声母表、韵母表、声调符号、隔音符号五部分组成，使用的字母是拉丁字母，即：

a/b/c/d/e/f/g/h/i/j/k/l/m/n/o/p/q/r/s/t/u/v/w/x/y/z

　　《汉语拼音方案》采用国际上通行的字母，拼法音素化，具有各种拼音方案的优点，是一个比较科学、合理的汉语拼音方案。半个多世纪以来，《汉语拼音方案》在促进语音规范化和推广普通话等方面发挥了重要作用。1977 年，联合国第三届地名标准化会议决定采用汉语拼音作为中国地名罗马字母拼写法的国际标准。1982 年，国际标准化组织（ISO）决定采用汉语拼音作为文献工作中拼写有关的中国词语的国际标准。新加坡、马来西亚也采用《汉语拼音方案》作为本国华语的拼音方案。[1]

　　由于在制订《汉语拼音方案》时没有估计到汉字的计算机处理问题，给计算机输入拼音带来困难，成为《汉语拼音方案》的一个新问题，有待解决。目前，汉语拼音的输入在电脑里面主要是通过软件盘和插入菜单输入的，对个别字注音是可以的，但对大量的汉字注音很不方便。汉语拼音在输入时主要有两个问题：一是声调的输入问题。用 –、ˊ、ˇ、ˋ四种上加符号表示阴平、阳平、上声、去声四种声调，是《汉语拼音方案》的规定，但声调符号在电脑键盘上不能直接输入。二是 ü 的输入问题。在电脑键盘上没有 ü，也不能直接输入。涉及 ü 的情况还不太多，主要问题还是声调的输入问题。汉语拼音声调标记法也有它的优点，张育泉在《语文现代化概论》里列举了三个优点：①声调符号形象，表现了四个声调高低升降的情况，不仅可以区分调类，还可以指示调值；②声调符号标在主要元音字母上，表示音节的高低变化主要是元音在起作用；③声调符号不妨碍音节，不延长音节。[2]

　　那么，如何处理这些问题呢？表 3 – 16 是关于计算机声调标记方法的一些设想：

①　台湾仍在使用注音字母给汉字注音，现在又推出了通用拼音。
②　张育泉．语文现代化概论．北京：首都师范大学出版社，1995.220.

表 3-16 计算机声调标记方法

设计者	阴平	阳平	上声	去声
周有光	不标（或末加 v）	末加 x	重叠主要元音	末加 h
	ma	max	maa	mah
杜松寿	（1）不标	加 r	重叠元音	加 h
	（2）后加 j	加 q	后加 v	加 x
天津南开	不标	-j	重复主要元音	-h
颜逸明	重叠元音字母	调号（改用撇点）	后加 v	不标
潘晓东	-t	-k	-v	-h
张千松	不标	声母重写	-v	-h
胡百华	不标	-l	重复母音	-h
尹斌庸	动词 -c	-s	-v	-x
	名词 -b	-f	主要元音重叠	-h
刘如水	-j	-t	-v	-h

《汉语拼音正词法基本规则》中提到："在技术处理上，也可根据需要采用数字或字母作为临时变通标调法。"据此，可用阿拉伯数字 1、2、3、4 分别表示阴平、阳平、上声、去声，轻声不标调，数字写在音节的末尾。另外，ü 用 v 代替。例如：

中华人民共和国
zhong1 hua2 ren2 min2 gong4 he2 guo2

附录　普通话异读词审音表（分类列举）

为了便于学习，我们对《审音表》进行了分类整理，结果如下：

1. 统读字词（586条）

癌 ái	波 bō	吃 chī	谛 dì	缚 fù	羁 jī	窘 jiǒng
霭 ǎi	播 bō	弛 chí	跌 diē	噶 gá	击 jī	究 jiū
蔼 ǎi	菠 bō	褫 chǐ	蝶 dié	冈 gāng	芨 jī	纠 jiū
隘 ài	帛 bó	豉 chǐ	订 dìng	刚 gāng	圾 jī	鞠 jū
谙 ān	勃 bó	侈 chǐ	堆 duī	港 gǎng	戢 jí	鞫 jū
埯 ǎn	钹 bó	炽 chì	吨 dūn	隔 gé	疾 jí	掬 jū
昂 áng	箔 bó	舂 chōng	盾 dùn	亘 gèn	汲 jí	疽 jū
凹 āo	醭 bú	储 chǔ	多 duō	佝 gōu	棘 jí	俱 jù
坳 ào	哺 bǔ	触 chù	咄 duō	锢 gù	嫉 jí	俊 jùn
拔 bá	捕 bǔ	搐 chù	裰 duō	犷 guǎng	脊 jǐ	揩 kāi
白 bái	鹋 bǔ	绌 chù	踱 duó	庋 guǐ	绩 jì	慨 kǎi
傍 bàng	埠 bù	黜 chù	婀 ē	刽 guì	迹 jì	忾 kài
龅 bāo	残 cán	闯 chuǎng	伐 fá	聒 guō	寂 jì	勘 kān
胞 bāo	惭 cán	疵 cī	阀 fá	蝈 guō	浃 jiā	慷 kāng
爆 bào	灿 càn	雌 cí	砝 fǎ	壑 hè	甲 jiǎ	拷 kǎo
焙 bèi	糙 cāo	赐 cì	法 fǎ	褐 hè	歼 jiān	疴 kē
惫 bèi	嘈 cáo	从 cóng	帆 fān	鹤 hè	鞯 jiān	恪 kè
鄙 bǐ	螬 cáo	丛 cóng	藩 fān	黑 hēi	趼 jiǎn	刻 kè
俾 bǐ	厕 cè	脆 cuì	梵 fàn	亨 hēng	俭 jiǎn	眍 kōu
笔 bǐ	岑 cén	措 cuò	妨 fáng	訇 hōng	缰 jiāng	矻 kū
比 bǐ	猹 chá	搭 dā	防 fáng	讧 hòng	膙 jiǎng	酷 kù
庇 bì	搽 chá	呆 dāi	肪 fáng	囫 hú	较 jiào	框 kuàng
髀 bì	阐 chǎn	傣 dǎi	沸 fèi	瑚 hú	醮 jiào	矿 kuàng
避 bì	羼 chàn	档 dàng	汾 fén	蝴 hú	嗟 jiē	傀 kuǐ
婢 bì	韂 chàn	蹈 dǎo	讽 fěng	桦 huà	疖 jiē	篑 kuì
痹 bì	伥 chāng	导 dǎo	肤 fū	徊 huái	睫 jié	括 kuò
壁 bì	钞 chāo	悼 dào	敷 fū	踝 huái	馑 jǐn	垃 lā
蝙 biān	巢 cháo	纛 dào	俘 fú	浣 huàn	觐 jìn	邋 lā
遍 biàn	秒 chào	凳 dèng	浮 fú	黄 huáng	浸 jìn	罱 lǎn
傧 bīn	晨 chén	羝 dī	拂 fú	海 huì	茎 jīng	缆 lǎn
缤 bīn	撑 chēng	堤 dī	辐 fú	贿 huì	粳 jīng	琅 láng
濒 bīn	橙 chéng	抵 dǐ	幅 fú	蠖 huò	鲸 jīng	捞 lāo
髌 bìn	惩 chéng	蒂 dì	甫 fǔ	霍 huò	境 jìng	劳 láo
柄 bǐng	痴 chī	缔 dì	复 fù	获 huò	痉 jìng	醪 láo

礌 léi	糖 mò	剖 pōu	扔 rēng	速 sù	纬 wěi	些 xiē
羸 léi	沫 mò	扑 pū	容 róng	塑 sù	伪 wěi	携 xié
蕾 lěi	蛳 nǎn	蹼 pǔ	糅 róu	虽 suī	萎 wěi	偕 xié
喱 lí	蛲 náo	戚 qī	茹 rú	绥 suí	文 wén	挟 xié
连 lián	讷 nè	漆 qī	儒 rú	髓 suǐ	闻 wén	械 xiè
敛 liǎn	馁 něi	期 qī	蠕 rú	隧 suì	紊 wěn	馨 xīn
恋 liàn	嫩 nèn	蛴 qí	辱 rǔ	隼 sǔn	喔 wō	囟 xìn
劣 liè	恁 nèn	畦 qí	挼 ruó	唆 suō	蜗 wō	芎 xiōng
捩 liè	妮 nī	萁 qí	靸 sǎ	索 suǒ	硪 wò	朽 xiǔ
趔 liè	拈 niān	骑 qí	噻 sāi	跶 tā	诬 wū	煦 xù
拎 līn	鲇 nián	绮 qǐ	埽 sào	鳎 tǎ	梧 wú	癣 xuǎn
遴 lín	酿 niàng	杞 qǐ	森 sēn	獭 tǎ	悟 wù	穴 xué
蛉 líng	嗫 niè	槭 qì	啥 shá	探 tàn	杌 wù	学 xué
榴 liú	忸 niǔ	洽 qià	衫 shān	涛 tāo	鹜 wù	雪 xuě
虏 lǔ	脓 nóng	签 qiān	姗 shān	悌 tì	夕 xī	谑 xuè
掳 lǔ	暖 nuǎn	潜 qián	墒 shāng	佻 tiāo	汐 xī	寻 xún
桐 lú	衄 nù	嵌 qiàn	猞 shē	听 tīng	晰 xī	驯 xùn
李 luán	殴 ōu	戕 qiāng	慑 shè	庭 tíng	析 xī	逊 xùn
孪 luán	呕 ǒu	襁 qiǎng	摄 shè	骰 tóu	皙 xī	徇 xùn
掠 lüè	杷 pá	跄 qiàng	射 shè	凸 tū	昔 xī	殉 xùn
囵 lún	琶 pá	橇 qiāo	娠 shēn	突 tū	溪 xī	蕈 xùn
漫 màn	牌 pái	怯 qiè	蜃 shèn	颓 tuí	悉 xī	押 yā
忙 māng	湃 pài	挈 qiè	胜 shèng	蜕 tuì	熄 xī	崖 yá
芒 máng	蹒 pán	侵 qīn	室 shì	臀 tún	蜥 xī	亚 yà
铆 mǎo	畔 pàn	衾 qīn	殊 shū	唾 tuò	螅 xī	筵 yán
瑁 mào	乓 pāng	噙 qín	蔬 shū	娲 wā	惜 xī	沿 yán
虻 méng	滂 pāng	倾 qīng	疏 shū	挖 wā	锡 xī	焰 yàn
盟 méng	脬 pāo	穹 qióng	叔 shū	喎 wāi	樨 xī	夭 yāo
祢 mí	胚 pēi	黢 qū	淑 shū	蜿 wān	袭 xí	肴 yáo
娩 miǎn	澎 péng	渠 qú	菽 shū	玩 wán	檄 xí	杳 yǎo
缈 miǎo	坯 pī	瞿 qú	署 shǔ	惋 wǎn	峡 xiá	舀 yǎo
皿 mǐn	披 pī	蠼 qú	曙 shǔ	脘 wǎn	暇 xiá	曜 yào
闽 mǐn	匹 pǐ	龋 qǔ	漱 shù	往 wǎng	锨 xiān	耀 yào
茗 míng	僻 pì	趣 qù	戍 shù	忘 wàng	涎 xián	椰 yē
酩 mǐng	譬 pì	髯 rán	蟀 shuài	微 wēi	弦 xián	噎 yē
谬 miù	剽 piāo	攘 rǎng	孀 shuāng	巍 wēi	陷 xiàn	屹 yì
摸 mō	聘 pìn	桡 ráo	硕 shuò	薇 wēi	霰 xiàn	轶 yì
膜 mó	乒 pīng	绕 rào	蒴 shuò	危 wēi	向 xiàng	谊 yì
嬷 mó	颇 pō	妊 rèn	艘 sōu	韦 wéi	淆 xiáo	懿 yì
墨 mò			嗾 sǒu	违 wéi	哮 xiào	诣 yì

荫 yìn①	莠 yǒu	簪 zān	遮 zhē	知 zhī	炙 zhì	灼 zhuó
萦 yíng	愚 yú	咱 zán	蛰 zhé	织 zhī	诌 zhōu	卓 zhuó
映 yìng	娱 yú	暂 zàn	辙 zhé	脂 zhī	骤 zhòu	纵 zòng
庸 yōng	愉 yú	凿 záo	贞 zhēn	植 zhí	烛 zhú	粽 zòng
臃 yōng	伛 yǔ	贼 zéi	侦 zhēn	指 zhǐ	逐 zhú	镞 zú
壅 yōng	屿 yǔ	憎 zēng	帧 zhēn	掷 zhì	筑 zhù	组 zǔ
拥 yōng	跃 yuè	甑 zèng	胗 zhēn	质 zhì	撞 zhuàng	佐 zuǒ
踊 yǒng	酝 yùn	摘 zhāi	枕 zhěn	蛭 zhì	拙 zhuō	唑 zuò
咏 yǒng	匝 zā	沼 zhǎo	诊 zhěn	秩 zhì	茁 zhuó	做 zuò
泳 yǒng	杂 zá	召 zhào	振 zhèn	栉 zhì		

2. 文、语字词（30 条）

薄（一）báo（语）常单用，如"纸很~"。（二）bó（文）多用于复音词。~弱/稀~/淡~/尖嘴~舌/单~/厚~。

剥（一）bō（文）~削。（二）bāo（语）。

差（一）chā（文）不~累黍/不~什么/偏~/~色/~别/歧视~误~/电势~/一念之~/~池/~错/言~语错/一~二错/阴错阳~/~等/~额/~价/~强人意/~数/~异。（二）chà（语）/~不多/~不离/~点儿。（三）cī 参~。

澄（一）chéng（文）~清（如"~清混乱"、"~清问题"）。（二）dèng（语）单用，如"把水~清了"。

给（一）gěi（语）单用。（二）jǐ（文）补~/供~/供~制/~予/配~/自~自足。

貉（一）hé（文）一丘之~。（二）háo（语）~绒/~子。

虹（一）hóng（文）~彩/~吸。（二）jiàng（语）单说。

嚼（一）jiáo（语）味同~蜡/咬文~字。（二）jué（文）咀~/过屠门而大~。（三）jiào 倒~（倒嚼）。

壳（一）ké（语）~儿/贝~儿/脑~/驳~枪。（二）qiào（文）地~/甲~/躯~。

勒（一）lè（文）~逼/~令/~派/~索/悬崖~马。（二）lēi（语）多单用。

馏（一）liú（文）如"干~"、"蒸~"。（二）liù（语）如"~馒头"。

露（一）lù（文）赤身~体/~天/~骨/头角/藏头~尾/抛头~面/~头（矿）。（二）lòu（语）~富/~苗/~光/~相/~马脚/~头。

绿（一）lǜ（语）。（二）lù（文）~林/鸭~江。

落（一）luò（文）~膘/~花生/~魄/涨~/~槽/着~。（二）lào（语）~架/~色/~炕/~枕/~儿/~子（一种曲艺）。（三）là（语），遗落义。丢三~四/~在后面。

蔓（一）màn（文）~延/不~不支。（二）wàn（语）瓜~/压~。

泌（一）mì（语）分~。（二）bì（文）~阳〔地名〕。

疟（一）nüè（文）~疾。（二）yào（语）发~子。

荨（一）qián（文）~麻。（二）xún（语）~麻疹。

翘（一）qiào（语）~尾巴。（二）qiáo（文）~首/~楚/连~。

色（一）sè（文）。（二）shǎi（语）。

塞（一）sè（文）动作义。（二）sāi（语）名物义，如"活~"、"瓶~"；动作义，如"把洞~住"。

厦（一）shà（语）。（二）xià（文）~门/噶~。

---

① "树~"、"林~道"应作"树阴"、"林阴道"。

杉（一）shān（文）紫～/红～/水～。（二）shā（语）～篙/～木。

葚（一）shèn（文）桑～。（二）rèn（语）桑～儿。

螫（一）shì（文）。（二）zhē（语）。

熟（一）shú（文）。（二）shóu（语）。

苔（一）tái（文）。（二）tāi（语）。

削（一）xuē（文）剥～/～减/瘦～。（二）xiāo（语）切～/～铅笔/～球。

血（一）xuè（文）用于复音词及成语，如"贫～"、"心～"、"呕心沥～"、"～泪史"、"狗～喷头"等。（二）xiě（语）口语多单用，如"流了点儿～"，另用于几个口语常用词，如"鸡～"、"～晕"、"～块子"等。

钥（一）yào（语）～匙。（二）yuè（文）锁～。

3. "除"类字词（9条）

估（除"～衣"读 gù 外，都读 gū）

骨（除"～碌"、"～朵"读 gū 外，都读 gǔ）

过（除姓氏读 guō 外，都读 guò）

结（除"～了个果子"、"开花～果"、"～巴""～实"读 jiē 之外，都读 jié）

擂（除"～台"、"打～"读 lèi 外，都读 léi）

脉（除"～～"读 mòmò 外，都读 mài）

秘（除"～鲁"读 bì 外，都读 mì）

轧（除"～钢"、"～辊"读 zhá 外，都读 yà）（gá 为方言，不审）

作（除"～坊"读 zuō 外，都读 zuò）

第四章　现代汉字字义

第一节　字义概述

一、字义与词义

英文等表音文字没有字的概念，汉字则不同，由于具有整体记录语言的运用单位——词，其主要记录语言的词的下级单位——语素。在古代汉语，尤其是远古汉语，汉字主要记录语言的词，那时候字义基本上就是词义。但是，汉语发展到今天，词的多音节化突出，汉字记录的不再是词，而主要是语素。例如：

英语：
Today，we are very glad to know your school teacher.
现代汉语：
今天我们非常高兴认识你们学校的老师。
古代汉语：
《非攻》："今有一人，入人园圃，窃人桃李，众闻则非之，上为政者得则罚之。此何也？以亏人自利也。"

就现代汉语而言，字义与词义既有相同点，也有不同点。字义就是字的含义，它与词义不同。单音节词的词义就是字义，这时候字义与词义相同；多音节词字义与词义不相同，构成多音节词的字义比较复杂。多音节的合成词，每个字都有字义，而且字义与词义有联系，例如"故事片"。联绵词属于单纯词，大部分没有字义，少数有字义，但字义与词义没有联系，例如"尴尬"、"仓促"。音译词也是单纯词，一般有字义，但是字义与词义没有联系，例如"比基尼"。拟声词也是单纯词，没有字义，例如"轰隆"。叠音词也是单纯词，没有字义，例如"姥姥"。再如"化"，它既可以单独成词，又可以与其他语素组合成词。如"太阳出来没多久，冰雪都化了"，这里的"化"是融化的意思，既是词义，也是字义。而"化工"中的"化"是化学的意思，只是字义，而不是词义了，这时候的字义又叫语素义。字典等工具书都是以字为序罗列释义的，其解释的意义，有的是词义，有的是词中的语素义。例如：

【疏】❶去掉阻塞使通畅：疏导。疏通。疏浚。疏解。（语素义）❷分散：疏散。仗义疏财。（语素义）❸事物间距离大，空隙大，与"密"相对：疏密。疏松。（语素义）

❹不亲密，关系远的：亲疏。疏远。（语素义）❺不细密，忽略：疏忽。（语素义）❻空虚：志大才疏。（词义）❼不熟悉：生疏。（语素义）❽粗劣：疏食。疏粝。（语素义）❾古同"蔬"，蔬菜。（语素义）❿分条说明的文字：上疏（臣子向帝王分条陈述的意见书）。奏疏。注疏（对古书的注解和对注解的注释）。（语素义）

概括归纳如下：

单音节词：＋字义＋词义，字义＝词义。

多音节合成词：＋字义＋语素义＋词义，字义＝语素义。

联绵词：－字义＋词义／＋字义＋词义，字义≠词义。

音译词：＋字义＋词义，字义≠词义。

拟声词：－字义＋词义。

叠音词：－字义＋词义。

最后要说明的是，文字包括形、音、义三个方面，字义是文字的重要组成部分，字义应该是现代汉字学研究的重要内容。

二、字义的特点

1. 绝大多数汉字都有字义

汉字是记录汉语的书写符号系统，古代汉语主要记录的是词，现代汉语主要记录的是语素，照理每个字都是有意义的，而实际上，根据我们的统计，有一部分汉字没有字义，它需要与另外一个字组合才能表达意义。但就比例而言，有字义的汉字占绝对优势。例如：

【跑】❶奔，两脚交互向前迅速跃进：～步。奔～。赛～。❷很快地移动：～动。❸逃：～出笼子。❹漏泄：～电。～气。❺为某种事物奔走：～买卖。～外的。～堂。～码头。～单帮。

【丑】❶地支的第二位，属牛。❷用于计时：丑时（凌晨一点至三点）。❸传统戏剧角色名：丑角。丑旦。❹相貌难看：丑陋。❺可厌恶的，可耻的，不光荣的：丑化。丑恶。丑闻。丑态百出。

有少数汉字没有字义，例如：

《新华字典》：

【蝙】［蝙蝠］……

【蝠】见"蝙"字条"蝙蝠"。

【玻】［玻璃］……

【璃】见"玻"字条"玻璃"。

《现代汉语词典》：

【蝙】［蝙蝠］……
【蝠】蝙蝠。
【玻】［玻璃］……
【璃】玻璃。

可见工具书都没有具体解释"蝙"和"蝠"，而是直接解释由"蝙"和"蝠"构成的"蝙蝠"一词。

尽管有无义字存在，但有义字还是占多数。根据对《现代汉语规范字典》的义项统计①，义项为 0 条的字有 1 301 个，占 14%，有义字占 86%。

2. 单义字比例较大

根据义项的多少，字可以分为单义字和多义字，只有一个义项的字是单义字，有两个及其以上义项的字为多义字。根据统计，单义字所占比例较大。下面是《现代汉语规范字典》统计的情况：

总的字数为 9 355 个。

义项为 0 条的字有 1 301 个，占 14%。

义项为 1 条的字有 3 888 个，占 42%。

义项为 2 条到 20 条的字有 4 161 个，占 44%。

义项为 20 条以上的字有 5 个，其中最高条数的是"华[1]"。

表 4 – 1、表 4 – 2 是《汉字信息字典》根据《新华字典》统计的情况：

表 4 – 1　义项统计表 1

义项级	0	1	2	3	4	5
义项数	0	1	2	3 ~ 4	5 ~ 8	9 以上

表 4 – 2　义项统计表 2

义项级	0	1	2	3	4	5	合计
字数	593	4 139	1 622	1 023	351	57	7 785
百分比	7. 617	53. 166	20. 835	13. 141	4. 509	0. 732	100

字典对字的释义详细程度不同，该字的义项数就不同，因此统计的结果也就不同。但是，不管怎样，单义字所占比重较大，在 50% 左右。例如：

① 李行健. 现代汉语规范字典. 北京：语文出版社，1998.

【麌】幼鹿。

【罍】古代一种盛酒的容器。小口，广肩，深腹，圈足，有盖，多用青铜或陶制成。

【荻】多年生草本植物，生在水边，叶子长形，似芦苇，秋天开紫花，茎可以编席箔。

【磐】大石，迂回层叠的山石：磐石（厚而大的石头）。

【氧】一种气体元素，无色、无味、无臭。氧在冶金工业、化学工业中用途很广，也是人和动、植物呼吸所必需的气体：氧化。臭氧。输氧。

【啪】象声词，形容放枪、拍掌或东西撞击等声音。

【酗】沉迷于酒，撒酒疯：酗酒。

【摧】破坏，折断：摧残。摧折。摧颓。摧眉折腰。

3. 常用字多为多义字，不常用字单义字较多

汉字从字义上看还有一个特点，即常用字多为多义字，不常用字多为单义字。这点不仅汉语如此，英语等语言也是如此。常用字使用频率高，容易发生字义的变化，所以，常用字容易产生多义现象，最终形成多义字。不仅如此，越常用的字，义项数越多，越不常用的字，义项数越少。根据《现代汉语频率词典》提供的数据，使用频率最低的 6 个字都是单义字。例如：

【刿】抹脖子：自刿。

【楹】堂屋前部的柱子：楹联（亦称"楹帖"）。

【戕】杀害：戕害。自戕。戕杀。

【揖】古代的拱手礼：作揖。揖让（宾主相见的礼节）。揖客。揖别。

【茔】坟墓，坟地：坟茔。茔地。祖茔。

【驽】劣马，走不快的马：驽骀（"骀"也是劣马，喻庸才）。驽马十驾（喻愚钝的人只要不断努力，也能有成就）。

从词性看，形容词性的字、动词性的字多义字较多，其他词性的字单义字较多。例如：

【送】❶把东西从甲地运到乙地：～信。～审。输～。护～。呈～。❷赠给：～礼。赠～。雪中～炭。❸陪伴人到某一地点：欢～。～别。～亲。❹丢掉：断～。

【善】❶心地仁爱，品质淳厚：善良。善心。善举。善事。善人。❷好的行为、品质：行善。惩恶扬善。❸高明的，良好的：善策。善本。❹友好，和好：友善。亲善。和善。❺办好，弄好：善后。❻擅长，长于：善辞令。多谋善断。❼赞许："群臣百姓之所善，则君善之。"❽好好地：善待。善罢甘休。❾容易，易于：善变。善忘。多愁善感。

第二节 字义类型

一、无义字

无义字就是没有含义的字，它需要与另外一个字组合构成词才能表达意义，无义字从类型上主要有下列几种：

1. 动物类用字

这些动物包括鸟类、昆虫、兽类、鱼类等种类，可根据形旁进行判断。例如：

鹌＋鹑＝鹌鹑，鸟，形体像小鸡，头小尾秃，羽毛赤褐色，有显著的白色羽毛干纹。肉和卵可供食用。

鮟＋鱇＝鮟鱇，鱼，体柔软无鳞，俗称老头儿鱼。

这类字主要还有：

犴骹蝂蒡蚌狌赑蝙鹋鸽蟖鸰蛉苁兹鹕蚪鸥蜚狒蚨蝠蛲蝮鹏蚣鹃蛔虾蛤猢鹕蝴凰蟥彪蛔螗蟆鹕蛱鸡鹩鳍睢鸭骃鸩蚺鲶蝰鹃蛄痲蝲狸鹂蜩鲕蠊椋蜗鹤鸰鹍鸬狓骡蠃蚂蟆犸鳗忙牦螯獧蜢猕鹊蟜蛘蛲猊螃鲮蟛狂虮鲅鳙蝙螺蜞鳠麒蛲雀蜻龟蚯犰蝓鮈鹮蠼蚰蛱蝽蛸狳鸢蟀骒鹅骊鹣鸷蜥螋骦鹈狻猁螣鹏鹈骐鹝蜓鳃蜩魈鳁蜈鹈蜥螅蟋朦蟓嵴蟳屃鹇猝蟒獬猩鸺猴鸂鸳蜴鹦蚰鱿蝣蝤蝓鸹鸩螈犹蛔蚱蟑蜇鹖蓁蜘鹘

2. 植物类用字

这些植物包括树木、花草、果实等，形旁主要为木字旁和草字头。例如：

蓓＋蕾＝蓓蕾，指含苞未放的花朵；花骨朵儿。

槟＋子＝槟子，苹果和沙果嫁接而成的果树，果实比苹果小，比苹果酸。

这类字主要还有：

莽荸桠蒐薛藕苄蘸栟柏薄檗卜桱芫苁莛莴茗楝茳帯芙苤莜罘菔芥苕橄橡莨枸桃瑰稞蒟蕈蕲荭葫蒇戟茳豇芄董槿苤苴苣茗稞蔻蒗芳莜萬篥敼苓棱茏芦桐椤英蔓杜玫檬蘼蓂茉苗芍柠杷椪枇苤筐梓葡蒲苊荠薁荨荞檎蒿莠蓑蒏苣苒葚瑢薷蕹芍莳蒴荽杪葶茼茭莩菟豌芫菀葳楹蕰薙苪梧榉菥苤蓉芎蓿芫苣薏橾葽荽茰蒨蔸芜橼楂苧笮荽茱楮橥苎茈檽

3. 其他类用字

有的民族用字也是无字义的，例如"傣"字，不单独成词，构成"傣族"一词；

"疍"字，构成"疍民"一词（疍民指过去在中国广东、广西、福建一带的水上居民，多以船为家，从事渔业、运输业）；"鞑靼"，古代对中国北方游牧民族的称呼，拆开也没有字义。有的音译用字也是无字义的，例如，"咖啡"，拆开没有字义；"吲哚"指一种有机化合物，拆开也没有字义。另外，有的构成叠音词的字也是无字义的，例如"皑皑"指洁白，白雪皑皑；"饽饽"指一种食品；"彬彬"，形容文雅的样子，彬彬有礼。有的无义字还可以构成其他词，例如"蝙蝠"。

二、单义字

只有一个义项的字为单义字。根据义项的特点，可以把它们归纳为以下主要几种类型：

1. 金属类用字

这一类字都属于形声字，形旁都是"金"。有一部分是化学元素，例如"锕"，放射性金属元素，符号 Ac。银白色，在黑处能发蓝光，在潮湿空气中迅速氧化，表面形成氧化层。存在于沥青铀矿及其他含铀矿物中。其他还有：

铵铵钯钡铋铂钚锝镝铥铍铒钒钫镄锆镉钴铪钬铼镓钾镉铜钪铼锵铑镭锂镥镨镁钷锰钼锋钠铌铍钋钜镁镨铯铈钛钽铽锑钍钨锡锌铱钇镱铟铀锗钲

还有一部分与金属直接相关的，大多数是用金属做的器具，例如"钹"，指一种铜制打击乐器，一副两个圆片，中间凸成半球状，正中有孔，可以穿绸布条供手持，两片相击发声。其他还有：

锚镲钗铳钏镫铫镀锻镦铎锷镐铧镔锪铜镉锯铑锇镤镰镶链镣镏镠锣锚钍锇锹锼锬镗锃铊铦锨锬钘铇铉镛钰钺铤铸镯镞

2. 声音类用字

与声音有关的字多为拟声词和感叹词，形旁绝大多数是"口"。例如"嚓"，拟声，形容物体摩擦的声音。又如"啊"，叹词，表示追问，表示惊疑。其他还有：

嘎哎嗳唉叭吧嘈噌嘲吃哧嗤哆哒嗒呔嘭咚哇呃哦诽吠讽唪咕呱咣嘌呵喝嚄哄呼哗唤嚯咭嚎咔喀咳吭铿哐喟啦喇唻唠嘞唉喽呣吗喵咩哞唔嗯啪咆呸吡噗呛喏嗄嘘唑嗖嗽唆呔嘡叨嗵哇喂嗡喔呜唁吆噫咦呓吁吱哼

3. 水类用字

与水有关的字多指河流，形旁为"水"，例如"灞"，灞河，水名，在陕西，流入渭河。又如"洹"，洹水，水名，在河南，流入卫河。其他还有：

浜瀑沘濞渤汊瀍浐澈涌滁淀渎洱淝沸瀵沣溉泔淦涫沆涡濠淏灏涸浒沪澴涣浣湟潢沫渍浑溷滹济潦洳浃涧渐溅浲滘浕氿沮沟溴沮濛涓浚浍濑澜泪澧濂漻洌霖泷溇滤泖湄沵洣洺溟漠淖泞沤溢湃漂泊泼潽沏淇汽湫泅瀼溶濡洳溽汭渃澂潸滠浉湜潄澌汜泗涘凇淞溲涑溻漯溏淌洮淘汀渟沱沩溰渭汶滃浯汐浠涎洨潃滑溆漩泫渰液洢漪浥洇湮渶潆瀛泳浴沅沄涢澡溠涨沼渍汁泜沚洙渚浞濯淄滋

4. 鱼类用字

与鱼类有关的字形旁为“鱼”，分别指一种鱼，例如“鲃”，鱼，体侧扁或略呈圆形，口部多有须。种类很多，主要产于我国南方水流湍急的涧溪中。其他还有：

鳌鳌鲅蚌鳊鳊鳖鲌鲳鳍鲂鲷鲽鳄鲂鲱鲼鲋鳆鳡鲴鳏鳍鲑鳜鳠鲩鳇鲴鲃鲚鲫鲦鲣鳒鲒鲛鲸鲄鲪鲲鯻鳓鲤鳢鲢鳡鲵鲵鲇鲆鳍鲭鳅鲔鲸鳃鲨鳝鲹鲕鲺鲥鳎鲐鳀鲦鲀鳂鲵鳚鳍虾鲜鲞鲑蟹鳕鲟鳐鲫鳙鲬鲉鳣鲱鳘鱵鲭鲻

5. 其他类用字

一些与植物有关的字也是单义的，例如“桉”，桉属植物的统称，长绿乔木，叶互生，多为镰刀形，开白、红或黄色花，树干高且直。品种很多，主要生长在亚洲热带、亚热带地区。其他还有：

柏枹椑杈櫒槬枞稻荻柢菂椴葶榧菜稃莩柑菰桧荷槲桦槐芰荠蓟櫑蒹蕉秸粳韭柏椐橘蕨槵梾榄栎楝菱榴栌楠杻桤槭楸杉葚椹柿橦苇棪椰榆樾樟柘榛栀枳

一些与地形有关的字也是单义的，形旁多为“土”，例如“坳”，山间的平地。又如“垱”，河中或水田中用来挡水的小土堤。其他还有：

岙坂垪塝堋埕坻堤坫墦坊坟塥堌垍墐垲塄垆墁垴堖垟埼畦堑埇埏埘堧圩埙垭垠茔墉塬垸圳址堰

一些与鸟类有关的字也是单义的，形旁多为鸟，例如“鹗”，鸟，头和颈后羽毛白色，有暗褐色纵纹，腹部白色，背部暗褐色，爪锐利，性凶猛，常在水面上捕食鱼类。其他还有：

鹎鸫鹅鸽鹄鹳鸻鹘鳠鹮鸡鸠鵊鴃鹨鹭莺鹛鹩鸥鹏鸧鹊鸬鸵鹟鸡鸶鸮鸦鸭鹥鹢鹬鸢鹯

一些与心情有关的字也是单义的，多描写心理活动，形旁为“竖心”，例如“懊”，悔恨，烦恼。又如“忭”，愉快，喜悦。其他还有：

愎怖恻诧怅忱忡惆憷怆慽忖惮惦恫妒愕忿怫憾惶忌憬疚惧恺忾愦愧恨憭悯愍憨恧懦怦

慊悛悚愫悌惕恫惋忛惆惟悟忮悴愦快怡怿恺愉愠憎怔松怆恣怍

一些与昆虫有关的字也是单义的，形旁多为"虫"，例如"蚕"，蚕蛾科和大蚕蛾科昆虫的幼虫的统称，吃桑树等的叶子，蜕皮后吐丝做茧，变成蛹，蛹变成蚕蛾。又如"蛏"，蛏子，软体动物，甲壳长形，两端圆，壳顶靠近前方，壳面黄绿色。其他还有：

蚤蝉蝽蝶蛾蛄蚶蕫蝗蚍蛟螽蛎蝼蟎蟊虻蟓蟆蜻蟠蛆蜷蠕蚋塘螳蜩蜗蚬蝎蚜蚌蚁蟊螗蚓蟥蝇蛹蚴蛢蜎蛭蛛

三、多义字

不止一个义项的字为多义字。多义字有几个含义，有的是它的本义，有的是它的转义，转义由于方式的不同，又可以分为比喻义和引申义。在多义字的几个意义中，最常用的含义又叫基本义。下面分别加以说明。

本义针对字义的来源而言，是指该字产生之初的含义，也叫原始义。例如"年"：

【年】❶庆贺收成的节日，年菜、年饭、年糕、年画、年货。❷从正月到腊月的十二个月时间，年鉴、年历、年谱。❸岁数，年纪、年龄、年岁、年迈、年富力强。❹量词：十二个月一轮，一年半载。

但是，"年"的本义是禾谷成熟，《说文解字》：年，谷孰也。从禾，千声。《春秋传》曰："大有年。"

"也"的本义是女人的阴部，《说文解字》：也，女阴也。象形。

"汤"的本义是热水，《说文解字》：汤，热水也。从水易声。这种用法存在于古代汉语中，今天本义基本上停止使用了。例如：

见不善如探汤。（《论语·季氏》）
薪火水汤以济之。（《墨子·备梯》）
日中如探汤。（《列子·汤问》）
踔出汤中。（晋·干宝《搜神记》）
皆如金城汤池，不可攻也。（《汉书·蒯通传》）
臣请就汤镬。（《史记·廉颇蔺相如列传》）

一些汉字的本义发展到今天已经消失了，但是，我们可以推断汉字的本义。推断本义可采取两种方法：一是字形分析法，二是多义归纳法。

（1）字形分析法。汉字是表意文字，字的形体和意义有着密切的关系，具有义寓于形、以形示义的特点。这种字形主要是指古文字，即甲骨文、金文、篆文等秦以前的文字。许慎的《说文解字》是一部讲解本义的著作，它至今还是我们探求本义不可缺少的工具书。① 例如：

木　　末　　本　　朱

以"木"为基础，我们依据字形可以推断出"末"的本义是树梢。《说文解字》："末，木上曰末。从木，一在其上。"《左传·哀公十一年》："末大必折。"今天"末梢"一词就是用本义。"本"的本义是树根。《说文解字》：本，木下曰本。从木，一在其下。《国语·晋语》："伐木不自其本，必复生。"今天"根本"一词用的就是本义。"朱"的本义是树干。但是《说文解字》说："朱，赤心木。松柏属。从木，一在其中。"显然这种解释不是"朱"的本义。后人用例也多与此有关：

网户朱缀。（《楚辞·招魂》）
紫衣而朱冠。（《庄子·达生》）
朱门酒肉臭，路有冻死骨。（杜甫《自京赴奉先县咏怀五百字》）
禹作为祭器，墨染其外，而朱画其内。（《韩非子·十过》）
朱轮华毂。（南朝梁·丘迟《与陈伯之书》）

（2）多义归纳法。词义的演变是有规律可循的，通过多义归纳的方法也可以求得词的本义。词义的发展，通常是由具体到抽象，由个别到一般，由部分到整体，总是先后有序，构成词义时总是存在相互联结的纽带，我们紧紧抓住这一纽带，按照词义衍生的逻辑顺序逐项考察，就不难找出词的本义。例如：

【旦】❶天明，早晨。《木兰诗》：旦辞爷娘去，暮宿黄河边。《史记·项羽本纪》：旦日不可不蚤自来谢项王。❷白天。《晋书·刘元海载记》：其夜梦旦所见鱼变为人。❸明亮。《尚书大传》：日月光华，旦复旦兮。

显然，"天明，早晨"是"旦"的本义，其他含义都是由此衍生出来的。《说文解字》："旦，明也。从日见一上。一，地也。凡旦之属皆从旦。"

在某个意义的基础上新衍生出来的含义叫转义。转义可以在本义的基础上衍生意义，也可以在转义的基础上再进行衍生，形成新的转义。如图 4-1 所示。

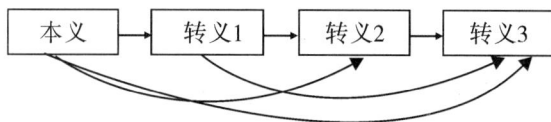

本义　→　转义1　→　转义2　→　转义3

图 4-1　转义生成图

---

① 由于当时古文字资料的缺乏和其他方面的局限，许慎对小篆所作的形义分析不尽贴切，所以我们在推断本义时，还要参照甲骨文、金文，参证古代文献，进行综合考察。

例如"兵"的本义是武器，《说文解字》："兵，械也。"《孟子·梁惠王上》："兵刃既接，弃甲曳兵而走。"诸葛亮《出师表》："今南方已定，兵甲已足，当奖率三军，北定中原。"今天还在用本义：兵工厂、短兵相接、斩木为兵。另外，"兵"还有其他含义：

【兵】❶手持战斧作战的士卒，兵丁、兵役、兵马、兵营、兵种、兵马俑、兵强马壮、兵来将挡。《资治通鉴》：又望八公山上草木，皆以为晋兵。❷军队。兵力、兵团、兵临城下。《战国策·赵策四》：以长安君为质，兵乃出。❸军事，战争。兵法、兵书、兵家、兵灾、兵不厌诈、兵贵神速。《礼记·礼运》：故谋用是作，而兵由此起。

显然，"士卒"是由本义转化而成，"军队"是由"士卒"转化而成，"战争"是由"军队"转化而成。

转义由于方式的不同可以分为比喻义和引申义。通过相似点衍生出来的含义是比喻义，通过相关性衍生出来的含义是引申义，例如：

【网】❶用绳、线等结成的捕鱼捉鸟的器具：渔网、网罗。❷形状像网的东西：电网。发网。❸像网一样的纵横交错的组织或系统：网点、通信网。❹用网捕捉：网到一条大鱼。

❶是本义，❷❸是比喻义，❹是引申义。

【口】❶人和动物吃东西和发声的器官：口腔、口才、口齿、口若悬河。❷容器通外面的地方：瓶子口。❸出入通过的地方：门口。港口。❹特指中国长城的某些关口：古北口、喜峰口。❺破裂的地方：口子。

❶是本义，❷~❺是比喻义。

基本义是从应用来说的，指一个字最常用、最基本的字义。例如：

【饼】❶圆形薄片或扁圆形的面制食品：饼干、烧饼、烙饼、月饼。❷像饼的东西：铁饼。

❶是基本义，❷是比喻义。

字的本义和基本义有时是一致的，例如"手"的本义和基本义都是"人体上肢前端能拿东西的部分"，"土"的本义和基本义都是"土壤、泥土"，"割"的本义和基本义都是"用刀截断"。但有时本义和基本义也不一致，例如"脚"的本义是"小腿"，基本义是"人或动物的腿的下端，接触地面支持身体的部分"。

任何一个汉字最初都只有一个含义，也就是说，任何一个汉字最初都是单义字，随着含义的增加才变成多义字的。当然，并不是所有的单义字都会发展成多义字。

第三节　字义分析与描写

一、分析与描写的基本原则

我们应该重视字义的描写，现行的词典对多音节词的解释只是整体性的，没有对构成该词的各个语素进行分别解释。例如百度词典：

【联想】因一事物而想起与之有关事物的思想活动。
【理解】据理了解。
【丢脸】❶失去体面、好感或荣誉；❷给带来耻辱。
【补考】因缺考或考试不及格而再考。
【痛快】❶高兴，畅快；❷爽快，直截了当；❸尽兴；❹〈方〉顺利。
【地震】地球局部的震动或颤动，伴有造山运动或其他地壳运动。
【提高】使位置、程度、水平、数量、质量等方面比原来高。
【折本】亏本。
【美好】在各方面都使人喜欢，极好。
【壁纸】即用于装饰墙壁的一类特种纸。

汉语有字的单位，构成的多音节词除了单纯词外，合成词都是由两个以上的语素构成的，因此，词典释义应该先解释各个语素的含义，然后再解释整个词的含义。很遗憾的是，目前没有一本词典如此解释词义，即便《现代汉语词典》也是如此。

描写字义的基本原则如下：

1. 概括性

我们在描写字义的各个义项时，要善于从实例中概括出义项来，要抓住整体特点，而不是一个实例一个义项。例如：

【肥】
他身上长了很多肥肉。
他家里有两条肥猪。
马不吃夜草不肥。

这些例子只是对象不同，分别指人、猪、马，这三个例子有共同的特点，都是指脂肪过多，因此，这三个例子应该归纳为一个义项，而不是每个例子一个义项。再如：

【爱】❶对人或事有深挚的感情：喜～。～慕。～情。～戴。～抚。～怜。～恋。～莫能助（虽同情并愿意帮助，但力量做不到）。友～。挚～。仁～。厚～。热～。❷喜好

（hào）：～好（hào）。～唱歌。❸容易：铁～生锈。❹重视而加以保护：～护。～惜。

仔细观察就可以看出，义项的概括不是很好。❶应该分为两个义项，爱情的"爱"与一般意义上的喜爱的"爱"是有本质区别的。

在把握字义的概括性时，要注意"度"的把握，既不能太抽象，也不能太具体，当然，只有在实践中反复训练才能够掌握好"度"。

下例概括性把握得比较好：

【黑】❶像墨和煤那样的颜色，与"白"相对：～白。❷暗，光线不足：～暗。～夜。❸隐蔽的，非法的：～枪。～市。～社会。❹恶毒：～心。

2. 排他性

概括性是把意义相同或相近的合并为一个义项，排他性就是把意义不同的排除在外，单独设立义项。也就是说，某个义项设立之后，其他意义包括不进来，只能另设义项。例如：

【逃】❶为躲避不利于自己的环境或事物而离开：～跑。～敌。～匿。～遁。～逸。❷躲开不愿意或不敢接触的事物：～避。～难（nàn）。～汇。～税。～世（避世）。

❶是指具体的行为，❷是抽象的事物。二者处于互补状态，设置2个义项是正确的。再如：

【死】❶丧失生命，与"生"、"活"相对：～亡。～讯。～刑。～囚。～棋。～地。生离～别。～有余辜。❷不顾生命：～志（牺牲生命的决心）。～士（敢死的武士）。～战。❸固执，坚持到底：～心塌地。～卖力气。❹无知觉：睡得～。❺不活动，不灵活：～结。～理。～板。❻不通达：～胡同。～路一条。❼过时，失去作用：～文字。❽极，甚：乐～人。

❶中的"死棋"与其他用法具有排他性，应该归入❻。❹是指程度深，应该与❽合并。

排他性要求各个义项之间处于互补关系，而不是交叉关系，但是，由于多义字各个意义之间存在一定的联系，因此，字义各个义项之间的界限不是很明确，要把握好排他性是不容易的，与概括性一样，也需要在实践中反复训练，只有这样才能够掌握好排他性。对于同一个字，不同的工具书设立的义项数却不同，例如"硬"，百度词典设立四个义项：

【硬】❶坚固，与"软"相对：坚～。～木。～煤。～卧。～席。～币。～笔（钢笔、铅笔、圆珠笔的统称）。～化。～件（计算机系统的组成部分，构成计算机的各个元件、部件和装置的统称）。～碰～（喻用强硬对付强硬，或强手对强手。）❷刚强有力：

强～。～朗。～实。～气（a. 刚强，有骨气；b. 有正当理由，于心无愧。"气"读轻声）。～骨头。欺软怕～。❸固执；勉强：生～。～撑。～是。～顶。～挺。生拉～拽。❹能力强，质量好：～手。～功。过得～。

《新华字典》设立五个义项：

【硬】❶物理组织紧密，性质坚固，与"软"相对。❷刚强有力，也指刚强不屈服的人或势力。❸副词，强横地，固执地。❹能力强，质量好。❺勉强。

目前我们还没有建立起一套完善的释义模式，对字义的释义还需要仔细认真地甄别。

3. 固定性

在概括字义的义项时，必须以它固定下来的意义为基础设置义项，一些临时产生的附加义不能作为字义来概括。词义有理性义和色彩义，字义同样也有。例如：

【鱼】脊椎动物的一类，生活在水中，一般有鳞和鳍，用鳃呼吸，冷血：～虾。～虫。～网。～跃。～贯（像鱼游一样先后相续）。～雁（书信，信息）。～米之乡。～尾纹。～目混珠。

这里解释的是"鱼"的理性义，即固定义，但是，"鱼"在不同的语言条件下还有其他附属意义。例如：

他在河里钓鱼。
他每天都要吃鱼。
他到市场买了两条鱼。

第一例是活鱼，第二例是死鱼，第三例既可能是活鱼，也可能是死鱼。可见，在具体的语境中，鱼产生了"死、活"的附属意义，显然这些附属意义不能作为字义的内容加以描述。再如：

【坏】❶品质恶劣，有害：～蛋。～人。～事。～水。❷人体、东西受了损伤，被毁：破～。败～。❸质量差，不完美：这所房子不～。❹表示程度深（用在动词后面）：忙～了。

但是，这个"坏"在谈恋爱的男女之间有一种特殊的用法：

女：你别碰我，你真坏！

显然，这里的"坏"跟上述4项意义没有关系，它应该是"坏得可爱"的意思。因此，不能在解释时指出"坏"分为真坏和假坏两种。

字义的固定性是相对而言的，附属义随着大量普遍的使用也可以转化为固定义，这时它就可以作为一个义项加以描写了。例如：

【走】❶行：～路。～步。❷往来：～亲戚。❸移动：～向（延伸的方向）。～笔（很快地写）。钟表不～了。❹往来运送：～信。～私。❺离去：～开。刚～。出～。❻经过：～账。～内线。～后门。❼透漏出去，超越范围：～气（漏气）。❽失去原样：～形。～样。❾古代指奔跑：～马。

今天我们经常用"走"来隐晦地表达"死"的意思，在特定的语境下"他走了"就是"他死了"的意思。应该说，这个意思很常用，具有广泛性，应该独立成为一个义项，广泛性是设置字义义项的一个重要标准。

二、分析与描写的模式

根据汉字构成词的不同情况，可以分门别类地进行字义的描写。词分为单纯词和合成词。

1. 单纯词描写模式

由一个语素单独构成的词叫做单纯词，其中以单音节为主，也有双音节和多音节的。例如"马、崎岖、橄榄、蝴蝶、咖啡、扑通、巧克力、布尔什维克"。

单纯词结构如图4-2所示：

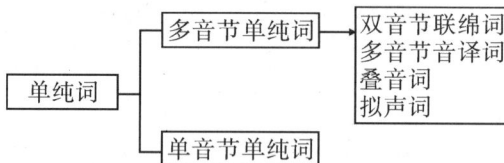

图4-2　单纯词结构

单音节单纯词的释义可以直接描写表述，例如：

【人】❶由类人猿进化而成的能制造和使用工具进行劳动，并能运用语言进行交际的动物：～类。❷别人，他人：～为刀俎，我为鱼肉。待～热诚。❸人的品质、性情、名誉：丢～。文如其～。

【美】❶好，善：～德。～学。～谈。审～。～丽。～容（美化容貌）。～不胜收。❷得意，高兴：～滋滋的。❸称赞，以为好：赞～。～言。～誉。❹指"亚美利加洲"（简称"美洲"）：北～。南～。❺指"美国"：～元。～籍华人。

双音节联绵词有两种：无义字构成的联绵词和有义字构成的联绵词。

无义字构成的联绵词可以指出其特点加以释义，例如：

【崎岖】联绵词，"崎"、"岖"均无字义，整个词只能表示一个意思，不能拆开。意思为：路不平。

【蝴蝶】联绵词，"蝴"、"蝶"均无字义，整个词只能表示一个意思，不能拆开。意思为：旧时以为蝶的总称，今动物学以为蝶的一种，构成鳞翅目锤角亚目的某些身体细长在白天活动的昆虫，经常具有鲜明的颜色，有特殊型的双翅。

有义字构成的联绵词也可以指出其特点加以释义，例如：

【马虎】联绵词，"马"、"虎"均有字义，但是与词义无关，整个词只能表示一个意思，不能拆开。意思为：粗心。

【从容】联绵词，"从"、"容"均有字义，但与词义无关，整个词只能表示一个意思，不能拆开。意思为：不慌不忙，镇定。

构成多音节音译词的字多半都有字义，但字义跟词义之间没有联系。例如：

【巧克力】音译词，英文 chocolate，均有字义，但是字义跟词义之间没有联系。意思为：一种以可可粉为主要原料，加糖和香料等制成的食品。

【布尔什维克】音译词，英文 bolshevik，均有字义，但是字义跟词义之间没有联系。意思为：列宁建立的苏联共产党用过的称号，意思是多数派，后多用以泛称共产党或共产党人。

叠音词也是单纯词，例如：

【猩猩】叠音词，无字义，整个词只能表示一个意思，不能拆开。意思为：一种大型的素食性树栖类人猿，产于婆罗洲和苏门答腊的低温沼泽地带森林内，体型约有大猩猩的三分之二大，特征是耳朵小，皮肤棕色，长而稀疏的红棕色毛，很长的臂。

【匆匆】叠音词，无字义，整个词只能表示一个意思，不能拆开。意思为：急急忙忙的样子。

拟声词也不能拆开来解释，例如：

【扑通】拟声词，无字义，整个词只能表示一个意思，不能拆开。意思为：重物落地或落入水的声音。

【噼里啪啦】拟声词，无字义，整个词只能表示一个意思，不能拆开。意思为：一种连续爆裂、拍打等的声音。

单纯词释义模式如下：

词的结构性质＋有无字义＋与词义的关系＋释义

2. 合成词描写模式

由两个或两个以上的语素组成的词叫合成词。在现代汉语词汇中，合成词占了绝大多数。合成词中，多数由两个语素构成，两个以上的语素构成的是少数。理论上合成词结构模式为：

合成词＝语素1＋语素2＋……＋语素n

汉语合成词主要有复合式、附加式、重叠式三种构词方式。

（1）附加式由词根和词缀构成，词缀在前的称前缀，词缀在后的称后缀。前缀＋词根：老—老乡、老师、老鼠、老爸。词根＋后缀：子—瓶子、胖子、孩子、刀子。附加式中词缀没有实在意义，意义主要由词根承担。例如：

【老爸】附加式合成词，"老"是词缀，没有实在意义，"爸"是词根。意思为：爸爸。

【阿婆】附加式合成词，"阿"是词缀，没有实在意义，"婆"是词根。意思为：泛称年老的女性。

【桌子】附加式合成词，"子"是词缀，没有实在意义，"桌"是词根。意思为：有光滑平板、由腿或其他支撑物固定起来的家具，用以吃饭、写字、工作或玩牌等。

【弹性】附加式合成词，"性"是词缀，没有实在意义，"弹"是词根。意思为：物体受外力作用发生形变、除去作用力能恢复原来形状的性质。

（2）重叠式由相同的两个语素所组成，例如"刚刚、姐姐"。重叠式两个语素都是词根，都是意义的承担者。例如：

【哥哥】重叠式合成词，都是词根，两个语素意义相同，"哥"就是哥哥。意思为：❶称同父母或父母一方所生比自己年长的男子，对同辈男子的尊称。❷像大哥或比作大哥者。

【星星】重叠式合成词，都是词根，两个语素意义相同，"星"就是星星。意思为：❶夜晚天空中闪烁发光的天体。❷细而小的点儿。

（3）复合式由不同的词根语素所组成，主要分为联合型、偏正型、补充型、动宾型和主谓型。

A. 联合型：由两个意义相同、相关或相反的词根并列组合而成。它有几种情况：

a. 意义相同，例如：

【帮助】复合式联合结构，"帮"和"助"意义相同，都是协助的意思。意思为：以出钱、出力或出主意的方式相助别人。

b. 意义相反，例如：

【开关】复合式联合结构，"开"和"关"意义相反，"开"是打开，"关"是关闭，"开关"以用途命名。意思为：机器的启动和关闭的装置。

c. 意义相关，两词根结合后往往会产生新的意义。例如：

【骨肉】复合式联合结构，"骨"和"肉"意义相关，"骨"是骨头，"肉"是除掉骨头的组织。意思为：比喻至亲。

d. 还有一种特殊的联合型，两词根结合后，只有一个词根的意义在起作用，例如"国家、人物、忘记、没有、质量"。

【国家】复合式联合结构，"国"和"家"意义相关，"国"是祖国，"家"是家庭，但"家"不起作用。意思为：具有独立权力的组织。

B. 偏正型：前偏后正，前一词根对后一词根起修饰限制作用。例如：

【汉字】复合式偏正结构，"汉"，汉语，"字"，文字。意思为：记录汉语的文字。
【倾销】复合式偏正结构，"倾"，毫无保留，"销"，销售。意思为：以低于市场价格的卖价大量抛售商品。

C. 补充型：后一词根补充说明前一词根。例如：

【说服】复合式补充结构，"说"，劝说，"服"，听从。意思为：用充分理由劝导，使人心服。
【改进】复合式补充结构，"改"，改动，"进"，进步。意思为：改变原有状况，使之得到提高。

D. 动宾型：前一词根表示动作、行为，后一词根表示动作行为所支配涉及的对象。例如：

【管家】复合式动宾结构，"管"，管理，"家"，家庭。意思为：管理家庭事务的人。
【司机】复合式动宾结构，"司"，操作，"机"，机器，指机动交通工具。意思为：机动车驾驶员。

E. 主谓型：前一词根表示被陈述的事物，后一词根是陈述前一词根的。例如：

【地震】复合式主谓结构，"地"，地面，"震"，抖动，摇晃。意思为：地球局部的震动或颤动，伴有造山运动或其他地壳运动。

【民主】复合式主谓结构，"民"，人民，"主"，当家做主。意思为：人民参与国事或对国事有自由发表意见的权利。

合成词释义模式如下：

词的结构性质＋语素释义＋合成释义

三、分析与描写的方法

在了解了释义模式之后，在具体释义的时候还有不同的方法，常见的方法主要有以下几种：①

1. 定义释义法

采用下定义的方法，相当于逻辑学里的"种＝类＋种差"。下定义的方法主要适用于表示名物义的字，所谓的名物义是指动物、植物、矿物、器械、日用器具以及自然现象、社会现象的名称。例如：②

【碗】盛饮食的器皿，上面口大而圆。
【井】人工挖成的能取出水的深洞。
【山】地面形成的高耸的部分。
【绳】用两股以上的棉麻纤维或棕草等拧成的条状物。
【星】天文学上指宇宙间能发光的或反射光的天体。
【花】植物的繁殖器官。
【头】人身体的最上部分或动物身体的最前的部分。
【官】在政府担任职务的人。

2. 互训释义法

采用同义或反义词语来进行释义。互训多用于用今语词来解释古语词、用普通话来解释方言词、用通用词来解释书面语词。例如：

【正】与"歪"相反。
【靓】漂亮。
【赢】瘦。

---

① 义素分析法存在局限性，只有极少数的字可以采用这种方法分析，这里不予介绍。
② 有的字有多种意义，我们这里为了说明问题，只是选择其中的一个意义，实际上它可能不止一个意义。

【仰】跟"俯"相反。
【快】跟"慢"相反。
【苻】莩。
【乞】乞求。
【圌】圆。

如果用来互训的字不常用，意思不清楚，互训也就失去了意义。例如：

【弎】弎。
【拽】抻。
【摧】榷。
【椹】葚。

互训还可以对所要解释的词语的每一个语素进行对等的同义解释。

【佯攻】"佯"，假装，"攻"，进攻。假装向敌人进攻，虚张声势并无实际行动。
【隆盛】"隆"，兴隆，"盛"，兴盛。
【趋同】"趋"，趋于，"同"，一致。向着同样/相同的方向发展。
【解释】"解"，分析，"释"，阐明。分析说明。

3. 描写释义法

有些词语的释义既不能用定义法，也不能用互训法，这就需要用描写法来进行释义了。所谓描写法，就是从多种角度对词义进行描述说明。例如：

【爬】手和脚一齐着地走路，虫类行走。
【杏】落叶乔木，叶卵形，花白色或淡红色，果实称"杏儿"、"杏子"，酸甜，可食。
【蛇】爬行动物，身体细长，体上有鳞，没有四肢。种类很多，有的有毒，有的无毒。以蛙、鼠为食，大蛇亦吞食大的兽类。
【禅】帝王让位给别人。
【娶】把女子接过来成亲。
【黑】像墨和煤那样的颜色。
【抡】手臂用力旋动。
【弹】用手或工具拨动而发射出去，亦指用手指拨弄。

除上述主要方法外，还有其他解释字义的方法。对一些字没有进行解释，有的只是说明属类，没有进行详细的描写。例如：

【璮】一种玉。

【琯】古代的一种管乐器。

【铋】古代的一种剑。

【艨】古代的一种战船。

有的只是说明它的用途。例如：

【砵】用于地名。

【敫】用于姓。

【浽】古水名。

【郇】周代诸侯国名。

现代字词典的字的释义越来越完善，对一些附属义也加以说明。例如：
〈方〉，表示方言词。

【垭】〈方〉两山之间的狭窄地方。

〈书〉，表示书面语中的文言词语。

【诰】〈书〉告诉。

〈古〉，表示古代的用法。

【趋】〈古〉促。

另外，有的还说明字义产生的方式，例如：
引表示是引申义。

【急】引气恼，发怒。

喻表示是比喻义。

【晶】喻成果。

转表示是转义。

【白】转有关丧事的，反动的。

　　《现代汉语词典》等对多音节合成词没有解释语素的意义，而是对词进行整体的解释，这是一个缺陷，应改进。例如：

　　【滑冰】泛指在冰上滑行。
　　【飘动】摆动，飘。
　　【火把】供夜行照明用的火炬。
　　【诬蔑】捏造事实败坏别人的名誉。

第五章 现代汉字字频

第一节 字频概述

一、字频

1. 字频

语言学家冯志伟说:"传统的文字学认为,汉字具有形、音、义三个要素,但是,汉字作为记录汉语的符号,它必须作为一种交际工具而存在,在交际过程中,有的汉字使用得多些,有的使用得少些,呈现出一定的统计规律性。因此,从使用的角度看,汉字还应当具有第四个要素——字频。"[1]

字频就是一个字的使用频度,它是指在一定的文字材料范围内单个字出现字次数除以总字次数,再乘以100%得到的结果。即:

$$字频 = (某个字使用字次数 \div 总字次数) \times 100\%$$

我们以北京语言学院制作的《汉字频率表》为例来说明。该材料统计的语料数为1 808 114字次,也就是总字次数为1 808 114 字次,其中出现次数最多的是"的",共75 306字次。这样,"的"的字频为:

$$字频 = 75\ 306 \div 1\ 808\ 114 \times 100\%$$
$$= 4.164\ 89\%$$

2. 其他术语

字次,指单个字出现的次数。

累计字次,指从第一个字到某个字的一组字出现次数的总和。例如"是"的累计字次是"的、一、了、是"字次的总和,"人"的累计字次是"的、一、了、是、不、我、在、有、人"字次的总和。

累计频率,指从第一个字到某个字的一组字出现频率的总和。

表5–1是《汉字频率表》前10位汉字的字次、字频情况:

---

① 冯志伟. 现代汉字和计算机. 北京:北京大学出版社,1989.109.

表 5 - 1　10 字频率表

序号	汉字	字次	累计字次	频率（%）	累计频率（%）
1	的	75 306	75 306	4. 164 89	4. 164 89
2	一	33 217	108 523	1. 837 11	6. 002 00
3	了	30 848	139 371	1. 706 09	7. 708 09
4	是	27 611	166 982	1. 527 06	9. 235 15
5	不	24 773	191 755	1. 370 10	10. 605 25
6	我	23 226	214 981	1. 284 54	11. 889 79
7	在	19 443	234 424	1. 075 32	12. 965 11
8	有	17 762	252 186	0. 982 35	13. 947 46
9	人	17 585	269 771	0. 972 56	14. 920 02
10	这	16 749	286 520	0. 926 32	15. 846 35

通过一个字的频率，我们可以知道这个字在全部语料中所占的比例，通过一组字的累计频率，我们可以了解这组字在全部语料中所占的比例。例如"这"，它的频率是0. 926 32%，也就是说，100 个字里，"这"大约有 1 个。它的累计频率是 15. 846 35%，也就是说，"这、人、有、在、我、不、是、了、一、的"的频率之和为 15. 846 35%，100 个字里，"这"组汉字大约有 15 个。累计频率的好处是，它能显示某组汉字在所有统计的语料中所占的比例，也就是通常讲的覆盖面。例如，前 1 000 字，累计频率达到91. 365 59%，也就是说，认识这 1 000 个汉字，在阅读时，91% 的汉字我们就认识了。

前面提到动态数据，就是语言成分在使用中呈现出来的统计数据；静态数据，就是语言成分在字词典中呈现出来的数据。静态数据与动态数据有很大的差异，一般而言，动态数据更可靠一些，更能说明问题。比如单音节词和双音节词，在 8 000 个词中，单音节词1 413 个，占 17. 66%，双音节词 6 050 个，占 75. 6%，这是静态数据。在使用的动态环境中，单音节词出现次数占总次数的 52. 2%，双音节词却只有 36. 7%。这一结果推翻了在现代汉语应用中双音节词占绝大多数的定论。①

3. 字频的作用

字频有着重要的应用价值，对识字教学、字书编纂、汉字的机械处理和信息处理、汉字研究等都具有十分重大的意义。例如在识字教学方面，应该以汉字字频为依据，合理安排各阶段的汉字学习。先学习字频高的汉字，后学字频低的汉字。

在字辞书编纂方面，李兆麟曾撰文讨论过，他说："近年来，现代汉语计量研究有了长足的进步，字频、词频统计资料出版较多，研究或介绍统计语言学的专著和文章的发表也日渐增加。""可是辞书界利用这方面资料编纂或增订中小型语文辞书的却不多。有比较客观的、可靠的字频、词频统计资料而不用，科学性就差。""不久以前某省出版的一本供小学二年级学生用的《儿童图解字典》却没有充分利用已有的词频统计成果，而是照抄现

① 冯志伟. 现代汉字和计算机. 北京：北京大学出版社，1989. 138.

代汉语词汇的静态资料和凭个人语感来举例。例如在字头'剑'字下不举'宝剑',而举'剑舞'、'剑眉'、'剑麻'、'刀剑'做词例。""《同义词词林》是一部收词语近七万的现代汉语同义词典……在《现代汉语频率词典》所统计出的频率最高的前 8 441 个词中,据笔者初步统计,《同义词词林》竟漏收了 152 个高频词,更不必说其他漏收的低频词了。""漏收的高频词例如'发展'、'建设'、'服务'、'采取'、'企业'、'压迫'、'维护'、'爱护'等。"①

在输入法方面字频也有重要作用。拼音法是一般人在电脑上输入汉字时使用的主要方法,上海曾做过调查,发现家庭输入汉字时 95% 都是拼音法。拼音法的弱点就是同音字特别多,照理应该根据字频规律安排汉字,字频高的放前面,字频低的放后面。但是,我们发现各种拼音法都没有很好地贯彻这个原则,同音字选择很随意,给人们筛选输入汉字带来不便。

二、字频语料的筛选原则

不同的字频统计可能会有不同的统计结果,例如字频最高的前 10 个字:《语体文应用字汇》是"的、不、一、了、是、我、上、他、有、人",《汉字频度表·综合频度表》是"的、一、是、在、了、不、和、有、大、这",《现代汉语字频统计表·综合汉字频度表》是"的、一、是、在、不、了、有、和、人、这"。字种和字序都有出入。造成这些出入的原因在于语料选取不尽相同。因此,进行字频统计,语料选择非常重要,它是保证字频科学性和准确性的重要环节。

1. 语料数量要恰当

综合性字频统计不可能对所有的语料进行统计,比如我们要统计现代汉字的字频,不可能对现代所有报刊书籍进行统计,因为材料数据太庞大,客观上无法做到。所以,我们只能够选择其中一部分来统计,进行总体情况的研究。也就是说,只能进行概括研究。既然如此,语料的数量一定要恰当。理论上,选取的语料越多,字频统计越准确可靠;反之,字频统计准确性就差,样本太少,不足以说明问题。

2. 语料要广泛全面

综合性字频统计涉及两个方向的筛选,一是横向的选择,一是纵向的选择。横向的选择,各方面比如农业、工业、科技、文教等都要照顾到,而且各方面的材料还不能是等比例的,而是要考虑各自应用的情况,应用多的要多选,应用少的要少选。纵向的选择,即不同时代材料的选择,不能只选近年的,不同时代的材料都要选择。

3. 语料要有代表性

只有代表性的语料才能够作为字频统计的材料,我们要根据字频统计的目的选择代表性的材料。代表性的材料就是语言表达规范、符合现代语言表达要求的材料,若文句不通,错别字很多,生僻字很多等,则不能作为统计的材料。

语料的选取非常关键,选择多少语料,选择哪些语料,直接影响字频统计的质量。

---

① 李兆麟. 汉语计量研究与语文辞书编纂. 辞书研究, 1991 (3).

第二节　字频统计

一、综合性字频统计数据

1.《语体文应用字汇》

现代学者中最早从事汉字字频统计研究的是教育家陈鹤琴。为了编写识字课本，他和他的助手用了两年多的时间，用手工的方法，对 554 478 字的六种语料进行了字频统计，得到了 4 261 个不同的字，1928 年编成《语体文应用字汇》。下面是其选取材料的情况：

儿童用书，127 293 字，22.96%。

报章，153 344 字，27.66%。

杂志，90 142 字，16.26%。

儿童作品，51 807 字，9.34%。

古今小说，71 267 字，12.85%。

杂类，60 625 字，10.93%。

使用字次最高的前 20 个字是：的、不、一、了、是、我、上、他、有、人、全、这、来、小、在、们、说、子、可、道。

2.《汉字频度表》和《汉字频度统计》

1974 年 8 月，一机部、四机部、中国科学院、国家出版局和新华通讯社等单位联合申报研制"汉字信息处理系统工程"（简称"748 工程"）项目，以研究汉字信息处理问题。经批准后，便开展了工作。为了弄清汉字的使用情况，决定进行汉字字频的统计，具体由北京新华印刷厂负责。为此，组织了 19 个单位的 2 000 多人参加。涉及 1973—1975 年间三亿多字的出版物，分成科学技术、文学艺术、政治理论、新闻通讯 4 类，并从中选出 86 本图书、104 本期刊、7 075 篇论文，总计 21 629 372 字的语料，用人工的方法进行统计，得到了 6 374 个不同的字。1977 年 10 月，以新华印刷厂的名义印出《汉字频度表》一书，供内部使用。《汉字频度表》分为"政治埋论频度表"、"新闻通讯频度表"、"科学技术频度表"、"文学艺术频度表"和"综合频度表"，作为研制《信息处理用汉字编码字符集·基本集》的重要依据。[①] 1984 年初，原统计组成员又运用计算机重新进行统计，并增加了一些新内容，得到了 5 991 个不同的字。1988 年由贝贵琴、张学涛编成《汉字频度统计》，由电子工业出版社出版。

一级字（最常用字），1～500 字，77.4%（累计频率，下同）。

二级字（常用字），501～1 000 字，90.8%。

三级字（次常用字），1 001～1 500 字，95.9%。

四级字（稀用字），1 501～3 000 字，99.6%。

---

① 由于各种原因，《信息处理用汉字编码字符集·基本集》所收的一、二级汉字中，有少数字使用率极低，甚至有根本不用的死字，一些使用率不太低的字却未能收进去。

五级字（冷僻字），3 001~5 991字，100%。

3. 《汉字频率表》

1979—1985年，北京语言学院语言教研室对180多万字的语料进行分析统计，得到了4 574个不同的汉字。1986年编写出《现代汉语频率词典》（内含"汉字频率表"），由北京语言学院出版社出版。4 574个字分级如下：

一级，1~100字，47.5%（累计频率，下同）。

二级，101~1 000字，92.3%。

三级，1 001~2 418字，99%。

四级，2 419~4 574字，100%。

另外，为了编制《现代汉语常用字表》和《现代汉语通用字表》，国家语委汉字处编成《现代汉语常用字频度统计》和《现代汉语通用字数据统计表》，1988年由语文出版社出版。[①]

二、专类性字频统计数据

1. 《现代汉语语言资料索引》

《现代汉语语言资料索引》由武汉大学语言自动处理组编，分5辑，四川辞书出版社1983—1987年出版。具体情况如表5-2所示：

表5-2 《现代汉语语言资料索引》情况表

作者	作品	总字数	单字	出版年份
老舍	《骆驼祥子》	107 360	2 413	1983
叶圣陶	《倪焕之》	138 333	3 039	1985
曹禺	《雷雨》、《日出》、《北京人》	172 005	2 808	1985
赵树理	《三里湾》	124 114	2 069	1986
茅盾	《子夜》	242 687	3 129	1987

2. 《现代汉语字频统计表》

1981年11月，国家科委委托国家标准局下达了现代汉语词频统计任务，由北京航空学院计算机科学与工程系承担。1983年初，中国文字改革委员会和国家标准局又下达现代汉语字频统计任务，由北京航空学院和中国文字改革委员会共同承担。他们根据现代汉语词频统计的选材内容，利用计算机进行字频统计。这次统计涉及1977—1982年间的1 108万字语料，得到了7 754个不同的字。全部成果汇编为《现代汉语字频统计表》，由语文

---

① 网络上有2003年新字频，但一直没有找到出处和具体内容，这里仅把搜集到的一些数据附于此。报告从467 355 735字当代语料中对GB13000.1字符集20 902字和近60 000条简体词语进行了流通频度统计。语料包括1999年至2003年4月的报刊文摘、政经时事、科学技术（占80.4%）、现代文学（占19.6%）。在以上语料中，得到的汉字总数为10 647个，其中繁体字1 038个，简体字9 609个。

出版社于 1992 年出版。

《现代汉语字频统计表》包括 13 个分表，具体如下：

《社会科学自然科学综合汉字频度表》，7 754 字。

《社会科学综合汉字频度表》，7 373 字。

《自然科学综合汉字频度表》，6 009 字。

《新闻报道类汉字频度表》，4 913 字。

《历史哲学类汉字频度表》，5 402 字。

《文学艺术类汉字频度表》，6 501 字。

《政治经济类汉字频度表》，4 888 字。

《文体生活类汉字频度表》，4 210 字。

《基础知识类汉字频度表》，4 426 字。

《农林牧副渔类汉字频度表》，3 688 字。

《重工业类汉字频度表》，3 619 字。

《轻工业类汉字频度表》，4 502 字。

《建筑运输类汉字频度表》，3 010 字。

3. 先秦古籍字频分析①

由华中科技大学中文系完成。他们统计了先秦的 27 部作品，共有汉字 1 479 007 个，单字量 8 551 个。在 8 551 个单字中，属于 GB2312 的有 3 306 个，占 38.66%；属于 GBK（除 GB 外）的有 4 892 个，占 57.21%；GBK 以外的字有 353 个，占 4.13%。先秦古籍字频情况如表 5 - 3 所示：

表 5 - 3 先秦古籍字频表

作品	总字数	单字	前 10 位字
《楚辞》	27 094	3 137	兮而之不以何其余無於
《公羊传》	44 338	1 645	之也何公子不月人者以
《谷梁传》	40 828	1 590	也之不公月其人子以侯
《左传》	195 879	3 257	之子曰不也以而公其人
《尔雅》	10 367	3 383	也之謂爲曰者大有其子
《公孙龙子》	3 179	339	也馬不知白非而曰以有
《管子》	126 286	2 882	之不而也以者其則曰人
《国语》	70 389	2 620	之不以也而其曰子於有
《韩非子》	106 189	2 715	之而不也以者其人曰則
《汲冢周书》	29 039	2 086	不之以其曰有而王無民
《老子》	5 437	824	之不以其而爲無天者人
《礼记》	98 081	3 016	之也不子而以其者曰於

---

① 覃勤. 先秦古籍字频分析. 语言研究，2005（4）.

（续上表）

作品	总字数	单字	前10位字
《吕氏春秋》	100 477	3 013	之不也而以其者曰人子
《论语》	15 920	1 351	子曰之不也而其人者以
《孟子》	35 258	1 886	之也不曰子而者以人其
《墨子》	76 240	2 511	之不也以者而爲子其人
《山海经》	31 030	1 999	其之多曰山有水里東焉
《商子》	20 055	1 205	之不而者民则也以其國
《尚书》	17 062	1 623	惟于曰不王有乃之其厥
《诗经》	29 752	2 837	之不我其有子于兮以彼
《孙子兵法》	6 096	775	之不者也而故以可地其
《荀子》	75 293	2 663	之也不而者以则人其是
《仪礼》	56 758	1 522	于人之拜主賓西面者爵
《战国策》	122 229	2 788	之王而不也以曰秦於爲
《周礼》	49 417	2 219	之人其以二而则凡四人
《周易》	21 083	1 358	也之曰象以不其而有无
《庄子》	65 231	2 924	之而不也其以者曰爲人
总计	1 479 007	8 551	

他们把先秦古籍8 551个单字划分为5级。如表5-4所示：

表5-4　先秦汉字等级表

级别	字段	字数	累计覆盖率	单字平均使用量（次）
一级字	1～510	510	80.14%	2 324
二级字	511～1 586	1 076	95.02%	205
三级字	1 587～3 635	2 049	99.08%	29
四级字	3 636～6 424	2 789	99.86%	4
五级字	6 425～8 551	2 127	100%	1

4. 中国古籍汉字字频与古籍汉字在字符集中分布统计

2003年，国家语委下达了"十五"科技攻关项目"中国古籍汉字字频与古籍汉字在字符集中分布统计"。项目对两部文字量巨大、收入作品最为丰富、最具有代表性的丛书《四库全书》和《四部丛刊》所使用的汉字情况进行了统计。详细情况见本书第七章第一节。

另外还有一些专项的字频统计：新华社《1986年度新闻信息汉字流通频度》（总字次40 632 472），3 606字（834字覆盖率达90%，2 127字覆盖率达99%）。北京语言学院对

10 年制语文课本进行字频统计，前 1 000 字覆盖率达 78.6%，前 100 字覆盖率达 44.3%。《毛泽东选集》（1 ~ 5 卷），3 136 字；《汉语大词典》（37 万多条词语），22 603 字；《二十五史》（总字次 31 409 450），13 966 字；《十三经》，6 544 字。

三、字频规律

1. 汉字覆盖递减率

周有光对各家统计的结果进行分析归纳，得出汉字出现频率不平衡规律，称汉字效用递减率。[①] 我们认为，更准确的说法是汉字覆盖递减率。如表 5 - 5 所示：

表 5 - 5　汉字覆盖递减率表

字量	增加字数	合计字数	覆盖率	欠缺率
1 000	0	1 000	90.000%	10.000%
1 000	1 400	2 400	99.000%	1.000%
2 400	1 400	3 800	99.900%	0.100%
3 800	1 400	5 200	99.990%	0.010%
5 200	1 400	6 600	99.999%	0.001%

这个规律可以表述为：最高频 1 000 字的覆盖率大约是 90%，以后每增加 1 400 字，覆盖率大约提高 10%。根据这个规律，我们可以知道汉字的常用字非常集中。字频统计中的前 2 400 字，覆盖率高达 99%。汉字总字数虽然很多，但掌握了 2 400 个高频字，就可以认识书面语的 99%。字频统计中序号在 6 600 以后的字，不管多少字，总的覆盖率不超过 0.001%。

选取的数据不同，递减率也有不同。例如《现代汉语常用字表》2 500 字覆盖率达到 97.97%，3 500 字覆盖率达到 99.48%，以后每增加 1 000 字，覆盖率增加 1.51%。但是，不管怎样，随着汉字数量的增加，覆盖率增加的速度越来越缓慢，这就是汉字效用递减率。

2. 汉字笔画递增率

贝贵琴、张学涛的《汉字频度统计》对字频与笔画数之间的关系进行了统计。结果显示：字频越高的字，笔画数越少。这个规律称为常用字笔画趋简率。我们认为，更准确的说法是汉字笔画递增率。如表 5 - 6 所示：

[①]　周有光. 中国语文纵横谈. 北京：人民教育出版社，1992.156.

表 5-6　汉字笔画递增率表

字级	序号	累计频率（%）	总笔画数	平均笔画数
一级字（最常用字）	1～500	77.419	3 622	7.244
二级字（常用字）	501～1 000	90.819	4 355	8.710
三级字（次常用字）	1 001～1 500	95.898	4 840	9.680
四级字（稀用字）	1 501～3 000	99.597	15 655	10.437
五级字（冷僻字）	3 001～5 991	100.000	34 682	11.599
总计	5 991	100.000	63 154	10.541

造成这种情况的原因是语言的经济原则。经常用的字笔画数都少，而且覆盖率也很高，这符合语言的经济原则。随着汉字数量的增加，汉字平均笔画数也开始增加，这就是汉字笔画递增率。

第三节　姓氏人名用字解析

一、姓氏人名用字（1982）

1. 统计内容[①]

中国社会科学院语言文字应用研究所汉字整理研究室与山西大学计算机科学系合作进行姓氏人名用字的分析统计。这次抽样统计的材料来源是 1982 年第三次全国人口普查的原始资料。考虑到姓氏的分布和我国的行政区划有一定的联系，所以采用"类型抽样法"，即在全国六个大区中各选一个省（市），即北京、上海、辽宁、陕西、四川、广东；每省（市）抽取 25 000 人。考虑到南方方言地区的复杂性，另增加福建省。这样，共选七个省（市），计 175 000 人。

（1）综合统计：

①姓氏：姓氏累计数、姓氏字头数、姓氏单个数、各姓频度。编制成《姓氏频度表》。

②人名：人名用字累计数、人名单字数、各人名用字频度。编制成《人名用字频度表》。

③单名数量及其重名情况：单名累计数、单名单个数、单名重名情况（列具体姓名）及数量、单名频度。编制成《单名重名频度表》。

④双名数量及其重名情况：双名累计数、双名单个数、双名重名情况（列具体姓名）及数量、双名频度。编制成《双名重名频度表》。

（2）分项统计：

①分地区统计。对北京、上海、辽宁、陕西、四川、广东、福建七个省市进行统计。

---

① 冯志伟．现代汉字和计算机．北京：北京大学出版社，1989.117.

各地区姓氏累计数、姓氏字头数、姓氏单个数、各姓频度，编制成《各地区姓氏频度表》七个及《各地区姓氏比较表》一个。

各地区人名用字累计数、人名单个数、各人名用字频度，编制成《各地区人名用字频度表》七个及《各地区人名用字频度比较表》一个。

②分时期统计。根据被调查人的出生时间分为四个时期：1949 年 9 月 30 日以前为第一时期，1949 年 10 月 1 日至 1966 年 5 月 31 日为第二时期，1966 年 6 月 1 日至 1976 年 10 月 31 日为第三时期，1976 年 11 月 1 日至 1982 年 6 月 30 日为第四时期。

各时期总人数、人名用字累计数、人名单字数、各人名用字频度，编制成《各时期人名用字频度表》四个及《各时期人名用字频度比较表》一个。

各时期单名数量及其重名情况：各时期单名累计数、单名单个数、单名重名情况（列出具体姓名）及数量、单名频度，编制成《各时期单名重名频度表》四个及《各时期单名情况比较表》一个。

各时期双名数量及其重名情况：各时期双名累计数、双名单个数、双名重名情况（列出具体姓名）及数量、双名频度，编制成《各时期双名重名频度表》四个及《各时期双名情况比较表》一个。

③分性别统计。男女总人数和男女各自的人名用字累计数、人名单字数、各人名用字频度，编制成《男性人名用字频度表》及《女性人名用字频度表》各一个。

男女单名数量及其重名情况：男女各自的单名累计数、单名单个数、单名重名情况（列出具体姓名）及数量、单名频度，编制成《男性单名重名频度表》和《女性单名重名频度表》各一个。

男女双名数量及其重名情况：男女各自的双名累计数、双名单个数、双名重名情况（列出具体姓名）及数量、双名频度，编制成《男性双名重名频度表》和《女性双名重名频度表》各一个。

2. 姓氏用字情况[①]

我国姓氏究竟有多少，谁也说不清楚。历代也有不少研究和收集姓氏的书，比如《百家姓》。东汉《风俗通·姓氏篇》510 多个，宋代《古今姓氏书辩证》2 101 个，明代《古今万姓统谱》3 557 个，现代台湾《中国姓氏集》5 544 个（单姓 3 410 个，复姓 1 990 个，三字姓 144 个）。这次统计是我国第一次对姓氏情况的精确统计。当然，由于数据有限，还不足以说明问题。

这次统计共计 738 个姓氏，复姓 8 个，单姓 730 个，姓氏用字 740 个。姓氏用字特点如下：

（1）姓氏总量 738 个，远远超出了《百家姓》的姓氏数量，很多姓氏在《百家姓》中都没有收录，可见《百家姓》完全不能反映汉族的姓氏情况。

（2）使用频率最高的前 14 个姓氏是：王、陈、李、张、刘、杨、黄、吴、林、周、叶、赵、吕、徐。前 4 位与传统的"张王李赵"有出入，尤其是赵姓，排位 12，排序出入很大。

---

① 张书岩. 姓名·汉字·规范. 北京：北京广播学院出版社，2004.6.

（3）人数相对集中在某些姓氏上，王、陈、李、张、刘，占统计人口的32%。前14个姓，占统计人口的50%；前114个姓，占统计人口的90%；前365个姓，占统计人口的99%。可见，373个姓氏仅占统计人口的1%，属于"濒危"姓氏。因此，从这个意义上说，汉族的姓氏数量会逐渐减少。

（4）复姓减少，仅8个复姓，99人次，占0.058%。复姓属于"濒危"姓氏，数量减少很正常。

（5）发现新的姓氏，如广东粤西地区的"刘付"。①

姓氏用字还呈现出地区差异，历史悠久的省市姓氏数量较多，比如陕西和北京姓氏数量都在450个左右，广东、福建姓氏数量没有超过300个。表5-7是各姓氏在不同地区的分布情况：

表5-7 人口占50%的姓氏地区性差别表

北京	王、张、刘、李、杨、赵、陈、马、孙、高
陕西	王、张、李、刘、陈、杨、高、赵、马、路、郭、贺
辽宁	王、李、张、刘、孙、陈、赵、杨
四川	李、张、王、刘、杨、陈、黄、周、罗、吴、蔡、曾、唐、何
广东	李、陈、佘、梁、吴、王、黄、麦、叶
福建	陈、林、吕、黄、叶
上海	陈、张、王、徐、朱、沈、李、陆、顾、周、吴、黄、孙、杨、高

从表5-7中可以看出，分布在1个地区的姓氏有：蔡、曾、顾、郭、何、贺、梁、林、陆、路、罗、吕、麦、佘、沈、唐、徐、朱。分布在2个地区的姓氏有：马、叶、周。分布在3个地区的姓氏有：高、孙、吴、赵。分布在4个地区的姓氏有：黄、刘。分布在5个地区的姓氏有：杨、张。分布在6个地区的姓氏有：李、王。分布在7个地区的姓氏有：陈。有的姓氏比较罕见，但在某一地区却比较突出，例如北京的"东"，陕西的"路、党、权、鱼"，辽宁的"初、矫、逯"，四川的"卿、阳、补"，上海的"忻、火"，广东的"麦"，福建的"水"等姓氏。可见姓氏的地域性很明显。

3. 人名用字情况②

这次统计共计人名用字3 357个，特点如下：

（1）人名用字高度集中。频率最高的前6个字（英、华、玉、秀、明、珍）覆盖率达10%，前28个字（除前6个外，另加：文、芳、兰、国、丽、桂、荣、淑、德、春、金、建、志、凤、云、清、永、林、平、红、宝、素）覆盖率30%，前409字覆盖率90%，前1 141字覆盖率99%。表5-8为人名用字排名前15位的统计情况：

---

① 刘姓＋付姓。刘家对付家有恩，为了表示感谢，付姓便在自己的姓氏前加上刘姓，与一般的复姓不同。

② 张书岩. 姓名·汉字·规范. 北京：北京广播学院出版社，2004.10.

表 5 - 8　前 15 字数据统计表

汉字	出现次数	出现频度（%）	覆盖率（%）
英	6 883	2.096	2.096
华	6 693	2.038	4.134
玉	5 882	1.791	5.925
秀	5 684	1.731	7.656
明	4 679	1.425	9.081
珍	4 166	1.269	10.350
文	4 075	1.241	11.591
芳	3 806	1.159	12.750
兰	3 625	1.104	13.854
国	3 553	1.082	14.936
丽	3 209	0.977	15.913
桂	3 185	0.970	16.883
荣	3 048	0.928	17.811
淑	3 045	0.927	18.738
德	3 026	0.921	19.659

（2）有 2 216 个字覆盖率仅为 1%，这些人名用字情况复杂。有常用字、通用字、生僻字，还有人名专用字（娾、媄），一般书查不到的字（姪），还有一些是字典上没有的字，是起名人自己造的字。

（3）有少量的贬义字和不太适合用来取名的字，例如：虫、鸡、猪、驴、庸、愚、刁、秃、矮、耻、皮、肚、酒、肉、腮、倭、吝、屎。

人名用字还呈现地区性差异，例如“淑”，在北京排第一位，出现 1 213 次，频度是 2.673%；在上海排 158 位，出现 62 次，频度是 0.131%。下面是各地区前 4 位的用字情况：

北京：淑、秀、英、玉
上海：英、华、芳、明
辽宁：玉、桂、英、华
陕西：英、芳、秀、玉
四川：华、秀、英、明
广东：亚、英、华、明
福建：丽、秀、治、美

人名用字还呈现出一定的时代性特征，有的字各个时期都在使用，而有的字却在不同时期使用。例如"红"从第四十五位上升到"文革"期间的第一位,"军"从第四十一位上升到第三位。到第四时期(1976年11月1日至1982年6月30日),人名用字有了较大的变化,传统用字减少,更追求独特、美好、新颖。例如"娜、颖、蕾、妮"等。

另外,人名用字还有性别差异。男性用字多用"勇、雄、宇"等阳刚大气的字,女性用字多用"娇、嫦、玲"等阴柔美好的字。

4. 单名、双名和重名情况

根据统计,单名单个数12 835,重名组数3 027,重名组数占单个数的23.584%;双名单个数130 670,重名组数12 323,重名组数占单个数的9.431%。可见,单名的重名率很高,远远高于双名的重名率。

从各个时期来看,单名有逐渐增长的态势,从第一时期的6.502%增长到第四时期的32.494%。

二、80后至90后姓氏人名用字(2010)

1982年的姓氏人名用字统计,主要涉及20世纪50年代和60年代出生者的姓氏人名,至今已经相隔五六十年了,期间社会生活有了很大的发展变化。80后和90后已经成长起来,姓氏人名用字情况不太清楚。因此,有必要重新研究姓氏人名,以揭示80后和90后的姓氏人名用字情况。我们以广东省某大学的学生姓名为基础进行研究。该大学的学生来自广东各地,主要限制在广东招生,外地学生很少。除去外地学生(含籍贯是外地的学生),广东本地学生共计19 882人,包括正在学校学习的四个年级的学生,即2007级、2008级、2009级和2010级。这些学生主要出生于20世纪80年代后期和90年代初期,应该可以反映80后和90后的姓氏人名用字情况。尽管我们选取的材料有限,但也能说明姓氏人名用字的一些问题。

1. 姓氏用字情况

我们这次统计得到的姓氏有326个,其中复姓4个,单姓322个,姓氏用字325个。这次统计的姓氏有以下一些特点。

(1)人数主要集中在少数姓氏上。姓氏总字次是19 882,前100个姓氏合计字次为18 658,占总字次的93.8%。这100个姓氏是:陈、李、黄、梁、张、林、吴、刘、杨、王、何、邓、谢、周、罗、钟、黎、叶、曾、冯、郑、蔡、朱、莫、苏、许、潘、谭、彭、廖、郭、赖、卢、余、徐、赵、胡、邱、肖、麦、唐、欧、陆、袁、吕、伍、高、邹、曹、柯、龙、温、江、庞、关、姚、马、程、宋、戴、凌、孙、方、范、符、严、崔、董、蓝、洪、骆、冼、庄、沈、阮、邵、韦、杜、龚、韩、易、孔、魏、詹、劳、全、熊、文、车、蒋、丁、甘、区、颜、汤、丘、成、容、邝、雷。

表5-9是排位靠前的姓氏所占百分比的统计情况:

表 5-9　排位靠前的姓氏统计情况

字组	前 10	前 20	前 30	前 40	前 50	前 60	前 70	前 80	前 90	前 100
字次	9 471	12 488	14 348	15 592	16 435	17 120	17 652	18 058	18 395	18 658
百分比	47.6	62.8	72.2	78.4	82.7	86.1	88.8	90.8	92.5	93.8

（2）复姓数量比较少。在 326 个姓氏中，复姓 4 个，占姓氏总数的 1.2%；单姓 322 个，占姓氏总数的 98.8%。

（3）出现了不太常见的复姓。4 个复姓中，有大家熟悉的欧阳、司徒，也有不熟悉的刘付（正山）、周叶（筱晨）。"刘付"亦刘傅，是合氏为姓，因刘家抚育付家孤儿，孤儿长大后为了感恩，把"刘"姓加在自己姓氏前面，于是有了刘付姓氏。"周叶"也是合氏为姓，"周"为父姓，"叶"为母姓。

2. 人名用字情况

人名用字是指姓名中姓氏之外的用字。按照汉族的传统，人名用字部分可能含有字辈用字，但根据我们的调查，用字辈取名有减少的趋势。也就是说，我们统计的人名用字包括字辈用字[①]。这次统计得到的人名用字有 1 525 个，其中男名用字有 1 042 个，女名用字有 1 204 个。人名用字有以下一些特点：

（1）在 19 882 个人名中，单名 2 489 个，占人名总数的 12.5%；双名 17 393 个，占人名总数的 87.5%，双名占绝对优势。

（2）人名用字比较集中。人名用字总字次为 37 237；前 10 个字的字次合计为 6 289，占总字次的 16.9%；前 100 个字的字次合计为 22 425，占总字次的 60.2%；前 479 个字的字次合计为 34 416，占总字次的 92.4%。表 5-10 是前 100 个字的统计情况：

表 5-10　前 100 个字的统计情况

字组	前 10	前 20	前 30	前 40	前 50	前 60	前 70	前 80	前 90	前 100
字次	6 289	9 772	12 299	14 400	16 277	17 883	19 263	20 448	21 484	22 425
百分比	16.9	26.2	33	38.7	43.7	48	51.7	54.9	57.7	60.2

前 100 个字为：丽、燕、晓、小、玲、华、文、婷、敏、海、梅、霞、春、金、明、凤、秋、玉、伟、志、萍、丹、嘉、娟、英、红、艳、清、慧、秀、云、彩、美、思、君、芳、杰、雪、静、兰、宇、莹、平、珍、健、洁、淑、欣、惠、国、飞、媚、珊、龙、翠、林、永、辉、月、荣、东、仪、建、颖、锦、青、琼、俊、雯、芬、超、妹、少、水、怡、家、倩、娣、婉、婵、锋、娜、强、桂、冬、鹏、琴、冰、柳、珠、碧、康、连、莲、容、诗、雅、娇、晶、贤。

（3）只出现 2 字次及 1 字次的人名用字有 677 个字，这些字有常用字、通用字，也有

_____

① 有的名字包含字辈，有的又没有按照字辈取名，因此要区分出字辈用字操作上有难度，只能将字辈用字和整个人名用字整体讨论。

生僻字。例如"滔、焜、阒、宪、翮、燚、澄、犇、垚、翀、燊、砧"等。

（4）有的字一般不太用作人名，但在这次统计中发现不少，体现了广东人名用字的鲜明特点。例如"上、可、非、乃、于、在、仍"等。

（5）1982 年统计材料中发现一些贬义字和不雅的字，如"虫、鸡、猪、驴、愚、刁、秃、矮、耻、肚"，在我们的统计中没有发现这种情况，名字用字都是一些比较高雅的字、褒义字和中性字。用不好的字给孩子起名字是一种习俗，以便孩子好养活，由此可以看出这种习俗到了 20 世纪八九十年代已经有所改变。

（6）与《现代汉语通用字表》比较，有极少数的字不在通用字范围之内，例如"铖、翀、昳、姮、珺、嫽、煖、荿、翮、垚"；有的字有繁体和简体之别，本应该用简体字，但有的名字用的却是繁体字，例如"啟、昇、詠、鈺、澤"。

（7）汉语姓名所包含的文化内容极其丰富，具有鲜明的民族特征和时代特点。1982 年对 20 世纪 50 年代和 60 年代出生者的名字统计显示，那个时代名字用字政治特征比较明显，例如"鸣放、胜天、超美、红专、拥军"。而这个时期政治色彩淡化了，追求美好的名字，例如"丽、梅、美、健、雪、洁"。

（8）1982 年统计的使用频度最高的前 28 个人名用字，在我们的统计中都可以找到。即：英、华、玉、秀、明、珍、文、芳、兰、国、丽、桂、荣、淑、德、春、金、建、志、凤、云、清、永、林、平、红、宝、素。这说明人名中有些字相当稳定，各个时期没有太大变化。

（9）发现 2 个由 3 个字构成的人名。例如"陈雪义蓉"，"陈"为姓，"雪义蓉"为名；又如"严睿徐扬"，"严"为姓，"睿徐扬"为名。

3. 人名用字的性别差异

名字是父母等长辈自己或者委托他人在孩子出生后起的，寄托了父母的美好愿望。重男轻女思想的影响，使得男女有别，因此起名的时候男女名字就有了明显的不同。

（1）男性人名用字。根据我们的统计，男性人名用字有 1 042 个，男性人名用字总字次是 11 218，据此计算出排位靠前的男性人名用字所占百分比的情况，如表 5-11 所示：

表 5-11　排位靠前的男性人名用字情况

字组	前 10	前 20	前 30	前 40	前 50	前 60	前 70	前 80	前 90	前 100
字次	1 848	2 878	3 660	4 249	4 781	5 263	5 681	6 065	6 406	6 720
百分比	16.5	25.7	32.6	37.9	42.6	46.9	50.6	54.1	57.1	59.9

前 100 个男性人名用字是：文、华、志、伟、明、杰、龙、海、辉、国、健、荣、永、强、锋、林、俊、鹏、金、飞、建、宇、东、超、成、嘉、家、锦、浩、勇、晓、生、振、德、平、春、斌、亮、剑、波、智、庆、光、兴、权、彬、进、雄、威、广、远、良、康、聪、昌、立、洪、敏、景、耀、世、鸿、祥、涛、森、泽、小、江、冠、天、宏、峰、贤、军、富、武、汉、新、日、豪、恒、子、贵、忠、胜、发、达、锐、清、铭、才、源、业、盛、培、玉、艺、秋、启、桂。

男性名字有以下特点：

长大后成为杰出人才，例如：龙、杰。

长大后成为有才华的人，例如：文、华。

长大后成为富裕的人，例如：锦、发、豪、贵。

长大后成为品性好的人，例如：嘉、平、春、良、忠。

（2）女性人名用字。根据我们的统计，女性人名用字有 1 204 个，女性人名用字总字次是 26 019，据此计算出排位靠前的女性人名用字所占百分比的情况，如表 5－12 所示：

表 5－12　排位靠前的女性人名用字情况

字组	前10	前20	前30	前40	前50	前60	前70	前80	前90	前100
字次	5 693	8 606	10 774	12 699	14 259	15 457	16 451	17 348	18 132	18 782
百分比	21.9	33.1	41.4	48.8	54.8	59.4	63.2	66.7	69.7	72.2

前 100 个女性人名用字是：丽、燕、小、晓、玲、婷、敏、梅、霞、华、凤、海、春、文、秋、萍、玉、丹、娟、金、红、艳、慧、英、秀、彩、美、清、雪、芳、云、兰、莹、静、嘉、思、珍、君、洁、淑、欣、媚、明、珊、翠、惠、月、仪、平、雯、琼、芬、妹、颖、青、倩、娣、怡、婉、宇、婵、娜、少、琴、冰、碧、冬、连、莲、珠、娇、柳、晶、容、水、佩、伟、诗、花、雅、妙、瑜、飞、琳、娴、桂、群、莉、琪、志、舒、健、楚、锦、杏、虹、茵、银、梦、爱。

女性名字有以下特点：

长大后美丽动人，例如：丽、艳、美、花。

长大后圣洁贤惠，例如：琼、雪、洁、惠、芳、兰。

长大后多才多艺，例如：诗、琴。

长大后性情高雅温柔，例如：水、媚、雅、静、淑。

女旁字较多，例如：婷、娴、娣、婉、妹、娇、妙。

（3）男女共用字。人名用字有 1 525 个，男性人名用字有 1 042 个，女性人名用字有 1 204 个。根据统计，男女人名共用字有 721 个，占人名用字的 47.3%。下面是男女人名共用字中的 100 个字：蔼、爱、安、岸、百、柏、邦、宝、保、北、倍、本、碧、璧、变、宾、彬、斌、滨、冰、兵、炳、波、伯、博、才、材、彩、灿、蝉、昌、长、常、畅、焯、超、朝、潮、琛、辰、陈、晨、成、承、城、程、池、驰、炽、翅、冲、翀、崇、初、楚、川、传、创、春、纯、慈、聪、存、达、大、代、戴、丹、道、德、登、滴、狄、迪、弟、帝、典、钿、丁、鼎、定、东、冬、栋、杜、端、多、恩、而、二、发、帆、凡、繁、范、方、芳、放、飞、妃。

从这些字看，大部分字更适合男性人名用字。在广东，重男轻女思想非常严重，如果生的是女儿，会为女儿取男名，如"招弟"；如果几个孩子都是女儿，其中的一个女儿也会取男名，把女儿当作儿子养。同样，儿子太多，想要生女儿，又会为男孩取女名，如

"招妹"，又如把"妃"作为男名，当然这种情况比较少。[①]

4. 重名情况

我们这里的重名是指姓名完全相同的情况。[②] 在 19 882 个姓名中，非重名有 17 738 个；重名有 2 144 个，占 10.8%，重名情况比较严重。在重名部分，单名重名有 693 个，双名重名有 1 451 个，分别占重名人数的 32.3%、67.7%。单名人数是 2 489 个，单名重名占其中的 27.8%，双名人数是 17 393 个，双名重名占其中的 8.3%。可见单名重名情况更严重，是双名重名的三倍多。下面是重名 4 次以上的单名：李敏（16 次）；李丹（8 次）；陈琳、陈敏、陈莹、李娟（6 次）；陈丽、陈玲、黄丽、黄婷、李静、李丽、李颖、梁艳（5 次）；陈静、陈妹、陈婷、陈艳、陈颖、黄燕、李婵、李翠、李梅、李婷、李霞、李燕、梁健、林静、林艳、刘燕、吴洁（4 次）。

重名 4 次以上的双名有：陈海燕（8 次）；李婷婷、黄晓霞（7 次）；陈小玲、李晓玲（6 次）；陈丽君、陈晓君、陈美玲、李小玲、李燕玲、梁冬梅、陈丽萍、陈婷婷、陈玉婷、黄婷婷、李小霞、陈晓燕、黄海燕（5 次）；陈小丹、李小红、陈伟杰、陈小丽、陈晓玲、黄晓玲、张玉玲、陈晓媚、陈舒敏、陈月明、黄丽萍、陈珊珊、梁晓霞、梁嘉欣、李春燕、梁小燕、林海燕、梁敏仪、陈小英、吴莹莹（4 次）。

---

① 这是广东人名用字在性别上的一大特点。
② 有的把姓不同名相同的也叫做重名，我们认为这不是真正严格意义上的重名。

附录　高频 1 000 字
（选自北京语言学院《现代汉语频率词典》）

的一了是不我在有人这他们来个上地大着就你说到和子要里么得去也那会主时出下国

过为好看生可以还学起都年小没能多天工家把动用对中作自发又同民面想样成义后她

头经产道十什进心现然只种老事从分前些点开而很方于行长见水两走高三象回实当气

问它给手全部二力正定意命几机党所向战已知物理声等打话本社边外法化之如情候眼

无但呢使重叫身间业反真明听才放革路四别做志文已级怎最吧量电车先妈新口干军制

度解活加因体少山代五政阶光门员住常关各原比月建变次第应条太合争吃利再果表立

快题西总思由结白提平百东领性您书队花亲被决教论内跟吗相笑完科其啊展许资者公

更带风线九导造呀系日斗敌指农直哪并万流接通界便共位难数色往记世根任区认将处

今	管	清	怕	及	汽	食	卖
望	空	越	病	害	抗	桥	欢
女	远	与	器	厂	娘	帝	美
群	期	基	离	消	失	饭	局
运	转	组	底	送	压	举	血
觉	早	神	收	织	围	阵	冲
石	观	爷	错	谈	兵	节	静
孩	告	照	米	母	金	推	停
研	料	极	张	衣	族	息	划
每	海	爸	备	委	答	画	脑
半	满	青	至	何	虫	号	权
火	感	团	响	须	随	乎	修
形	术	七	装	击	专	温	虽
师	红	品	席	需	嘴	除	沉
件	谁	整	包	调	严	首	球
爱	该	倒	黑	际	破	参	伙
办	且	确	铁	咱	士	达	木
步	死	钱	房	拉	广	伟	喜
识	飞	影	类	低	复	板	忽
治	六	保	村	脚	台	约	即
写	马	树	验	友	句	背	跳
信	河	劳	据	坚	城	育	视
热	找	块	集	音	议	灯	误
众	讲	准	屋	安	联	层	父
究	油	夜	布	哥	毛	钢	显
计	场	轻	较	兴	客	微	留
八	脸	千	交	技	皮	左	岁
强	似	目	具	落	商	密	古
却	取	字	断	晴	艺	愿	惊
特	济	名	草	况	帮	图	念
拿	跑	求	规	批	鱼	示	久
连	统	紧	胜	刻	亮	段	旧
改	坐	片	晚	非	穿	引	纸
受	船	近	南	支	式	势	养
或	土	刚	苦	星	持	证	护
设	质	程	院	急	雨	夫	呼
报	服	习	精	单	积	靠	雪
算	务	历	买	派	坏	冷	期
此	啦	深	市	速	诉	易	药
切	儿	入	细	赶	增	则	存
必	让	容	传	忙	请	阳	突
站	够	史	北	睡	始		助

判硬筑铺鸡吹鬼枝恶哈男馆限圆败编碎炼鲜湖彻戏练朵佛哦舞测盖移迎香耳零钻旗泪瞧震束毒率

哎脱袋露仿守互云猛摸遍嗯预园逐粉鞋幸堂某丰唯楚抽救闪矛妹盾燃英肯险灰超丝折套墙扬煤遇

镜怀奋既斤抬践盘绿腿江端映银列酒置洗谢甚王洞独肉冬讨桌追浪巴案闹户犯挂概松轮摆午策著

危副投未散架街劲降忘景印迫配握司店希宝嫂矿味普爬状余掌构鼓顺假境粮优减伸退抱水杀宣含

绝武益课顾骨卫素考检懂仍针替货官笔元叶演牛短依弄庄察占灭型巨刀固值泥透效朝侵岸环供富

责止选喝林差负例歌抓田称双竟仅待属致吸春窗哭格础营央暗模换标曾挥维攻祖射缺叔妇费适足

乱游怪府唱初功床律烧烈读洋尽封周县源姐座熟担痛弹钟杂试继班搞翻语菜终充困摇奶乐奇态野

令乡顶校续黄敢掉创右激姑旁医价纪沙角章弟材注言简慢采查另防评按略喊枪伤排室渐故省烟棉

玩	灵	毫	碰	混	镇	偷	植
勇	挺	居	企	季	堆	耐	厚
拍	沿	液	努	嘛	穷	碗	狗
项	炮	临	茶	挑	执	壮	职

第六章　现代汉字字序

第一节　字序概述

一、字序

字序就是汉字的排列顺序。成千上万的汉字集合在一起，为了便于查找，于是产生了如何排列次序的问题。需要定序，做到字有定序。定序既要做到科学、简明，又要易于掌握运用。《现代汉语常用字表》（常用字 2 500 个）是按照笔画法排序的，例如：

一画（共 2 字）一乙
二画（共 17 字）二十丁厂七卜人入八九几儿了力乃刀又
三画（共 50 字）三于干亏士工土才寸下大丈与万上小口巾山千乞川亿个勺久凡及夕丸么广亡门义之尸弓己已子卫也女飞刃习叉马乡

我国古代有义序法、部首法等检字法，到了近现代，随着英文等进入我国，大家发现汉字检字法非常麻烦，远不及英文等简便容易。在民国时期，大家对检字法高度重视，很多人参与到检字法的创新当中，四角号码法就是在那个时候由王云五（1888—1979）首创的。

新中国成立后，非常重视检字法的研究。1961 年 11 月，由文化部、教育部、中国文字改革委员会、中国科学院语言研究所联合组成汉字查字法整理工作组，邀请各方面专家参加，设立几个专门小组，审核各类查字法方案。

查字法整理原则是：

（1）选择查字法方案的标准，首先应当是便于检索，易于学会；

（2）既要照顾多数人的查字习惯，改进通用的方案，又要综合群众提出的各种建议，拟订更为合理的方案；

（3）整理查字法方案必须广泛征求各方面意见；

（4）最后应提出几种方案，同时推行，并容许自由选用。

汉字查字法整理工作组于 1964 年 4 月提出《拼音字母查字法》（草案）、《部首查字法》（草案）、《四角号码查字法》（草案）、《笔形查字法》（草案）四种草案，推荐给文化、教育和出版界试用。

在计算机出现以后，汉字字序问题显得非常重要，不仅检字需要，而且还涉及汉字输入法。汉字字序问题没有得到很好的解决，所以，汉字的输入法也非常复杂。英文字母只有 26 个，与电脑键盘一一对应，也就是说，26 个键就能把所有的英文单词输出来，所以不存在什么输入法的问题。汉字有几万个，一般使用的也有一万个左右，它们与键盘没有任何对应关系。为了输入汉字，必须将汉字拆成更小的部件，将这些部件与键盘对应，这样才能按照某种规律用键盘输入汉字，这就是汉字编码。

二、字序特点

1. 定序方法多样

文字有形、音、义三个方面，理论上，定序方法也应该有相对应的三个方面。但是，音、义方法要受许多限制，只有形是客观的，因此，以形为基础的定序方法才是最好的方法。英文的定序就是一种形码法。英文的单词是按字母线性排列的，这种排列有两个优点：一是每个单词与每个序号是一对一的关系，能做到定序；二是每个单词内部字母的排序是唯一的，人们只要按照每个单词字母先后顺序，就可以查找或输入那个单词了。汉字的笔画是面上组合，先后顺序具有多样性。由于汉字笔顺具有多样性，很多人不能按正确的笔顺去查找汉字，再加上汉字笔画数较多，所以，笔画法没能被普通人接受。为此，我们不得不创造其他定序方法。汉字编码方案有数百种，已经在电脑上运行的就有几十种。下面是常见的汉字拼音输入法：

（1）词语输入的拼音输入法：百度输入法、智能 ABC 输入法、拼音加加输入法、紫光拼音输入法、新华拼音输入法、搜狗拼音输入法、谷歌拼音输入法、QQ 拼音输入法。

（2）整句输入的拼音输入法：微软拼音输入法、黑马神拼输入法、智能狂拼输入法、粤语拼音输入法（粤语拼音）、速打粤语输入法、亚伟速录输入法①。

汉字有字形、字音、字义之分，字序的排列方法也就有义序法、音序法、形序法三大类，形序法又包括部首法、笔画法、号码法等。可见，汉字定序方法确实多样复杂。

2. 定序方法不简便

英文单词定序很简单，很容易掌握和运用。英文单词定序：单词 = 字母 1 + 字母 2 + 字母 3 + ……字母 n。每级字母都按照字母 a – z 排列，使用非常简便。例如：

Approximate

Authoritarian

Autism

Autistic

与英文定序方法相比较，汉字定序不管用哪种方法，步骤都比较复杂。我们以通行的笔画法、拼音法、部首法来说明。下面是它们运用的条件：

笔画法：计算笔画数 + 清楚正确笔顺。

拼音法：知道字音 + 熟悉汉语拼音 + 计算笔画数 + 清楚正确笔顺。

---

① 亚伟速录，需专用的键盘，一般为专业速录员使用。

部首法：熟悉立部情况＋熟悉归部情况＋计算笔画数＋清楚正确笔顺。

要做到笔顺正确很不容易，所以，这些方法都不简便。

以汉字检字表为例：

第一步：确定部首。

第二步：确定笔画数。

第三步：确定笔形。

第四步：确定笔顺。

例如用《新华字典》检索"踢"字：

第一步：确定部首，"足"。

第二步：确定笔画数，"8 画"（不包括"足"的笔画）。

第三步：第一笔，竖笔，符合条件的有：跋踔踩踢。

第四步：第二笔，折笔，符合条件的有：踩踢。

第五步：第三笔，横笔，符合条件的有：踩踢。

第六步：第四笔，横笔，符合条件的有：踩踢。

第七步：第五笔，撇笔，符合条件的有：踢。

可见汉字检字非常复杂。

3. 不能单一定序

汉字定序方法很多，但是，每种方法都不能将所有的汉字完全定序。拼音法如果不加入笔画法，仅靠声韵调定序，效果是很差的。汉字同音情况很严重，达72％的同音率[①]，也就是说，72％的汉字不能定序。部首法如果不加入笔画法，仅靠两百来个部首定序是不可能的，以200个部首计算，7 000通用字，平均每个部首35个汉字，定序率仅为29％。笔画法定序效果最好，根据我们的统计，定序率达到95％，但由于自身的原因，不被大众接受。汉字必须采用复合性方法，将不同的方法融合在一起，只有这样，才能提高汉字的定序效果。所以，最流行的拼音法和部首法都加入了笔画法，大大提高了定序率。例如：

b 八巴叭扒吧芭疤捌笆拔跋把靶坝爸罢霸

c 擦猜才材财裁采彩睬踩菜参餐残蚕惭惨

d 搭达答瘩打大呆歹代带待怠贷袋逮戴丹

f 发乏伐罚阀筏法帆番翻凡矾烦樊繁反返

---

①　参见同音字部分。

第二节　定序方法

一、笔画法

1. 笔画法原理

笔画法是根据笔画数和笔形排列汉字。一级依笔画数多少排列，二级根据笔顺，比较每一笔的笔形，按照横、竖、撇、点、折顺序排列。见图6-1：

一级：笔画数，1、2、3、4、5、6……

二级：笔顺，横、竖、撇、点、折

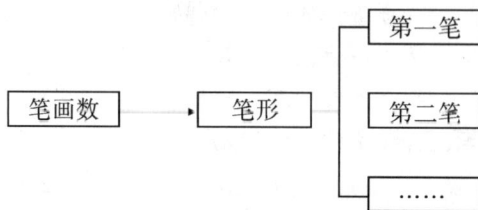

图6-1　笔画法示意图

例如国家颁布的《现代汉语通用字表》：

1画

〔一〕一

〔乙〕乙

2画

〔一〕二十丁厂七

〔丨〕卜

〔丿〕八人入乂儿九匕几

〔乙〕刁了乃刀力又乜

3画

〔一〕三干于亏士土工才下寸丈大兀与万弋

〔丨〕上小口山巾

〔丿〕千乞川亿彳个么久勺丸夕凡及

〔丶〕广亡门丫义之

〔乙〕尸已巳弓己卫子孑也女飞刃习叉马乡幺

二级具体分析如下：

三干于亍亏士土工才下
第一笔：三干于亍亏士土工才下〔一〕
第二笔：三干于亍亏〔一〕士土工才下〔丨〕
第三笔：三〔一〕干于亍〔丨〕亏〔乛〕士土工〔一〕才〔丿〕下〔丶〕

笔画法可以追溯至1184年金代王与秘的《篇海》，他在使用部首法的同时使用了笔画法，部首相同的字再以笔画多少排列。明代《字汇》也仿照《篇海》的方法，部首相同的字再以笔画多少排列，同时部首的排列也使用笔画法。不过这时的笔画法只有一级定序，没有根据笔形再区分。1979年辞海编辑委员会对旧版《辞海》进行修订，部首相同的按笔画数排列，同画数的部首按横、竖、撇、点、折五种笔形顺序排列，并有相当详细的《部首查字法查字说明》，使笔画法最终完善起来。

2. 笔画法的优缺点

运用笔画法要具备三个条件：笔画数计算要准确，笔形归类（五大类）要准确，笔顺书写要准确。1965年公布的《印刷通用汉字字形表》、目前的《现代汉语通用字字表》、《现代汉语常用字字表》都直接用笔画法排序。

笔画法有个明显的优点，即不受字音、字义的影响，不知道字音、字义也可以检字。字形是固定的，大家写法是相同的，具有客观性，避免了义序法、部首法的主观人为因素干扰和音序法的方音、字音影响，能够比较迅速准确地检字。采用这种方法基本上可以使汉字定序。

汉字笔画种类，即使区分粗略一点，也有三十余种，但笔画法中使用的笔形只有5种，这样，同笔画数的字多，笔形分类太少，必然存在笔画数、类笔形、笔顺三者相同的情况。根据谢泽荣先生统计，"类三同字"通用字有187组，共416个字；常用字有96组，215个字，分别占总字量的5.94%和6.17%，例如"下寸"、"十丁"、"云专"、"电号"等，可见笔画法未能完全实现定序。①

二、部首法

1. 部首法原理

部首法是建立在部首的基础上的，部首是具有字形归类作用的偏旁，是各部的首字。把共同所从的结构部分列在开头即为部首。例如：

马部：马冯驭阄驮驯驰驱……
日部：曰日旧旦早旬旱者……
水部：水汆尿沓泵泉浆淼……

---

① 谢泽荣. 三同字排序方法的探讨. 语文建设，1996（4）.

扌部：扎打扑扒扛扣扶抹……

部首法不是单纯地靠几百个部首来排序的方法，部首法的内部还包含笔画法，也就是说每个部首内部再使用笔画法。因此，严格意义上讲，部首法是部首—笔画法。从金代王与秘《篇海》、明代《字汇》开始，一些辞书就采用了部首—笔画法，只是那时的笔画法部分还没有今天完善。为了便于称说和照顾习惯说法，部首—笔画法仍称为部首法。今天的部首法主要用在检字表中，比如《新华字典》、《现代汉语词典》就列有《部首检字表》。

部首法排序原理如图6-2所示：

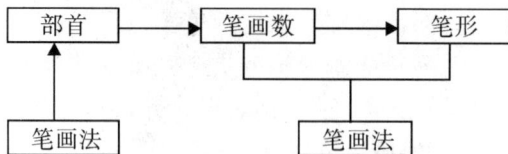

图6-2　部首法示意图

部首法分三级：一级，部首；二级，笔画数；三级，笔形。部首相同者进入笔画数，笔画数相同者进入笔形。部首之间按照笔画法排序，笔形按照横、竖、撇、点、折排序。二级和三级属于笔画法。部首法实际使用两次笔画法，例如《现代汉语词典·部首检字表》：

部首：一丨十厂女飞王甘……

女部：（0画）女（2画）奶奴（3画）妊如（4画）妍妖（5画）妻委（6画）在姬娃……

为了简便，部首法的笔画数＝字的笔画数－部首的笔画数。

部首法的归部原则：

（1）一般根据用字的上、下、左、右、外五个部位的特征次序来确定。

（2）一般外没有部首的，定中坐。中坐也没有的，定右上角。

（3）一个位置具有几个部首的，接上、左、外、中坐、多笔次序定。

（4）部首次序无从采取或所在位置不符合规定的，取单笔部首或接笔画排入难检字中。

2. 历代部首法

首创部首法的是东汉时期的许慎，其《说文解字》收9 353个小篆和1 163个重文，共10 516个字。他把字依据偏旁归纳为540个部首（其中36部只有部首没有所属的字），然后将全部字对号入座，部首依"一"至"亥"部排序，部首之间不是以笔画多少排序，而是"据形系联"，即把形体相近相关的排在一起，使所有汉字"分别部居，不相杂厕"。部首内部一般按照字义排列，例如"闸、闺、间、闭、闯"。但是，《说文解字》立部繁复，"偏旁奥秘，不可意知；寻求一字，往往经卷"，查检很不便。部首的分类和序次，以及各部中所属汉字的排列，亦有一定的随意性。《说文解字》部首内部各字也是将意义相近的字排列在一起，例如"言"部："讪、讥、诬、诽、谤"。

许慎的部首法一直为后人所采用，只是立部多少有不同。晋吕忱《字林》与许相同，也立540部。南朝梁时顾野王《玉篇》是我国现存第一部楷书字典，设542部，与许相同者有529部，不同者有13部，部首次序与《说文解字》大不相同。顾氏有意把意义相近的部首排在一起，例如卷三："人、儿、父、臣、男、民、予、我、身、兄、弟、女"等部。宋代《类编》分544部。明代梅膺祚《字汇》，部首较以前出的字书进行了大的调整，按214部首排列。清代张玉书等编审的《康熙字典》，沿用《字汇》214部首编排。1915年，陆费逵等编纂的《中华大字典》出版，沿用《康熙字典》部首，顺序有所调整，仍为214部。

部首法沿用至今。1979年辞海编辑委员会对旧版《辞海》进行修订，对旧《辞海》214个部首作了调整，设250个部首。《汉语大字典》、《汉语大词典》，采用拼音法的《新华字典》、《现代汉语词典》也附有部首检字表。古今部首法相比，古代立部较多，部首繁杂，明清时才减少到两百多部，部首内部以意义相联系，规律不强。今天的部首法部首数量较少，《新华字典》有189部，[①]《现代汉语词典》有188部，国家颁布的《汉字统一部首表》有201部，《汉语大字典》和《汉语大词典》都只有200部。

3. 部首法的局限

目前应用的部首法也有局限：部首立部、归部不一致，检字困难。如何立部、归部带有主观性，不同的辞书有不同的标准。

第一，部首数、部首的具体内容不同。一方面，从古到今，部首数从544部减少到188部，古今差异很大。另一方面，立部也有差异。就《汉字统一部首表》与《新华字典》相比，《新华字典》没有"匕、干、飞、无、支、牙、长、氏、甘、生、而、至、肉、色、齐、龟、幸、非、隶、面、韭、香、首、鬲、高、黄、鼎、黍、鼓、禽"等31个部首，增多"二、用、其"3个部首等。

第二，有的字归部不一致，同一个部首在不同的辞书中收字情况不完全相同，即有的字在不同的辞书中归不同的部首，如表6-1所示：

表6-1 部首归部异同表

汉字归部	鸿	相	思	项	翡	问
说文解字	鸟	目	思	页	羽	口
康熙字典	鸟	目	田	页	羽	口
辞海	シ	木	心	工	非	门
新华字典	鸟/シ	木/目	心/田	页/工	羽	门
汉语大字典	鸟	目	心	页	羽	门

---

① 《新华字典》1953年版126部，1957年版187部，1962年版191部，1966年以后均为189部。

尤其是《汉语大字典》和《汉语大词典》，部首数都是 200 部，部首内容也相同，但有的字归部也不一致。例如"丧、丛"，《汉语大字典》分归"一、一"部，《汉语大词典》则分归"十、人"部。可见在统一立部之后，还需要建立一个统一的归部方法。

4. 部首法的调整

1964 年公布的《部首查字法（草案）》设部首 250 个，依据字形定部，一般采用上、下、左、右、外、中坐、左上角等部位确定部首，但此法不够完善，没有被普遍接受。

1983 年，中国文字改革委员会和国家出版局联合发布了《汉字统一部首表（草案）》。该草案发布后，在辞书编纂、汉字标准的制定、计算机信息处理等方面的排序检索中广泛应用，得到了业界认可。如《汉语大字典》、《现代汉语常用字表》、《现代汉语通用字表》、《现代汉语词典》（第 6 版）、《新华字典》（第 11 版）、《现代汉语规范字典》、《中华字典》、国家图书馆书目检索系统等部首检字法，依据的都是这一草案。

2009 年 1 月，教育部、国家语委发布了《汉字部首表》，该表是在《汉字统一部首表（草案）》的基础上制定的。《汉字部首表》规定了汉字的部首表及其使用规则，主部首 201 个，保持了原草案的部首数，附形部首 99 个。其使用规则是，一般应以主部首为主，但在某些情况下，可以根据需要进行变通处理。课题组通过广泛征求语言文字专家及使用者的意见，充分考虑了辞书编纂的现状和需求，并依照现行的语言文字标准，在主部首和附形部首的确立、部首排序、部首表的使用规则等方面对"草案"作了适当的调整和补充，使"部首表"更具科学性和实用性。

汉字归部一直没有统一的标准，汉字信息处理、辞书编纂等方面的汉字排序检索，各自编制部首检字法，给应用带来不便，也造成极大浪费。为此，教育部、国家语委在 2009 年 1 月公布了《GB13000.1 字符集汉字部首归部规范》，综合考虑汉字的历史发展和现实需要，规定了 GB13000.1 字符集汉字部首的归部原则和规则，给出了 20 902 个汉字的部首归部表。其归部方法如下：

（1）从汉字的左、上、外位置取部首，如果左和右、上和下、外和内都有部首，则只取左、上、外位置的部首。例如：

彬（木）旧（丨）裹（亠）暮（艹）圆（口）闻（门）

（2）如果汉字的左、上不是部首，右、下是部首，则取右、下位置的部首；半包围结构的字，如果外不是部首，内是部首，则取内。例如：

颖（页）荆（刀）弯（弓）矍（又）岛（山）载（车）

（3）如果汉字的左和右、上和下都不是部首，则按照先左后右，先上后下的顺序，从偏旁的位置取部首。例如：

嘲（田）蠢（虫）赢（月）赜 zé（贝）蠲 juān（皿）

（4）如果由上述位置取不到部首的左右结构、上下结构、包围结构的字或其他字，则从起笔的位置取单笔部首。例如：

畅（丨）粤（丿）举（丶）三（一）果（丨）乖（丿）

（5）如果在取部位置上少笔与多笔几个部首出现叠合时，则取多笔部首，不取少笔部首。例如：

赣，左旁的上头有"丶"、"亠"、"立"、"音"等部首叠合，取"音"。
靡，外框有"丶"、"广"、"麻"等部首叠合，取"麻"。
戌，起笔处有"一"、"戈"等部首叠合，取"戈"。
太，起笔处有"一"、"大"等部首叠合，取"大"。

三、拼音法

拼音法不是单纯地仅靠拼音字母来排序的方法，拼音法的内部还包含笔画法，也就是说，在声韵调相同的情况下，内部再使用笔画法。因此，严格意义上讲，拼音法是拼音—笔画法。为了便于称说和照顾习惯说法，拼音—笔画法仍称为拼音法。今天的拼音法主要用在字词典的正文部分，比如《新华字典》、《现代汉语词典》正文就采用此方法。

目前使用的拼音法依据的语音系统是《汉语拼音方案》。拼音法分为四级：一级，声韵母，排序是以声母、韵母音素区分，排序以英语字母为序（ü 排在 u 后，ê 排在 e 后，其余与英语字母顺序相同），即 a、b、c……z。二级，声调，以阴平、阳平、上声、去声、轻声为序。三级，笔画数，以笔画数从少到多排序。四级，笔形，依笔顺按照横、竖、撇、点、折排序。[①] 拼音法原理如图 6-3 所示：

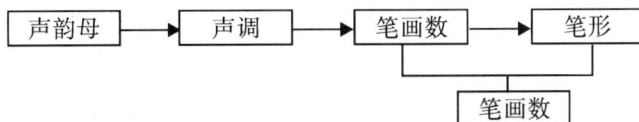

图 6-3　拼音法原理

例如《现代汉语词典》"音节索引表"：

a	ā/á/ǎ/à/a
ai	āi/ái/ǎi/ài
an	ān/ǎn/àn
ang	āng/áng/àng

---

① 1964 年的《拼音字母查字法》笔形 6 种，折分为正折（乛）和反折（乚）。

ao　　āo/áo/ǎo/ào

ba　　bā/bá/bǎ/bà/ba

bai　　bāi/bái/bǎi/bài/bai

ban　　bān/bǎn/bàn/

bang　　bāng/bǎng/bàng

bao　　bāo/báo/bǎo/bào

bān 扳攽班般颁斑搬媻瘢癍

bǎn 阪坂板昄版钣舨

bàn 办半扮伴坢拌绊柈湴靽瓣

《新华字典》在使用这一方法时有所调整。为了便于检索形近字，正文部分把字形相近的字集中在一起，形成形近字组、每组字之间、每组字内部按照笔画法排列。如图6－4所示：

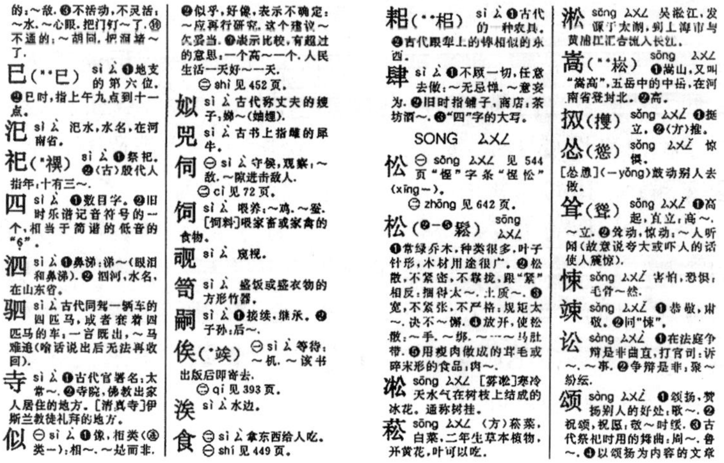

的：～敌. ❸不活动，不灵活：～水. ～心眼. 把门钉～了. ⑩不通的：～胡同. 把洞堵～了.

巳（**巳） sì ㄙˋ ❶地支的第六位. ❷巳时，指上午九点到十一点。

汜 sì ㄙˋ 汜水，水名，在河南省。

祀（*禩） sì ㄙˋ ❶祭祀. ❷〈古〉殷代人指年：十有三～.

四 sì ㄙˋ ❶数目字。❷旧时乐谱记音符号的一个，相当于简谱的低音的"6̣"。

泗 sì ㄙˋ ❶鼻涕：涕～（眼泪和鼻涕）. ❷泗河，水名，在山东省。

驷 sì ㄙˋ 古代同驾一辆车的四匹马，或者套着四匹马的车：一言既出，～马难追（喻话说出后无法再收回）.

寺 sì ㄙˋ ❶古代官署名：太常～. ❷寺院，佛教出家人居住的地方。［清真寺］伊斯兰教徒礼拜的地方。

似 ㊀ sì ㄙˋ ❶像，相类（㊟类－）：相～. ～是而非. ❷似乎，好像，表示不确定：～应再行研究. 这个建议～欠妥当. ❸表示比较，有超过的意思：一个高～一个. 人民生活一天好～一天.

㊁ shì 见452页。

姒 sì ㄙˋ 古代称丈夫的嫂子：娣～（妯娌）.

兕 sì ㄙˋ 古书上指雌的犀牛。

伺 ㊀ sì ㄙˋ 守候，观察：～敌. ～隙进击敌人.

㊁ cì 见72页。

饲 sì ㄙˋ 喂养：～鸡. ～蚕. ［饲料］喂家畜或家禽的食物。

覗 sì ㄙˋ 窥视。

笥 sì ㄙˋ 盛饭或盛衣物的方形竹器。

嗣 sì ㄙˋ ❶接续，继承. ❷子孙：后～.

俟（*竢） ㊀ sì ㄙˋ 等待：～机. ～该书出版后即寄去.

㊁ qí 见393页。

涘 sì ㄙˋ 水边。

食 ㊁ sì ㄙˋ 拿东西给人吃。

㊀ shí 见449页。

耜（**梠） sì ㄙˋ ❶古代的一种农具. ❷古代跟犁上的铧相似的东西。

肆 sì ㄙˋ ❶不顾一切，任意去做：～无忌惮. ～意妄为. ❷旧时指铺子，商店：茶坊酒～. ❸"四"字的大写。

SONG　ㄙㄨㄥ

忪 ㊀ sōng ㄙㄨㄥ 见544页"惺"字条"惺忪"（xīng－）。

㊁ zhōng 见642页。

松（❷－❺鬆） sōng ㄙㄨㄥ ❶常绿乔木，种类很多，叶子针形，木材用途很广。❷松散，不紧密，不靠拢，跟"紧"相反：捆得太～. 土质～. ❸宽，不紧张，不严格：规矩太～. 决不～懈. ❹放开，使松散：～手. ～绑. ～一～马肚带. ❺用瘦肉做成的茸毛或碎末形的食品：肉～.

凇 sōng ㄙㄨㄥ ［雾凇］寒冷天水气在树枝上结成的冰花。通称树挂。

菘 sōng ㄙㄨㄥ 〈方〉菘菜，白菜，二年生草本植物，开黄花，叶可以吃.

淞 sōng ㄙㄨㄥ 吴淞江，发源于太湖，到上海市与黄浦江汇合流入长江.

嵩（**崧） sōng ㄙㄨㄥ ❶嵩山，又叫"嵩高"，五岳中的中岳，在河南省登封北。❷高。

㧐（㩳） sǒng ㄙㄨㄥˇ ❶挺立。❷〈方〉推。

怂（慫） sǒng ㄙㄨㄥˇ 惊惧。［怂恿］（－yǒng）鼓动别人去做。

耸（聳） sǒng ㄙㄨㄥˇ ❶高起，直立：高～. ～立. ❷耸动，惊动：～人听闻（故意说夸大或吓人的话使人震惊）.

悚 sǒng ㄙㄨㄥˇ 害怕，恐惧：毛骨～然.

竦 sǒng ㄙㄨㄥˇ ❶恭敬，肃敬。❷同"悚"。

讼 sòng ㄙㄨㄥˋ ❶在法庭争辩是非曲直，打官司：诉～. ～事. ❷争辩是非：聚～纷纭.

颂 sòng ㄙㄨㄥˋ ❶颂扬，赞扬别人的好处：歌～. ❷祝颂，祝愿：敬～时绥. ❸古代祭祀时用的舞曲：周～. 鲁～. ❹以颂扬为内容的文章

图6－4　《新华字典》音节检索示例

多音节的词语排序，以单字的次第为序，第一个字相同的，按照第二个字排序，第二个字相同的，按照第三个字排序，其余类推。例如《现代汉语词典》：

【规避】guībì

【规定】guīdìng

【规定动作】guīdìngdòngzuò

【规范】guīfàn

【规范化】guīfànhuà

【规费】guīfèi

古代也有拼音法，它是以声调和韵部排序，有两种形式：A式：一级：声调；二级：

韵母。B 式：一级：韵母；二级：声调。声调以平、上、去、入为序，韵母以韵部为序。

　　古代的拼音法主要用在韵书里，东汉末年出现了反切理论，出现了韵书。南北朝讲究声律，为了给汉字注音，为了写诗作赋，涌现了大量的韵书。据研究，《切韵》收字 11 500 个，首先按照声调排序，然后按照该字的韵母所属韵部排列，形式为上述 A 式。平声韵 54 部，上声韵 51 部，去声韵 56 部，入声韵 32 部，共 193 部。例如入声韵，32 部排序为：屋、沃、烛、觉、质、物、栉、迄、月、没、末、黠、辖、屑、薛、锡、昔、麦、陌、合、盍、洽、狎、叶、怗、缉、药、铎、职、德、业、乏。

　　元代周德清《中原音韵》排序形式为上述 B 式。《中原音韵》成书于 1324 年，为曲家正语定音而作。根据北曲作品的实际用韵情况和大都（即今北京）的实际语音系统建立了 19 个韵部，即东钟、江阳、支思、齐微、鱼模、皆来、真文、寒山、桓欢、先天、萧豪、歌戈、家麻、车遮、庚青、尤侯、侵寻、监咸、廉纤等。它打破过去音分平、上、去、入四声的旧规，首创"平分阴阳，入派三声"的新制；每韵部内均按阴平、阳平、上、去四声排列，把入声字分别附于三声之尾。

　　今天的拼音法以《汉语拼音方案》为语音依据，与古代的音序法有较大的差异。古代只是从音节的韵母、声调两方面来分析，并且韵母是整体，未细分。今天是从音节全部构成因素——声、韵、调三方面来分析，韵母分析到韵头、韵腹、韵尾，分析到音素，区分更细，更科学、合理，大大减少了语音上的同序现象。

　　然而，今天的拼音法也存在以下问题：

　　（1）受汉字不表音性质的影响，不能检字。汉字不像拼音文字那样可以据形读音，所以，如果不知道字的读音，就无法运用拼音法检字，音序法对识字不多的人来讲有诸多不便，这正是《新华字典》、《现代汉语词典》等必须附上部首检字法的原因。例如"爨、凹"，在字音不清楚的情况下就只能借助部首检字法检字。

　　（2）受方音和语音知识的影响，检字困难。首先是受方音影响。我国地广人多，方言复杂，拼音法以普通话语音为标准音，所以不知道字的普通话读音就无法检字，准确了解汉字普通话读音的人并不多。其次是受语音理论知识的影响，要熟悉甚至精通《汉语拼音方案》，所以即使知道汉字的标准音，如果没有一定的普通话语音理论知识，写不出拼写形式，也不能检字。

四、其他方法[①]

1. 义序法

　　义序法就是据义排序，即根据字义把字分成若干义类，再依据一定的顺序把它们排列起来。义类划分有层级性特征，大类下又分若干小类，还可以分若干次小类，有一级分类、二级分类、三级分类等，每级的分类标准往往不相同。例如《分类成语词典》：

　　一级：形体、心理、品德、行为、社会、生活、语言、文教……

[①]　笔形查字法，把笔画分为 7 种，根据笔形查字，现在基本上不再使用，不作介绍。

二级：（心理）情感、心绪、心态

三级：（情感）仰慕、敬佩、依恋、思念、盼望、感受、领悟……

四级：（仰慕）高山景行、高山仰止、令人神往、相见恨晚……

义序法产生于什么时候，已无法考证，从现有的材料来看，较早使用义序法的工具书是汉代的《尔雅》。① 义序法到了南北朝已很少使用，究其原因，一方面是由于其自身的弱点，另一方面是受到了许慎部首法的有力冲击。到今天，义序法在一些义类词典中重新得到应用，例如成语分类词典、文学描写词典、名句佳语词典等。相对而言，古代分类较粗略，分类标准也不太科学；现代分类比较精细，分类标准也较为科学。义序法是把具有相同意义特征的字罗列在一起，形成字群，字群之间以及字群内部的排序规律性不强，所以汉字定序率很低。义序法的分类标准具有主观性，分类是人分析能力的反映，人的文化条件千差万别，所以分析结果具有多样性。运用义序法需要多次检索，甚至多次检索都达不到目的，不知从何检字。

2. 号码法

号码法是依据字的笔形号码排列汉字，先把相关笔形转化为号码，再把不同笔形的号码合在一起，构成该字的代码，并按数字由小到大排列。常见的号码法是四角号码法，是20 世纪 20 年代王云五首创的检字法。它用 0 至 9 共十个数字作为代号在汉字的四个角上各取一码，然后按"Z"形的顺序，即左上、右上、左下、右下为序，把所取各码组成四位数码，例如：颜 0128、截 4325。②

四角号码法得到不断改进，有旧四角号码和新四角号码之别。王云五首创的方法初期称为四角号码检字法，现称旧四角号码检字法；新中国成立后对此法进行了修订并改称其为四角号码法查字法，称为新法。新法虽以《印刷通用汉字字形表》规定的字形为准，但对"牙、马、又"三个部首的字之左上角取号不同，因而新法又有两式：一式是 1979 年版《辞海》所附四角号码查字表，一式是《四角号码新词典》所用的排检法。还有两式兼容的，如《现代汉语词典》四角号码检字表中所用的查字法。一些辞书还附有"新法主要修改项目"、"新旧四角号码对照表"等，说明变化调整情况。

运用号码法有两个条件：一是要记住笔形号码，二是要准确写出代码号。四角号码法的优点在于：第一，按自然数顺序，查字时不用翻检目录即可在正文中检得。第二，检字时可不必知字音、定部首、数笔画、记笔顺，因而检字较为快速便捷。③ 但也有弱点，即同码字多，不能定序，还需另作区分。王云五又在第四角上方增设一附号，也用 0 至 9 为代号，以分化同码字。即使如此，《康熙字典》四角码 4422 号下附号 7 的字接近 200 个，《大汉和辞典》四角码 7722 号下附号 7 的字超过 180 个。例如，代码 4421 拥字量 36 个，4422 拥字量 51 个，4423 拥字量 14 个，4424 拥字量 16 个，4425 拥字量 7 个，4426 拥字

---

① 《尔雅》是我国最早解释词义的专著，将 4 300 多个字词分 19 个大类排列，即：释诂、释言、释训、释亲、释宫、释器、释乐、释天、释地、释丘、释山、释水、释草、释木、释虫、释鱼、释鸟、释兽、释畜。19 类内部又分若干小类，但大小类的排列都没有什么明显规律。

② 新中国成立前商务印书馆出版的一些辞书就采用四角号码编排，例如《王云五大辞典》。

③ 据创制者王云五当年的试验，其查字速度平均比部首法快 1 分 2 秒，比笔画法快 1 分 45 秒。

量 9 个，4428 拥字量 8 个，4430 拥字量 8 个。

20 世纪 70 年代陈以强创设了三角号码，它是在四角号码的基础上改进变化而成的，并编有《三角号码字典》。

号码法实际上是一种间接的笔形法，是一种将字的部分部位的笔形转化为号码而进行排序的方法。由于号码法自身的弱点，现在基本上停止使用了。同今天的形码相比，号码法显得落后多了。

3. 笔顺法

近年来出现了笔顺法，它跟笔画法差不多，只是取消了笔画数这一个环节，直接从笔形排序。例如笔画法：

1 画〔一〕一〔乛〕乙
2 画〔一〕二十丁厂七
3 画〔一〕三干于于亏

如果改为笔顺法，则排序为：

一二三干于于亏十丁厂七乙

第三节　汉字同序现象

一、标准三同字与准三同字

汉字同序情况比较普遍，拼音法、部首法、笔画法都有同序情况，只是笔画法同序情况较少，我们这里主要讨论笔画法的同序现象。①

笔画法并不能完全定序，即使存在同序的情况，也只体现在三同字上。三同字有两种，一种是标准三同字，一种是准三同字。标准三同字是指笔画数、笔画、笔顺相同的字，例如"央、史"都是 5 画，所使用的笔形和笔顺相同，拆分的结果都是竖、折、横、撇、捺。准三同字是指笔画数、类笔形（横、竖、撇、点、折五类）、笔顺三者相同的字，例如"下、寸"都是 3 画，竖与竖钩都属于竖类，类笔形相同，笔顺也相同。

标准三同字是如何形成的？英语单词是由字母线性组合构成的，影响词序的因素有三个：字母数、字母、字母顺序。字母数不同，词序自然就不同，在字母数相同的情况下，理论上有如表 6-2 所示的四种形式（＋表示相同，－表示不同）：

---

① 拼音法和部首法都包含笔画法，因此同序情况会减少，具体情况需要研究，不过我们这里只讨论笔画法的同序情况。

表6-2　英文字母组词表

项目	字母数	字母	字母顺序	例子
A	+	+	+	○
B	+	+	－	keep，peek
C	+	－	+	○
D	+	－	－	book，look；for，are

注：○表示没有此项。表6-3同。

在表6-2中，A式在线性排列上无法区分识别，所以不存在；B式存在，但构词不多；C式字母不同，自然字母顺序也就不同；D式存在，有字母完全不同和部分不同两种形式。

汉字同英语单词一样，在笔画数相同的情况下，理论上也有如表6-3所示的四种形式：

表6-3　汉字笔画组字表

项目	笔画数	笔画	笔顺	例子
A	+	+	+	夫、天；九、几
B	+	+	－	主、玉；吕、回
C	+	－	+	○
D	+	－	－	刁、又；口、山

如果把笔画看成字母，我们不难看出英汉之间的差异就在第一种形式上，英语A式不成立，汉语A式则成立，这与汉字构成的特点有关。英语单词是字母线性排列，汉字则是笔画平面组合，可左可右，可上可下，线上不能区分，平面则可以。例如"夫、天"，若将笔画线性排列，均为横、横、撇、捺，完全相同，但平面组合显示出了差异，形成了不同的字。可见，三同字形成的根本原因在于汉字笔画平面组合的特性。

准三同字是如何形成的？准三同字形成的原因主要是笔画的合并，我们称之为笔画的类化。汉字的笔画有几十种，各种笔画只用横、竖、撇、点、折五种基本笔画表示，其中提归为横，竖钩归为竖，捺归为点，其余折笔全部归为折，这样，原本不同的笔画就变得相同起来，从而形成了准三同字。具体而言，准三同字的构成原因有以下几种情况：

（1）由竖和竖钩合并造成，例如"十丁、下寸"。

（2）由点和捺合并造成，例如"各名、叭只、外处、六文"。

（3）由提和横合并造成，例如"孑子、丹勻、麦玖、睢雅"。

（4）由竖折和竖提合并造成，例如"岂屺"。

（5）由折笔和折笔合并造成，例如"山巾、匹厄、占凸"。

（6）由以上几项综合造成，例如"抒却、冷这、乏公、者拍"。

二、笔画法同序情况

1. 标准三同字

根据对《现代汉语通用字笔顺规范》的统计，标准三同字如下：

八人入乂九几	刀力	于于	士土工	丈大	
九凡	已巳己	井开亓	夫天	元无	太犬
曰日	内冈	午牛	仇仇	父爻	尺夬
末未	石右	目旦且	甲申	田由	央史
叻叨另	失矢	加召	圯圮	网肉	件件
佘佘	旭旮	芜芜	杜杠	旰旱	吴呋
吠呔	呙呐	呗员	邑吧	佘余	肛肚
汩汨	纲纳	押抻	苴首	茄茗	果味呆
呷呻	沮泪	隶录	姐妲	迦迢	哑显
胄胃	胂肿	钼钽	钿铀	晚冕	逮逯
暻景					

三同字的字序目前如何处理？目前在国家公布的《现代汉语通用字表》、《现代汉语常用字表》、《现代汉语词典》以及《新华字典》中的情形是：

（1）被别的字隔开。例如：

《现代汉语通用字表》：尸巳巴弓己　勹九夕凡及
《现代汉语常用字表》：了力乃刀又　久凡及夕九

（2）字表、词典、字典排列不一致。例如：

《现代汉语通用字表》	八人入	士土工	刀力	夫天
《现代汉语常用字表》	人入八	士工土	力刀	夫天
《新华字典》	人入	工土士	刀力	天夫
《现代汉语词典》	人入	工土士	刀力	夫天

（3）原生三同字与派生三同字排序不一致。例如：

《现代汉语通用字表》　内冈——纲纳　九几——仇仇
　　　　　　　　　　　太犬——吠呔　田由——胄胃

由此可见，三同字的定序不仅在不同字表、字典词典中有所不同，就是在同一字表、字典、词典中也有一定差异，没有一个统一的标准，使人们无所适从，所以讨论三同字的定序，制定一个统一的标准非常必要。

2. 准三同字

根据对《现代汉语通用字笔顺规范》的统计，准三同字如下：

十丁	九几匕儿	乃力刀	干于丁	寸下
巾山	及勺久夕么丸凡	子孓卫	飞刃	
弓巳已己	专云	扎丐	友尤歹	厄匹
贝水内冈	手牛午	毛气	什仃	化仇仉
仍伋	公乏	风欠	殳凤勾	丹匀
文六	计订	冗讥	孔巴	邓予
示末未	击邘	扔功	戊龙	叶叮
申甲	凸占	电号	叭只史央	叽叱兄
叩叫	仅仫	乐尔	处外	汁汀
宄它	议必	尻尼	扛圭	扣吉
托考圬	执圾巩	扩圹	扬场	芨芍芃
芎芑	有百	早吁	吕同	帆岌岁
岂屺	刚则	钇钆	牝先	丢廷
延低	旬旨旮旭	杂朵	各名	汲汐
农讽	级约纨	麦玖	抟坛	坏坯
扯址	坝贡汞	折圻	扳坂	坍均
抗坑	抉块	抒却	邯苇	极杓
盯旰旱	呙呐员呗	针钉	吼邑吧	疖疗
这冷	沟没	沈沉	质尿	拢垅
抨坪	拈坫	担坦	拍者	坤抻押
拆坼	抵坻	拉垃	拌幸	披坡
拗坳	茂茏	矽矾	具昊	钓钒
侑佰	侣侗	籴采	泃沿	询诣
组珇	织驶	绉驺	绎驿	持封
挎垮	挞垯	挡垱	茛茼	奈标
相查	砜砍	咱囤	钡钠钢	竿芉
尴匐	洛洺	绕骁	络骆	捕埔
捏埕	损埙埚	将垧	挨埃	趵趵
积秧	溃涡	冢涿	掎埼	掩埯
推堆	捻埝	培培	梦梵	帷崔
铝铜	铥铤	铬铭	绮骑	维骓
搭塔	握堰	提堤	蛰蛋	毯氮
釉番	湘渣	编骗	搪塘	勤鄞

酪酩　　　　睢睚　　　　　幛嶂　　　　　缥骠　　　　　播墦
幡嶓　　　　攘壤

准三同字的字序目前如何处理？《现代汉语通用字表》、《现代汉语词典》（修订本）、《新华字典》（1992 年重排本）的处理不尽相同，主要存在以下情形：

（1）被非三同字隔开，如《新华字典》。例如：

标栈奈　　旬晃杳旭旨

（2）准三同字与标准三同字交错排列。例如：

么久勺丸夕凡及　仉化仇　　贝内水冈　　旬旭杳旨

（3）原生准三同字或原生准三同部件与派生准三同字排序不一致，例如《现代汉语通用字表》：

十丁→仃什、计订、汀汁、钉针
马纟→驵组、绉驺、骁绕、络骆

（4）字表、字典、词典排序不一致，例如：

《现代汉语通用字表》	呙呐呗员	钡钠钢	侑佰
《新华字典》	员呗呐	钠钢钡	佰侑
《现代汉语词典》	呗员呙呐	钡钠钢	佰侑

可见，准三同字的字序也是混乱的，不仅不同的字表、字典、词典有差异，就是同一种字表、字典、词典也有所不同，所以有必要制定一个统一的定序标准，把准三同字的排序统一起来，实现汉字的定序标准化、规范化。

第七章　现代汉字字量

第一节　汉字的数量

一、历代用字①

汉字有多少？这是一个基本问题，但是，这个问题并没有一个确切的答案。根据古代的一些记载，可以看出汉字数量发展的基本情况。表7-1是历代主要工具书收录汉字的情况：

表7-1　历代工具书收字情况表

年代	朝代	作者	书名	字数
	秦		《仓颉》、《博学》、《爱历》	3 300 多
	汉	扬雄	《训纂篇》	5 340
121	东汉	许慎	《说文解字》	9 353（重文 1 163，共计 10 516）
230	魏	李登	《声类》	11 520
400	晋	吕忱	《字林》	12 824
500	北魏	杨承庆	《字统》	13 734
543	南梁	顾野王	《玉篇》	16 917（唐宋 22 726）
601	隋	陆法言	《切韵》	12 150
751	唐	孙愐	《唐韵》	15 000 多
1011	宋	陈彭年等	《广韵》	26 194
1066	宋	王洙等	《类篇》	31 319
1067	宋	丁度	《集韵》	53 525
1615	明	梅膺祚	《字汇》	33 179
1671	明	张自烈	《正字通》	33 549
1716	清	张玉书等	《康熙字典》	47 043
1915	民国	陆费逵	《中华大字典》	48 000 多

---

① 数据来源：汉典网，http：//www.zdic.net/appendix/f19.htm；黄伯荣，廖序东. 现代汉语（上册）. 北京：高等教育出版社，2007.160；苏培成. 二十世纪的现代汉字研究. 太原：书海出版社，2001.100；张猛.《汉语大字典》所收单字的若干数据. 语文建设，1999（5）。

（续上表）

年代	朝代	作者	书名	字数
1958	日本	诸桥辙次（日本）	《大汉和辞典》	49 964
1968	中国台湾	张其昀（中国台湾）	《中文大辞典》	49 905
1990	中国大陆	徐中舒等	《汉语大字典》	54 678
1994	中国大陆	冷玉龙等	《中华字海》	85 568

　　从表 7 - 1 可以看出，汉字的数量是在逐步增加的。汉字有异体字，如果把大量的异体字排除，实际字数不会有这么多。有人统计过，《康熙字典》的异体字占 40% 左右，如果按照这个比例计算《康熙字典》的异体字，数量有 18 817 个，也就是说，《康熙字典》不同的单字只有 28 226 个。因此，汉字数量的大量增加主要是异体字的增加，不同的字种增加并不多。①

二、古代用字

　　2003 年，国家语委下达了"十五"科技攻关项目"中国古籍汉字字频与古籍汉字在字符集中分布统计"，② 项目对两部文字量巨大、收入作品最为丰富、最具有代表性的丛书《四库全书》和《四部丛刊》所使用的汉字情况进行了统计。文渊阁《四库全书》（以下简称《四库》）包括 3 500 余部作品，36 000 余册，总字数 699 684 465 个（不包括字书中的罕见字），《四部丛刊》（以下简称《四部》）包括 504 部作品，3 134 册，总字数 90 616 538 个。

　　《四库》加《四部》的全部用字为 30 135 个，这已经是最有代表性的用字情况。如果再考虑少数字书用字，则突破 50 000 字。这次统计揭示出中国古籍通用汉字量在 21 000 个左右，即字频表中前 21 000 个汉字的覆盖率已经达到 99.999%（现代汉语通用字 7 000 个）。

　　《信息交换用汉字编码字符集·基本集》（以下简称《基本集》）收入汉字 6 763 个，古籍（《四库》、《四部》）使用其中的 5 680 个，覆盖率仅为 72.57%，这些字主要是非简化的传承汉字。《基本集》覆盖率之所以不高，是因为《基本集》是供中国现代用字的简化汉字体系的字符集，其中含有 2 200 余个常用简化汉字，基本上不涉及古籍用字。由此可见，虽然《基本集》对现代文献用字覆盖率可达 99.99%，但对古籍是不适用的。表 7 - 2 所示为清代以前工具书收录前 20 字的情况：

---

① 一些字书里收录的汉字一部分是"死字"，是历史上存在过而今天已经废置不用的字。
② 朱岩．中国古籍用字字频与分布统计分析．国家图书馆学刊，2004（3）．

表7-2 中国古籍用字字频前20字列表

例字	字次	万分比（‰）	累加百分比（%）
之	19 941 604	252	2.523 2
不	9 758 864	123	3.758 1
以	9 502 603	120	4.960 5
也	7 900 092	99	5.960 1
而	7 719 412	97	6.936 9
其	6 917 661	87	7.812 2
人	6 766 896	85	8.668 4
为	6 625 336	83	9.506 8
有	6 224 286	78	10.294 4
者	5 603 822	70	11.003 4
一	5 289 743	66	11.672 8
曰	5 247 324	66	12.336 7
子	4 592 692	58	12.917 9
於	4 318 027	54	13.464 2
十	4 189 145	53	13.994 3
大	3 596 496	45	14.449 4
所	3 529 956	44	14.896 0
二	3 441 794	43	15.331 6
三	3 342 432	42	15.754 5
中	3 192 002	40	16.158 4

我们将表7-2中清代以前工具书收字情况进行了统计分析，总字数为324 947个，平均收字21 663个，这个数据与中国古籍通用汉字字量21 000个不谋而合。可见，古代用字在21 000字左右。①

三、现代用字

常用字就是经常要用到的字，也就是频度和使用度较高的字，常用字主要是识字教学用字。"通用字"是与"罕用字"相对的一个概念。通用字是出版印刷、辞书编纂、信息处理等的用字，是书写现代汉语一般要用到的字；罕用字就是频度和使用度很低的字，其中大部分是生僻的专业用字。根据"汉字用字递减率"，6 600个字种覆盖率为99.999%，可作为通用字的用字量。2 400个字种的覆盖率为90%，可以作为常用字的用字量。

---

① 有人统计十三经全部字数为589 283个，其中不相同的单字数为6 544个字。

1. 常用字

现代汉语常用字统计数据如下：

1928 年陈鹤琴《语体文应用字汇》，4 261 个。

1946 年四川省教育科学院《常用字选》，2 000 个。

1950 年教育部社会教育司《常用汉字登记表》，1 017 个。

1952 年教育部《常用字表》，2 000 个。

1954 年中国大辞典编纂处《识字正音 3 500 字表》，3 559 个。

1958 年山东省教育厅《普通话常用字表》，3 000 个。

1965 年北京市教育局中小学教材编审处《常用字表》，3 100 个。

1975 年中国文字改革委员会汉字组《4 500 字表》，4 444 个。

1976 年七四八工程查频组《汉字频度表》（常用字部分），4 152 个。

1979 年中国文字改革委员会汉字组《增订 2 500 字表》，2 500 个。

1981 年《信息交换用汉字编码字符集·基本集》（一级字），3 755 个。

1984 年中国人民大学语言文字研究所《常用构词字典》，3 994 个。

1984 年人民教育出版社《六年制小学语文统编教材生字表》，3 189 个。

1985 年北京航空学院、中国文字改革委员会汉字组《社会科学自然科学综合汉字频度表》（常用字），3 500 个。

1985 年北京语言学院语言教学研究室《汉字频率表》，4 574 个。

15 种资料共计 49 045 个，平均 3 270 个，说明常用字应该在这个范围，把 3 500 个作为常用字的范围是恰当的。1988 年国家语委和国家教委联合发布《现代汉语常用字表》，其中常用字 2 500 个，次常用字 1 000 个。为了检验常用字表的效果，利用计算机抽样统计 200 万字的语料，检测选收的常用字的使用频率。检测结果是：2 500 常用字覆盖率达 97.97%，1 000 次常用字覆盖率达 1.51%，合计（3 500 字）覆盖率达 99.48%，说明《现代汉语常用字表》是符合实际的。

《现代汉语常用字表》在"说明"中，表明了常用字表的选字原则，即：

（1）根据汉字的使用频率，选取使用频率高的字。

（2）在使用频率相同的情况下，选取学科分布广、使用度高的字。

（3）根据汉字的构字能力和构词能力，选取构字能力和构词能力强的字。

（4）根据汉字的实际使用（语义功能）情况斟酌取舍。

2. 通用字

现代汉语通用字统计数据如下：

1956 年《通用汉字表草案》，5 390 个。

1965 年《印刷通用汉字字形表》，6 196 个。

1976 年七四八工程查频组《汉字频度表》，6 376 个。

1981 年《信息交换用汉字编码字符集·基本集》，6 763 个。

1983 年邮电部《标准电码本》，7 292 个。

1985 年北京航空学院计算机科学工程系、中国文字改革委员会汉字处《社会科学自然科学综合汉字频度表》，7 754 个。

1987 年新华社技术研究所《1986 年度新闻信息流通频度》，6 001 个。

1974 年北京新华印刷厂等单位对汉字进行了分级统计，将汉字分为最常用字、常用字、次常用字、稀用字、冷僻字五级，并对各级汉字的笔画进行了统计，情况如表 7 - 3 所示：①

表 7 - 3　各级汉字字频统计表

种类	等级	字数	累计频率（％）
最常用字	一级字	500	77.419
常用字	二级字	500	90.819
次常用字	三级字	500	95.898
稀用字	四级字	1 500	99.597
冷僻字	五级字	2 991	100
合计		5 991	

8 种资料通用字共计 51 763 个，平均 6 470 个，说明通用字应该在这个范围，把 7 000 个作为通用字的范围是恰当的。为了满足出版印刷、辞书编纂和汉字机械处理、信息处理等方面的需要，1988 年国家语委和国家教委联合发布《现代汉语通用字表》，收字 7 000 个。《现代汉语通用字表》是在 1965 年 1 月发布的《印刷通用汉字字形表》基础上增订而成的。《印刷通用汉字字形表》收字 6 196 个，《现代汉语通用字表》收字 7 000 个，删去《印刷通用汉字字形表》中的 50 字，增收 854 字。另外，《现代汉语通用字表》包括《现代汉语常用字表》收入的 3 500 字。它规定了所收汉字的字形结构、笔画数目以及笔顺等，是我们使用新型印刷体和新字形的规范性字法标准，同时也是淘汰异体字、使用简体字的新的补充性标准。

《现代汉语通用字表》在"说明"中，表明了通用字表的选字原则，即：

（1）根据汉字的使用频率，选取使用频率较高的字。

（2）在使用频率相同的情况下，选取学科分布广、使用度较高的字。

（3）根据汉字的构词能力，选取构词能力较强的字。

（4）根据汉字的实际使用情况斟酌取舍。

由于《现代汉语通用字表》存在一些问题，收字数量偏少，2009 年 8 月国家公布《通用规范汉字表》（征求意见稿），收字 8 300 个。根据字的通用程度划分为三级：一级字表收字 3 500 个，是使用频度最高的常用字，主要满足基础教育和文化普及层面的用字需要；二级字表收字 3 000 个，使用频度低于一级字，二级字与一级字合起来共 6 500 字，主要满足现代汉语文本印刷出版用字需要；三级字表收字 1 800 个，是一些专门领域（姓氏人名、地名、科学技术术语、中小学语文教材文言文）使用的未进入一、二级字表的较通用的字，主要满足与大众生活和文化普及密切相关的专门领域的用字需要。此次确定的一级字表的 3 500 字与原《现代汉语常用字表》的 3 500 字比较，有 103 字的出入。一、

---

① 何九盈等．中国汉字文化大观．北京：北京大学出版社，1995.80.

二级字表的 6 500 字，与原《现代汉语通用字表》的 7 000 字比较，减少了 500 字，但在不同语料库中的覆盖率基本不变。为尊重社会习惯，满足人们用字需要，字表将《第一批异体字整理表》中的 51 个异体字收入表中，主要用作人名地名，如"淼、喆、堃"等这些人们常见的人名地名中的异体字已被收入其中。对异体字不再简单地提"淘汰、废除"，但在使用上有明确要求。

《通用规范汉字表》的制定，遵循如下四项原则：

（1）注重与原有规范的衔接，维护汉字系统的基本稳定。

（2）坚持实事求是的科学精神，遵循汉字构造和演变的规律。

（3）广泛听取各界意见，照顾不同领域汉字应用的需要。

（4）适当考虑汉字在台湾、香港、澳门的使用情况和国际化的需求。

四、计算机用字①

1. 信息交换用汉字编码字符集

1980 年颁布了《信息交换用汉字编码字符集·基本集》的国标交换码，选入了 6 763 个汉字，分为两级，一级字库中有 3 755 个，是常用汉字，二级字库中有 3 008 个，是次常用汉字；还选入了 682 个字符，包含数字、一般符号、拉丁字母、日本假名、希腊字母、俄文字母、拼音符号、注音字母等。由于储存的汉字太少，为了满足计算机用字的需要，后来国家又颁布了几个信息交换用汉字编码字符集"辅助集"。具体情况如表 7 – 4 所示：

表 7 – 4　信息交换用汉字编码字符集

标准号	名称（别名）	字数
GB2312 – 80	信息交换用汉字编码字符集·基本集（GB0）	6 763
GB/T12345 – 90	信息交换用汉字编码字符集·第一辅助集（GB1）	6 866
GB/T7589 – 87	信息交换用汉字编码字符集·第二辅助集（GB2）	7 237
GB13131 – 91	信息交换用汉字编码字符集·第三辅助集（GB3）	7 237
GB/T7590 – 87	信息交换用汉字编码字符集·第四辅助集（GB4）	7 039
GB13132 – 91	信息交换用汉字编码字符集·第五辅助集（GB5）	7 039
GB/T16500 – 1998	信息交换用汉字编码字符集·第七辅助集	

由于 GB2312 – 80 只收录了 6 763 个汉字②，未能覆盖繁体中文字、部分人名、方言、古汉语等方面出现的罕用字，所以发布了一系列辅助集。其中，GB/T12345 – 90 辅助集是 GB2312 – 80 基本集的繁体字版本，GB13131 – 91 是 GB/T7589 – 87 的繁体字版本，GB13132 – 91 是 GB/T7590 – 87 的繁体字版本。而 GB/T16500 – 1998 是繁体字版本，并无

---

① 数据来源：百度百科，http：//baike. baidu. com/view/555716. htm.

② GB2313 字符集收入汉字 6 763 个，符号 715 个，总计 7 478 个字符，这是大陆普遍使用的简体字符集。

对应的简体字版本。鉴于"第二辅助集"及"第四辅助集"有不少汉字均是"类推简化汉字",实用性不高,因而较少采用。

2. GB13000.1 – 1993

全称:国家标准 GB13000.1 – 1993《信息技术通用多八位编码字符集(UCS)第一部分:体系结构与基本多文种平面》。收字 20 902 个。①

3. GB18030 – 2000

全称:《信息技术和信息交换用汉字编码字符集基本集的扩充》,国家标准号:GB18030 – 2000。收录了 27 484 个汉字,为解决人名、地名用字问题提供了方案,为汉字研究、古籍整理等领域提供了统一的信息平台基础。它还收录了藏、蒙、维等主要少数民族的文字,以期一举解决邮政、户政、金融、地理信息系统等生僻汉字与主要少数民族语言的输入。它是我国继 GB2312 – 1980 和 GB13000 – 1993 之后最重要的汉字编码标准,是我国计算机系统必须遵循的基础性标准之一。它带有包含所有 Unicode 的扩展,完全向下兼容 GB2312 – 1980 和 GBK。

4.《BIG – 5 字符集》

《BIG – 5 字符集》(大五码、五大码),收入 13 060 个繁体汉字,808 个符号,总计 13 868 个字符,主要在我国台湾、香港与澳门等繁体中文通行区使用。但长期以来并非当地的官方标准,2003 年被收录到台湾官方标准的附录当中,取得了较正式的地位。最新版本为 BIG5 – 2003。

5. 大字符集字库

大字符集字库,又叫 GBK 字库。国际标准化组织为了将世界各民族的文字进行统一编码,制定了 UCS 标准,根据这一标准,中、日、韩三国共同制定了《CJK 统一汉字编码字符集》,国家标准号为:GB13000 – 90。该汉字编码字符集就是人们通常所说的大字符集,它编入了 20 902 个汉字,收集了大陆一、二级字库中的简体字,台湾《通用汉字标准交换码》中的繁体字,58 个香港特别用字和 92 个延边地区朝鲜族"吏读"字,甚至涵盖了日文与韩文中的通用汉字,满足了方方面面的需要。②

《方正超大字符集》,包含 GB18030 字符集、CJKExt – B 中的 36 862 个汉字,共计 64 395个汉字。

《ISO/IEC10646/Unicode 字符集》,共计 70 195 个汉字,ISO/IEC10646 – 1 标准第一次发表于 1993 年,现在的公开版本是 ISO/IEC10646 – 1:2000,ISO/IEC10646 – 2 在 2001 年发表。

国安字库,共计 91 251 字,这是目前收入汉字最全的字库。"国安字库"按适用性将汉字分为 3 级:一级适用性汉字(21 303 个),包括国家标准提出的汉字、我国古今近 12 000个姓氏的 6 699 个汉字和当前乡村一级的地名用字;二级适用汉字(36 581 个),包括古今权威字典中音、义齐全的汉字和十三经、二十四史等古籍用字;三级备用字(33 367 个),包括罕用字、异形字、音义未详字等。它除包括国家和国际标准的全部字

---

① 当时只公布了第一部分,未见第二部分。

② Windows95/98/NT/2000 中都装入了大字符集汉字库。

符集汉字外，还涵盖了《说文解字》全部楷定字及《康熙字典》、《汉语大字典》、《中华字海》的全部收字，并覆盖 20 世纪 80 年代台湾教育部门整理的全部汉字。同时还专门收集了上述字集、字典、字书所未包括的古今姓氏、地名用字。

第二节 特殊用字①

一、人名用字

目前我国没有制定人名用字的规范标准，人名用字比较混乱，给信息社会带来很多不便，造成不必要的麻烦，也可以说是自找烦恼。人名用字主要存在以下问题：

（1）不用简化字，使用繁体字。国家语言文字工作委员会在《关于重新发表〈简化字总表〉的说明》中指出："我们要求社会用字以《简化字总表》为标准，凡是在《简化字总表》中已被简化了的繁体字，应该用简化字而不用繁体字。"但是，有人在取名的时候故意使用繁体字，不用简化字。例如有的人名叫"兴学"，两个字都用了繁体字"興學"。

（2）不用正体字，使用异体字。异体字是指读音、意义完全相同而写法不同的字，属于多余的字，只会增加大家的负担。1955 年文化部会同文改会联合公布了《第一批异体字整理表》，对 810 组异体字进行了整理，选用了 810 个作为规范写法，淘汰了 1 055 个异体字。② 但是，有人偏偏要使用淘汰了的异体字。例如有人起名"杨飏"，"飏"是"扬"的异体。再如"岩〔嵒〕、苏〔甦〕"。

（3）不用通用字，使用冷僻字。面对新生时，我们的老师经常会碰到一些不认识的名字，需要事先去查工具书，查《新华字典》、《辞海》，甚至查《康熙字典》。例如"铖、镗、镛、簏、玥、珺、沆、玢"。

（4）不用已有字，使用自造字。自造字是自己创造的而现有汉字中没有的字。有人为了追求独特，不使用现有的字，而根据自己的要求自造汉字。历史上女皇武则天，登基后为自己改名为"曌（zhào）"；五代时南汉国君为自己造字，名"刘龑（yǎn）"。今天极少数人使用自造字。

造成上述情况的根本原因部分人是追求人名用字的独特性，以同其他人相区别。汉族姓名同名情况比较严重，解决这个问题可以通过姓氏的调整来实现，即父姓＋母姓＋人名（两个字），现在已有个别人采用这种方法。

这些情况一方面造成别人无法识读，另一方面又不便于计算机录入，不仅失去了人名的交际功能，也给户籍、人事、银行、保险、交通等管理带来很多不必要的麻烦。

著名语言文字学家、北京师范大学教授王宁就"为什么要规范人名用字"问题接受

---

① 从用字角度可以把汉字分为特殊用字和非特殊用字。特殊用字字包括扫盲用字、小学语文用字、对外汉语用字以及人名用字、史地用字、科技用字、宗教用字、民族用字、译音用字等。在这里我们只讨论人名用字和小学语文用字。

② 后来又进行了个别调整，详见本书第二章。

《人民日报》记者专访时说，面对信息的远距离传播，面对人与人交往日渐频繁，人名用字的规范已经成为一个不可避免的问题。规范人名用字，使规范更切合人民的利益和社会的需要，是非常有益的。因此，制定《人名规范用字表》是非常迫切和必要的。日本有专门的人名汉字规范，所用汉字超出这个范围的不予登记入户，规范效果非常好。我们应尽快建立起我们自己的人名用字规范标准。①

二、小学语文用字

文字作为一种工具，是学习一切文化知识的基础，没有掌握好文字，就不可能学好文化知识。小学语文用字主要涉及两个问题：一是小学生究竟需要掌握多少数量的汉字，即小学语文用字总量；二是小学语文用字总量在各阶段（各学期）的分布，即阶段性分布，它包括小学语文用字总量在各阶段的分布量以及分布的具体汉字。关于第一个问题，国家已经有明确的规定。《九年义务教育全日制小学语文教学大纲》明确规定："在小学阶段，要使学生学会常用汉字 2 500 个左右。要能读准字音，认清字形，了解字义，并能正确地书写、运用。"② 但是，第二个问题尚未完全解决。正像有人指出的那样："要提高汉字的教学质量，编写出科学、符合循序渐进原则的教材、工具书和语文读物，必须要有选用字词的客观依据。"③ 进行汉字教学，必须有一个科学合理的依据。只有科学地安排汉字教学，才能提高汉字的教学质量与效率，更好地为提高读写能力服务。

那么，各册语文课本中要掌握的汉字是否与相应字频段的汉字一致呢？为了弄清这个问题，我们把六年制小学语文课本 12 册"生字表"中的 2 546 个汉字与《汉字频度表》中字频较高的前 2 546 个汉字进行了比较，并根据各册语文课本"生字表"的字量把《汉字频度表》中字频较高的前 2 546 字相应地分成 A、B、C 等 12 个字段。

如果我们严格按照字频来分布各册课本的生字，那么，第 1 册 160 个汉字就应该安排《汉字频度表》A 字段里的汉字，第 2 册 280 个汉字安排《汉字频度表》B 字段里的汉字，第 3 册 380 个汉字安排《汉字频度表》C 字段里的汉字……第 12 册 82 个汉字安排《汉字频度表》L 字段里的汉字。超出 12 个字段里的字归入 O 段。12 册课本"生字表"同《汉字频度表》12 个字段的比较结果如表 7 – 5 所示：

表 7 – 5   《汉字频度表》各字段在各册"生字表"中的分布情况

字段	应分布册次	应分布字量	实分布字量	百分比（%）	不应分布字量	百分比（%）	实分布课本数	百分比（%）
A	1	160	72	45.0	88	55.0	6	50.0
B	2	280	76	27.1	204	72.9	8	66.7
C	3	380	96	25.3	284	74.7	11	91.7

---

① 有人建议《人名规范用字表》收字 12 000 字。

② 九年义务教育全日制小学语文教学大纲. 北京：人民教育出版社，1995.5.

③ 北京语言学院语言教学研究所. 现代汉语频率词典. 北京：北京语言学院出版社，1986.

（续上表）

字段	应分布册次	应分布字量	实分布字量	百分比（%）	不应分布字量	百分比（%）	实分布课本数	百分比（%）
D	4	360	59	16.4	301	83.6	12	100
E	5	280	36	12.9	244	87.1	12	100
F	6	280	34	12.1	246	87.9	12	100
G	7	200	25	12.5	175	87.5	11	91.7
H	8	200	25	12.5	175	87.5	12	100
I	9	125	13	10.4	112	89.6	12	100
J	10	107	6	5.6	101	94.4	10	83.3
K	11	92	3	3.3	89	96.7	10	83.3
L	12	82	3	3.7	79	96.3	11	91.7
合计	—	2 546	448	17.6	2 098	82.4	—	—

通过以上的数据分析，可以发现小学各阶段分布的具体汉字存在以下问题：

（1）《汉字频度表》各字段的汉字没有相对集中分布在相应册次的课本里，分布比较散。A段字分布在6册课本里，B段字分布在8册课本里，C段字分布在11册课本里，D段字分布在12册课本里，E段字分布在12册课本里，F段字分布在12册课本里，G段字分布在11册课本里，H段字分布在12册课本里，I段字分布在12册课本里，J段字分布在10册课本里，K段字分布在10册课本里，L段字分布在11册课本里。每个字段平均分布在10.58册课本里。

（2）随着小学语文课本册次的增加，各字段汉字分布在相应册次的课本里的汉字越来越少，阶段性问题越来越严重。每册课本应该分布的汉字平均只占15.57%，就是比例较大的第一册也只有45%，第二册为27.1%，第三册25.3%，其余各册都低于20%。

综上所述，小学语文各册课本"生字表"里分布的具体汉字存在比较明显的阶段性问题，分布缺少理据性，没有很好地按照字频由高到低的顺序来安排汉字的学习。我们并不要求完全按照字频的高低来安排汉字的学习，但是，每册语文课本"生字表"应该分布的汉字平均只占15.57%，这差距明显太大了。根据这一情况，我们认为，在编写教材时应该尽可能发挥字频的作用，小学语文课本2 500个左右的生字应该尽量限制在字频较高的2 500个左右的汉字范围内。根据字频的高低，各册语文课本"生字表"也应该同相应字频段的汉字基本保持一致。

附录　现代汉语通用字表、
常用字表、次常用字表（综合版）

说明：此处收录的是《现代汉语通用字表》7 000 字，同时把《现代汉语常用字表》2 500 常用字和 1 000 次常用字也标注在《现代汉语通用字表》上，其中带★是常用字，带☆是次常用字。为了便于查找，《现代汉语通用字表》采用音序排列。

阿★	盦	奥★	捭	蚌☆	悲★	嘣	毙★
啊★	俺☆	骜	摆★	棒★	碑★	甫	铋
锕	埯	澳☆	败★	傍★	鹎	璏	狴
嘎	铵	懊☆	拜★	谤☆	北★	泵☆	庳
哎☆	揞	鏊	稗	蒡	贝★	迸	敝
哀★	犴	八★	扳☆	磅☆	孛	甏	婢
埃☆	岸★	巴★	址★	镑★	邶	鏰	滗
唉★	按★	扒★	般★	包	狈☆	蹦★	箅
欸	胺	叭☆	颁☆	苞☆	备★	逼★	愎
锿	案★	芭☆	斑★	孢	背★	鲾	弼
挨★	暗★	疤★	搬★	胞★	钡	荸	蓖
皑	黯	笆☆	瘢	鲍	倍★	鼻★	跸
癌☆	肮☆	粑	癍	煲	悖	匕☆	痹☆
毐	昂★	鲃	阪	褒☆	被★	比★	滗
矮★	盎	拔★	坂	雹★	辈★	吡	裨
蔼☆	凹☆	菝	板★	薄★	惫☆	妣	碧★
霭	敖	跋☆	版★	饱★	焙☆	彼★	鞁
艾☆	遨	魃	钣	宝★	蓓	秕☆	蔽★
砹	嗷	把★	版	保★	碚	笔★	算
爱★	廒	靶☆	办★	鸨	褙	俾	弊
隘☆	獒	坝★	半★	葆	鞴	鄙★	薛
碍★	熬	爸★	伴★	堡★	鐾	币★	馞
嗳	聱	罢★	拌★	褓	呗	必★	篦
嗌	螯	鲅	绊☆	报★	奔★	毕★	壁★
媛	翱	霸★	鞋	抱★	贲	闭★	避★
暧	鳌	灞	瓣★	趵	锛	庇☆	婢
安★	麈	吧★	扮★	豹☆	本★	诐	髀
桉	祆★	掰☆	邦☆	鲍	苯	荜	濞
氨☆	媪	白★	帮★	暴★	畚	愍	臂★
庵☆	岙	百★	梆☆	爆★	荜	哔★	璧☆
谙	坳	佰☆	浜	陂	荸	陛	襞
鹌	傲★	柏★	绑★	杯★	崩☆		边★
鞍☆			榜★	卑☆	绷☆		砭

箆
编★
煸
蝙☆
鳊
鞭★
贬☆
扁★
匾☆
碥
褊
卞
弁
抃
苄
汴
忭
变★
便★
遍★
缏
辨★
辩★
辫★
标★
飚
彪☆
摽
骠
膘☆
飙
镖
癍
灏
镳
表★
婊
裱
俵
鳔
憋☆
鳖☆
别★

鳖
瘰☆
玢
宾★
彬☆
傧
斌
滨★
缤☆
槟
镔
濒☆
豳
摈
殡
膑
髌
鬓☆
冰★
兵★
栟
丙★
邴
秉☆
柄★
饼★
炳
禀☆
并★
病★
摒
拨★
波★
玻★
钵
饽
褓
剥★
菠★
播★
嶓
伯★
驳★

帛
泊★
勃☆
钹
铂
亳
浡
舶☆
脖★
博★
鹁
渤☆
搏★
鲌
鹱
箔
膊★
踣
铸
礴
跛☆
檗
擘
簸☆
卜★
啵
逋
晡
卟
补★
捕★
哺☆
不★
布★
步★
怖★
钚
部★
埠☆
瓿
醭
簿☆
擦★

礴
猜★
才★
材★
财★
裁★
采★
彩★
睬★
踩★
菜★
蔡
参★
骖
餐★
残★
蚕★
惭★
惨★
灿★
粲
璨
仓★
伧
苍★
沧☆
舱★
藏★
操★
糙☆
曹☆
嘈
漕
槽★
螬
艚
草★
册★
厕★
侧★
测★
恻
策★

岑
涔
噌
层★
曾★
蹭☆
叉★
权☆
插★
馇
锸
嚓
垞
茬☆
茶★
查★
搭
嵖
猹
槎
碴☆
察★
檫
镲
汊
岔★
刹☆
诧
姹
拆★
钗
侪
柴★
豺☆
虿
瘥
觇
掺☆
搀☆
逴
婵

馋★
禅
孱
缠★
蝉☆
廛
潺
澶
瀍
蟾
巉
躔
镵
产★
浐
谄
啴
铲★
阐☆
蒇
骣
辗
忏
颤★
羼
鬻
伥
昌★
菖
猖☆
阊
娼
鲳
苌
肠★
尝★
常★
偿★
徜
嫦
厂★
场★
昶

惝
敞★
氅
伥
畅★
倡★
鬯
唱★
抄★
怊
钞★
绰☆
超★
焯
晁
巢☆
朝★
嘲☆
潮★
吵★
炒★
耖
车★
砗
扯★
彻★
坼
掣
撤★
澈☆
抻
郴
琛
嗔
臣★
尘★
辰★
沉★
忱☆
陈★
宸
晨★
谌

尘
碜
衬★
疢
龀
趁★
榇
谶
柽
琤
称★
蛏
柽
撑★
瞠
成★
丞
呈★
枨
诚★
承★
城★
宬
埕
乘★
程★
惩★
裎
塍
酲
澄☆
橙☆
逞☆
骋
秤★
掌
吃★
哧
鸥
蚩
眵
答
瓻

1	2	3	4	5	6	7
嗤☆	仇★	黜	啜	蔟	耷	捣☆
痴☆	俦	矗☆	辍	醋★	奔	倒★
媸	帱	揣☆	龊	簇☆	搭★	捯
螭	惆	搋	呲	蹙	嗒	祷☆
魑	绸★	踹	疵	蹴	褡	蹈★
池★	畴☆	腨	词★	余	达★	到★
弛☆	酬★	川★	茈	撺	怛	盗★
驰★	稠★	氚	茨	镩	妲	悼★
迟★	愁★	穿★	祠☆	蹿	荙	道★
茌	筹★	传★	瓷☆	窜★	炟	稻★
持★	踌	船★	辞★	篡☆	笪	纛
墀	雠	遄	慈★	爨	答★	得★
踟	丑★	椽	磁★	崔☆	跶	锝
篪	瞅	舛	雌☆	催★	靼	嘚
尺★	臭★	喘★	鹚	摧★	瘩	德★
齿★	出★	串★	糍	璀	鞑	的★
侈☆	初★	钏	此★	脆★	打★	灯★
耻★	樗	疮	泚	萃	大★	噔
豉	刍	窗★	跐	啐	呆★	簦
褫	除★	床★	次★	淬	歹☆	蹬☆
彳	厨★	闯★	刺★	悴☆	逮★	等★
叱	锄★	创★	赐☆	毳	傣	戥
斥★	滁	怆	匆★	瘁	代★	邓☆
赤★	蜍	吹★	苁	粹☆	轪	凳★
饬	雏☆	炊★	从★	翠★	贷★	嶝
炽	橱☆	垂★	丛★	村★	待★	磴
翅★	蹰	陲	淙	皴	怠★	瞪☆
敕	杵	捶☆	琮	存★	埭	镫
瘛	础★	棰	凑★	忖	袋★	低★
冲★	楮	槌	辏	寸★	戴★	羝
充★	储★	锤★	腠	搓☆	黛★	堤★
仲	楚	春★	粗★	磋	丹★	嘀☆
舂	褚	椿☆	徂	撮☆	担★	滴★
憧	亍	蝽	殂	蹉	单★	狄
幢	处★	纯★	促★	嵯	眈	迪★
虫★	怵	莼	猝	矬	耽★	籴
崇★	绌	唇★		脞	郸	荻
宠☆	俶	淳☆		脧		敌★
铳	畜★	鹑		挫☆		涤☆
抽★	搐	醇☆		厝		笛★
瘳	触★	蠢★		措☆		觌
犫	憷	踔		锉☆		嫡☆
		戳☆		错★		

镝	淀☆	顶★	痘☆	吨★	峨	妨★
氐	惦☆	酊	窦	惇	娥	肪☆
邸	奠☆	鼎☆	阇	敦☆	锇	房★
诋	殿★	订★	督★	墩☆	鹅★	鲂
坻	靛	钉★	嘟	礅	蛾★	仿★
抵★	簟	定★	毒★	镦	额★	访★
底★	癜	啶	独★	蹾	厄★	纺★
柢	刁☆	铤	读★	蹲★	扼☆	昉
砥	叼★	腚	渎	盹☆	苊	舫
骶	汈	碇	椟	趸	呃	放★
地★	凋	锭☆	犊	沌	轭	飞★
弟★	貂	丢★	牍☆	炖	垩	妃
帝★	碉☆	铥	黩	砘	恶★	非★
递★	雕★	东★	髑	钝☆	饿★	菲★
娣	鲷	冬★	氇	盾★	鄂	啡☆
苐	吊★	咚	笃	顿★	阏	绯
第★	钓★	氡	堵★	遁	谔	扉
谛	掉★	鸫	赌★	楯	萼	蜚
蒂☆	铞	董★	睹☆	多★	遏☆	霏
棣	铫	懂★	芏	咄	愕☆	鲱
睇	爹★	动★	杜★	哆☆	腭	肥★
缔☆	跌★	冻★	肚★	剟	鹗	淝
碲	迭	侗	妒☆	掇	锷	腓
踶	垤	垌	度★	裰	颚	匪★
嗲	瓞	栋★	渡★	夺★	噩☆	诽☆
掂☆	谍☆	峒	镀☆	铎	鳄☆	悱
滇	堞	陈	蠹	踱☆	恩★	斐
颠★	耋	洞★	端★	朵★	蒽	榧
巅	喋	恫	短★	垛☆	摁	翡
癫	揲	胨	段★	哚	嗯★	篚
典★	叠★	硐	断★	躲★	儿★	芾
点★	碟☆	刟	缎★	亸	而★	吠☆
碘☆	蝶★	都★	椴	剁	鸸	肺★
踮	蹀	兜☆	煅	刜	尔☆	狒
电★	鲽	蔸	簖	舵☆	耳★	废★
佃☆	丁★	篼	堆★	堕☆	迩	沸
甸☆	仃	抖★	队★	惰★	饵☆	费★
阽	叮★	斜	对★	跺☆	洱	痱
站	玎★	陡★	兑☆	屙	珥	镄
店★	盯★	蚪☆	怼	婀	铒	分★
玷☆	町	斗★	碓	讹☆	二★	芬★
垫★	疔	豆★	憝	俄☆	佴	吩★
钿	耵	逗★		莪	贰☆	

纷★
氛☆
菜
酚
坟★
汾
梦
焚☆
酚
粉★
份★
奋★
忿☆
偾
粪★
愤★
鳍
灊
丰★
风★
沣
沨
枫☆
封★
砜
疯★
峰★
烽
葑
锋★
蜂★
鄷
冯☆
逢★
缝★
讽★
唪
凤★
奉★
俸★
佛★
缶
否★

夫★
呋
肤★
麸☆
趺
跗
稃
孵☆
敷☆
弗
伏★
凫☆
扶★
芙☆
孚
拂☆
茀
莆
服★
怫
绂
绋
钹
茯
罘
氟
俘★
郛
洑
袚
莩
蚨
浮★
菔
桴
符★
匐
涪
鲌
幅★
辐☆
蜉
福★

蝠☆
幞
黻
抚★
甫☆
拊
斧★
府★
俯★
釜
辅★
腑
滏
腐★
簠
黼
父★
讣
付★
负★
妇★
附★
咐
阜
驸
赴★
复★
副★
赋☆
傅★
富★
腹★
鲋
缚☆
赙
蝮
鳆
覆★
馥
袱☆
旮
伽
呷

嘎
钆
尜
噶
尕
尬
该★
陔
垓
赅
改★
丐☆
钙☆
盖★
溉
概★
甘★
玕
肝★
坩
矸
泔
柑☆
竿★
酐
疳
尴
杆★
秆
赶★
敢★
感★
澉
橄☆
擀
鳡
干★
旰
绀
淦
赣
冈★

刚★
肛☆
纲★
钢★
缸★
罡
岗★
港★
杠★
篁
戆
皋
高★
羔☆
槔
睾
膏★
篙☆
糕
杲
搞★
缟
槁
镐☆
稿
藁
告★
郜
诰
锆
戈☆
圪
纥
疙
咯
胳
哥★
胳
鸽★
袼
搁
割★
歌★
革★

阁★
格★
鬲
隔★
塥
嗝
膈
骼
镉
臵
颌
葛★
个★
各★
虼
硌
铬
给★
根★
跟★
哏
亘
艮
茛
庚
耕★
赓
羹☆
埂☆
耿☆
哽
绠
鲠
更★
工★
弓★
公★
功★
攻★
肱
宫★
恭★

蚣☆
躬★
龚
觥
巩★
汞☆
拱☆
珙
共★
贡★
供★
唝
勾★
佝
沟★
泃
钩★
缑
篝
韝
苟☆
岣
狗★
枸
笱
构★
购★
诟
垢☆
够★
遘
觳
媾
觏
估★
咕☆
沽☆
孤★
姑★
轱
鸪
菰
菇☆

蛄
菁
辜★
酤
觚
毂
箍☆
古★
谷★
汩
诂
股★
骨★
牯
罟
钴
蛊
馉
鼓★
榖
鹘
鹄
臌
瞽
固★
故★
顾★
堌
梏
崮
雇☆
锢
痼
鲴
瓜★
呱
刮★
胍
鸹
剐
寡☆
卦☆
诖

挂★	鲑	椁	翰☆	阂	荭	湖★	槐★
裆☆	鬶	蜾	憾☆	盍	虹★	瑚	踝
乖★	宄	裹★	瀚	荷★	竑	煳	穰
拐★	轨★	过★	夯☆	核★	洪★	槲	坏★
怪★	庋	哈★	行★	盉	鸿☆	蝴★	欢★
关★	匦	铪	杭☆	菏	蕻	糊★	獾
观★	诡☆	蛤☆	绗	盇	黉	醐	环★
官★	鬼★	还★	航★	盒★	哄★	觳	洹
倌	姽	孩★	颃	涸	讧	虎★	桓
棺☆	癸	骸	沆	颌	舡	浒	萑
鳏	晷	胲	蒿☆	阖	侯☆	唬☆	锾
莞	簋★	海★	薅	翮	喉★	琥	圜
馆★	柜	醢	嚆	鞨	猴★	互★	澴
管★	炅	亥☆	蚝	贺★	瘊	户★	寰
鳤	刿☆	骇☆	毫★	赫☆	骺	冱	缳
贯★	刽	氢	嗥	褐☆	篌	护★	鹮
冠★	贵★	害★	豪★	鹤☆	糇	沪☆	鬟
掼	桂★	顸	壕☆	壑	吼★	岵	缓★
涫	桧	蚶	嚎☆	黑★	后★	怙	幻★
惯★	跪★	酣☆	濠	嗨	郈	笏	奂
裸	鳜	憨☆	好★	嘿☆	厚★	瓠	宦☆
盥	衮	鼾	郝	痕★	逅	扈	换★
灌★	绲	邗	号★	很★	候★	戽	唤★
瓘	辊	邯	昊	狠★	堠	鹱	涣☆
鹳	滚★	含★	耗★	恨★	鲎	花★	浣
罐★	磙	函☆	浩★	亨	乎★	砉	患★
光★	鲧	晗	淏	哼☆	呼★	划★	焕☆
咣	琯	焓	皓★	恒★	忽★	华★	逭
胱	棍★	涵☆	暠	珩	轷	哗★	痪☆
广★	呙	韩☆	颢	桁	烀	骅	豢
犷	埚	寒★	灏	鸻	唿	铧	漶
桄	郭☆	罕☆	诃	横★	惚	猾	鲩
逛☆	崞	喊★	呵☆	衡★	滹	滑★	擐
归★	聒	汉★	喝★	蘅	囫	化★	肓
圭	锅★	汗★	嗬	轰★	狐★	画★	荒★
龟★	蝈	旱★	禾★	訇	弧☆	话★	塃
妫	国★	捍☆	合★	烘★	胡★	桦☆	慌★
规★	掴	悍☆	何★	薨	壶★	婳	皇★
邽	帼	菡	劾	弘	斛	怀★	黄★
皈	虢	焊☆	和★	红★	葫☆	徊☆	凰☆
闺☆	馘	颔	河★	闳	鹄	淮☆	隍
硅☆	果★	撖	曷	宏★	猢		喤
瑰☆	猓	撼☆	饸	泓	猢		遑

徨	哕	擓	极★	垍	郏	拣★	僭
湟	浍	藿	即★	迹★	荚☆	枧	踺
惶☆	海☆	嚯	佶	洎	恝	茧★	箭★
煌★	绘★	蠖	丞	济★	戛	柬☆	江★
锽	恚	讥☆	笈★	既★	铗	俭★	茳
潢	贿★	击★	急★	觊	颊☆	捡★	将★
璜	烩	叽☆	姞	继★	蛱	笕	姜★
蝗☆	彗	饥★	疾★	偈	甲★	检★	豇
篁	晦☆	玑☆	棘☆	祭☆	岬	趼	浆★
磺☆	秽☆	圾★	殛	悸	胛	减★	僵
癀	惠★	芨	戟	寄★	贾☆	剪★	缰☆
蟥	喙	机★	集★	寂☆	钾★	硷	鳉
簧	翙	乩	蒺	绩★	假★	睑	礓
鳇	慧★	肌★	楫	墍	斚	裥	疆
恍☆	蕙	矶★	辑★	蓟	槚	简★	讲★
晃★	蟪	鸡★	嵴	霁	价★	謇	奖★
谎	昏★	咭	嫉☆	跽	驾★	谫	桨★
幌☆	荤☆	剞	戢	鲚	架★	戬	将☆
灰★	阍	唧☆	鹡	暨	嫁★	碱☆	耩
诙	婚★	积★	藉	稷	稼★	翦	膙
挥★	浑★	笄	蹐	卿☆	戈	蹇	匠★
虺	馄	屐	籍★	髻	尖★	謇	降★
咴	混★	姬	几★	冀☆	奸★	见★	泽
恢★	魂★	基★	己★	稯	歼★	件★	绛
袆	诨	赍	虮	屦	坚★	饯	酱★
珲	溷	犄	挤★	檵	间★	建★	犟
晖	耠	稽	脊★	骥	肩★	荐★	糨
辉★	锪	畸☆	掎	加★	艰★	贱★	芁
翚	劐	跻	妀	佳★	监★	牮	交★
麾	豁☆	箕☆	载★	迦	兼★	剑★	郊★
徽☆	活★	稽☆	麂	珈	菅	健★	茭
隳	火★	齑	计★	挟☆	笺★	舰★	峧
回★	伙★	畿	记★	枷☆	犍	涧☆	浇★
茴☆	钬	璺	伎	浃	湔	渐★	娇★
洄	夥	激★	纪★	痂	缄	谏	姣
蛔☆	或★	羁	技★	家★	搛	槛	骄★
悔★	货★	及★	芰	笳	兼★	践★	胶★
毁★	获★	伋	忌★	袈	煎★	铜	椒★
卉	祸★	吉★	际★	葭	缣	键	蛟
汇	惑★	岌	妓☆	跏	鲣	溅☆	焦★
会★	霍☆	汲★	季★	嘉★	鹣	鉴★	跤
讳☆	嚯	级★	剂★	镓	鞯	键★	僬
荟	镬			夹★	团		鲛

蕉★	劫★	馑	景★	柏	俱★	剧
礁☆	杰★	瑾	儆	救★	倨	谲
鹪	诘	槿	憬	厩	剧★	蕨
嚼★	拮	尽★	璟	就★	据★	獗
角★	洁★	进★	警★	舅★	距★	潏
佼	结★	近★	陉	僦	惧★	橛
挢	桀	妗	径★	鹫	惧	镢
狡★	捷★	劲★	净★	拘★	飓	爵☆
饺★	婕	芨	胫	苴	锯★	蹶
绞★	颉	泿	惊	狙	聚★	矍
铰	睫	晋★	痉	居★	窭	爝
矫☆	截★	照	竞★	驹☆	踞	攫
皎	碣	烬	竟★	疽	屦	倔☆
脚★	竭★	浸★	婧	掬	遽	军★
搅	羯	褛	敬★	琚	醵	均★
敫	姐★	靳	靖☆	椐	捐★	君★
剿☆	解★	禁★	静★	锔	涓	钧☆
徼	介★	缙	境★	腒	娟	莙
缴★	戒★	觐	獍	雎	鹃☆	菌★
叫★	芥☆	殣	镜★	裾	镌	鞍
觉★	玠	噤	扃	鞠★	蠲	筠
轿★	届★	茎★	迥	鞫	卷★	鲪
较★	界★	京★	炯	局★	锩	麇
教★	疥	泾	窘☆	桔	倦★	俊★
窖☆	诫☆	经★	纠★	菊★	狷	郡
滘	蚧	荆☆	鸠☆	溴	桊	捃
酵☆	借★	菁	究★	橘★	绢★	峻☆
噍	巾★	猄	阄	咀	鄄	隽
藠	斤★	旌	揪★	沮☆	眷☆	浚
醮	今★	惊★	啾	莒	撅	骏☆
阶★	金★	晶★	鬏	矩★	孓	焌
疖	津★	腈	九★	举★	夬	唆
皆★	衿	睛★	久★	蒟	决★	竣☆
接★	矜	粳	玖☆	榉	诀☆	咔
秸☆	琎	兢☆	灸☆	龃	抉	咖☆
揭★	筋★	精★	韭☆	踽	玦	喀
喈	襟☆	鲸☆	酒★	巨★	珏	卡★
嗟	仅★	鼱	旧★	句★	绝★	胩
街★	莟	井★	臼☆	讵	掘★	开★
湝	紧★	阱☆	咎	拒★	桷	揩☆
孑	堇	到	疚	苣	崛	铜
节★	锦★	肼	厩	具★	觖	剀
讦	谨★	颈★	枢	炬☆	厥	凯★

垲
闿
恺
铠
蒈
慨★
楷☆
锴
忾
刊★
勘☆
龛
堪★
戡
坎☆
侃
砍★
莰
槛
看★
墈
阚
瞰
阅
康★
慷☆
糠★
扛★
亢
伉
抗★
炕★
钪
尻
考★
拷☆
栲
烤★
铐☆
犒
靠★
苛☆
珂

187

柯	箜	匡	簣	濑	嘞	立★
轲★	孔★	诓	坤☆	癞☆	塄	吏☆
科★	恐★	哐	昆★	籁	棱☆	坜
牁	控★	筐★	裈	兰★	楞☆	苈
稞★	抠☆	狂★	琨	岚	冷★	丽★
颏	眍	诳	焜	拦★	愣	励★
嗑	口★	夼	髡	栏★	厘★	呖
稞	叩	邝	锟	婪	狸★	利★
窠	扣★	圹	醌	阑	梩	沥☆
颗★	寇★	纩	鲲	蓝★	铑	枥
磕☆	筘	旷★	捆★	谰	唠☆	例★
瞌	蔻	况★	阃	澜☆	烙☆	疠
蝌☆	矻	矿★	悃	褴	涝	戾
髁	刳	贶	困★	篮★	耢	隶★
壳★	枯★	框★	扩★	斓	酪☆	荔☆
咳★	哭★	眶☆	括★	镧	嫪	栎
可★	窟☆	亏★	栝	襕	仂	郦
坷☆	骷	岿	蛞	览★	叻	轹
岢	苦★	悝	阔★	揽☆	缡	俪
渴★	库★	盔☆	廓☆	缆★	璃★	俐☆
克★	绔	窥☆	垃	榄☆	蔾	疬
刻★	裤★	奎	拉★	罱	蜊	莉☆
恪	酷★	逵	啦★	嵝	漓☆	苈
客★	夸★	馗	邋	懒★	缡	栗★
课★	侉	揆	旯	烂★	罹	砺
氪	垮★	葵★	剌	滥★	篱☆	砾☆
骒	挎★	喹	喇★	啷	藜★	猁
缂	胯☆	骙	腊★	郎★	黧	蛎
锞	跨★	暌	蜡★	狼★	蠡	唳
溘	蒯	魁☆	瘌	阆	礼★	笠
肯★	块★	睽	辣★	琅☆	李★	粝
垦★	快★	蛵	镴	廊★	里★	粒★
恳★	侩	夔	鞡	榔☆	俚	雳☆
啃☆	郐	傀☆	来★	锒	逦	跞
裉	哙	跬	莱☆	稂	哩☆	詈
坑★	狯	匮	崃	螂	娌	傈
吭☆	脍	蒉	徕	悢	理★	痢☆
硁	筷☆	喟	涞	朗★	锂	溧
铿	鲙	馈	梾	烺	鲤☆	篥
空★	宽★	溃☆	铼	浪★	澧	奁
倥	髋	愦	赉	蒗	醴	连★
崆	款★	愧★	睐	捞★	鳢	怜★
		聩	赖★	劳★	力★	帘★
					历★	
					厉★	

188

莲★	聊☆	霖	溜★	娄☆	鹿★	椤	马★
涟	僚★	辚	熘	偻	渌	锣★	犸
联★	寮☆	磷☆	刘★	蒌	逯	箩★	玛☆
裢	撩☆	膦	浏	溇	禄	骡★	码★
廉★	嘹☆	鳞☆	留★	楼★	碌★	螺★	蚂★
鲢	獠	麟	流★	耧	路★	裸☆	祃
濂	潦☆	凛☆	琉☆	蝼	僇	瘰	骂★
臁	寮	廪	硫☆	髅	箓	赢	吗★
镰★	缭☆	檩☆	馏☆	搂★	漉	泺	嘛
蠊	燎☆	吝☆	旒	嵝	辘	荦	埋★
琏	鹩	赁☆	骝	篓☆	戮	洛☆	霾
敛☆	钌	蔺	榴★	陋☆	潞	络★	买★
脸★	蓼	膦	飗	镂	璐	骆★	荬
裣	炓	躏☆	馏	瘘	簏	珞	劢
蔹	料★	伶★	鹠	漏★	麓	落★	迈★
练★	撂	灵★	瘤☆	喽	露★	摞	麦★
炼★	廖	苓	镠	噜	峦☆	雒	卖★
恋★	瞭☆	图	鎏	撸	李	漯	脉★
殓	镣☆	泠	柳★	氇	娈	驴★	唛
链★	咧☆	玲☆	绺	卢☆	栾	闾	颡
楝	列★	柃	六★	芦★	挛	榈	蛮★
激	劣★	瓴	遛	庐☆	鸾	吕☆	馒★
良★	冽	铃★	鹨	垆	脔	侣☆	瞒★
莨	洌	鸰	蹓	炉★	滦	捋	鳗
凉★	埒	凌☆	龙★	泸	銮	旅★	满★
梁★	烈★	陵★	茏	栌	卵★	铝☆	螨
椋	捩	聆	咙☆	轳	乱★	稆	曼☆
辌	猎★	菱☆	泷	胪	掠★	屡★	谩
粮★	裂★	棂	珑☆	鸬	抡★	缕☆	墁
粱★	翅	蛉☆	栊	舻	仑☆	楼	蔓☆
两★	躐	翎☆	昽	鲈	伦☆	履☆	幔☆
俩★	鬣	羚	胧☆	卤☆	囵	虑★	漫★
魉	拎	绫	砻	虏★	沦☆	率★	慢★
亮★	邻★	褛	眬	掳	纶	绿★	嫚
谅★	林★	零★	聋★	鲁★	轮★	氯☆	缦
辆★	临★	龄★	笼★	橹	论★	滤★	镘
靓	啉	鲮	隆★	鲁	啰☆	略★	邙
量★	淋★	酃	癃	甪	罗★	锊	芒★
晾☆	琳☆	岭★	窿☆	陆★	萝★	妈★	忙★
踉	粼	领★	陇★	录★	逻☆	麻★	杧
蹽	嶙	另★	垄★	辂	脶	蟆☆	盲★
辽★	遴	令★	拢★	赂☆	猡		氓☆
疗★	璘	吟	垄★				茫★

189

1	2	3	4	5	6	7	8
硥	湄	懵	冕☆	冥	嬷	氖	怩
莽☆	媒☆	蠓	渑	铭☆	哞	奈☆	铌
浒	楣☆	孟★	湎	蓂	牟★	奈☆	倪
蟒	煤★	梦★	缅☆	溟	侔	耐★	猊
猫★	酶	咪☆	腼	暝	眸	萘	霓
毛★	镅	眯★	面★	瞑	谋★	萧	鲵
矛★	鹛	弥☆	喵	螟☆	蛑	囡	拟☆
茆	霉★	迷★	苗★	酩	鍪	男★	你★
茅★	每★	祢	描★	命★	某★	南★	旎
牦	美★	猕	鹋	谬☆	毪	难★	昵☆
旄	浼	谜★	瞄☆	缪	母★	喃	逆★
锚☆	镁	醚	杪	摸★	牡	楠	匿☆
氂	妹★	糜☆	眇	谟	亩★	赧	睨
蝥	昧☆	縻	秒★	馍☆	拇☆	腩	腻☆
蟊	袂	麋	渺	嫫	姆☆	蝻	溺☆
卯	寐	靡☆	缈	摹☆	木★	嚷	拈
峁	媚☆	蘼	藐☆	模★	目★	囔★	蔫☆
泖	魅	醾	邈	膜★	仫	囊★	年★
昴	门★	米★	妙★	摩★	沐	攮	鲇
铆☆	扪	芈	庙★	磨★	苜	馕	黏
芼	钔	洣	咩	蘑☆	牧★	孬	捻☆
茂★	闷★	弭	灭★	魔★	钼	恧	辇
眊	焖	脒	蔑★	抹★	募☆	硇	撵
冒★	懑	敉	篾	末★	墓★	铙	碾☆
贸★	们★	汨	民★	茉☆	幕★	蛲	廿
耄	虻	觅☆	芪	殁	睦★	猱	念★
袤	萌★	泌☆	旻	沫★	慕★	恼★	埝
帽★	蒙★	宓	岷	陌☆	暮★	脑★	娘★
瑁	盟★	秘★	珉	莫★	穆☆	瑙	酿★
貌★	甍	密★	缗	秣	拿★	闹★	鸟★
瞀	甏	幂	皿☆	蓦	镎	淖	茑
懋	懵	谧	闵	貊	哪★	讷	袅
么★	獴	嘧	抿	貉	那★	呢★	尿★
麽	檬☆	蜜★	泯	漠★	呐☆	馁☆	脲
没★	朦☆	眠★	闽☆	寞☆	纳★	内★	捏★
玫☆	鹲	绵	悯	靺	肭	嫩★	乜
枚☆	礞	棉★	敏★	墨★	钠☆	能★	陧
眉★	懞	免★	鳘	镆	衲	妮	聂☆
莓	勐	沔	名★	瘼	娜☆	尼★	臬
梅★	猛★	黾	明★	默★	捺☆	坭	涅
郿	锰☆	勉★	鸣★	貘	乃★	泥★	啮
嵋	蜢	娩☆	茗	礳	艿		嗫
猸	艋		洺	糢	奶★		镊☆

镍	疟☆	哌	胚☆	狉	谝	鲆	镨
颞	虐☆	派★	醅	砒	片★	钋	蹼
蹑	挪★	蒎	陪★	鲏	骗★	坡★	瀑☆
孽	傩	湃☆	培★	劈★	剽	泼★	曝
蘖	诺☆	潘☆	赔★	噼	漂★	颇☆	七★
恁	喏	攀★	锫	霹☆	缥	酦	沏
您★	搦	爿	裴	皮★	螵	婆★	妻★
宁★	锘	盘★	沛☆	枇	嫖	鄱	柒☆
咛	懦☆	磐	帔	毗	瓢☆	皤	栖☆
狞☆	糯☆	蹒	佩★	蚍	殍	叵	桤
柠☆	女★	蟠	配★	铍	瞟	钷	凄☆
聍	钕	判★	旆	郫	票★	笸	萋
凝★	恧	泮	淠	疲★	嘌	迫★	戚★
拧☆	衄	襻	辔	陴	氕	珀	期★
佞	噢	盼★	霈	啤☆	瞥	破★	欺★
泞☆	哦	叛★	喷★	琵	苤	粕	嘁☆
妞	讴	畔☆	盆★	椑	撇★	魄★	漆★
牛★	沤	袢	抨	脾★	拚	剖★	蹊
扭★	瓯	襻	怦	蜱	拼★	抔	亓
狃	欧★	乓★	砰☆	罴	姘	掊	齐★
忸	殴☆	滂	烹☆	貔	贫★	裒	祁★
纽★	鸥★	彷	嘭	鼙	频☆	扑★	圻
杻	呕☆	庞☆	朋★	匹★	嫔	铺★	芪
钮☆	偶★	逄	堋	庀	颦	噗	岐
拗☆	耦	旁★	彭☆	圮	品★	仆★	奇★
农★	藕☆	膀★	棚★	仳	榀	匍	歧
侬	怄	螃☆	蓬★	痞	牝	莆	祈☆
哝	趴★	鳑	硼☆	癖	聘☆	菩☆	荠
浓★	啪	耪	鹏☆	屁☆	乒★	脯	耆
脓☆	葩	胖★	澎☆	睥	俜	葡★	颀
秾	杷	抛★	篷★	辟★	娉	蒲☆	脐☆
弄★	爬★	脬	膨★	媲	平★	璞	埼
耨	钯	刨☆	蟛	僻★	评★	镤	萁
奴★	耙☆	咆☆	捧★	澼	坪☆	濮	畦☆
孥	琶	狍	碰★	甓	苹★	朴★	崎☆
驽	筢	庖	丕	譬☆	枰	埔	淇
笯	帕☆	袍★	批★	偏★	凭★	圃☆	骐
努★	怕★	匏	邳	犏	坪	浦☆	骑★
弩	拍★	跑★	伾	篇★	屏☆	溥	琪
胬	俳	泡★	纰	翩☆	洴	普★	琦
怒★	排★	炮★	坯☆	骈	瓶★	谱★	棋★
暖★	徘☆	疱	披★	胼	萍★	氆	蛴

191

祺	阡	腔★	鞘	蜻★	赇	棬	穰
锜	扦	蜣	切★	鲭	遒	权★	瓢☆
綦	芊	锖	茄★	勍	巯	全★	壤★
蜞	迁★	锵	且★	情★	裘	诠	攘☆
旗★	岍	强★	郐	晴★	璆	荃	嚷★
蕲	仐	墙★	妾	氰	蝤	泉★	让★
鲯	钎	蔷	怯☆	檠	糗	铨	荛
鳍☆	牵★	嫱	窃★	擎☆	区★	拳★	饶★
麒	铅★	樯	挈	黥	岖☆	铨	娆
乞★	悭	抢★	惬	苘	诎	痊☆	桡
芑	谦★	羟	趄	顷★	驱★	筌	扰★
屺	签★	锖	锲	请★	屈★	蜷	绕★
岂★	愆	褫	箧	庆★	祛	醛	惹★
企★	鸧	呛☆	钦☆	箐	袪	鲸	热★
杞	搴	炝	侵	磬	蛆☆	鬈	人★
启★	褰	跄	亲★	罄	躯☆	颧	壬
起★	钤	悄	衾	邛	趋★	犬★	仁★
绮	前★	硗	骎	穷★	蛐	吠	忍★
綮	虔	跷☆	嵚	茕	黢	绻	荏
气★	钱★	锹	芹★	穹	劬	劝★	稔
讫	钳★	剗	芩	筇	胸	券★	刃★
迄☆	掮	敲★	秦☆	琼☆	鸲	炔	认★
汔	乾☆	橇	琴★	蛩	渠★	缺★	仞
弃★	潜★	缲	禽	銎	蕖	瘸☆	任★
汽★	黔☆	乔★	勤	丘★	磲	却★	纫☆
泣☆	肷	侨★	嗪	邱	璩	悫	韧☆
契☆	浅	荞☆	溱	秋★	瞿	雀★	轫
砌★	遣★	峤	擒☆	蚯☆	鸲	确★	饪
葺	谴☆	桥★	噙	萩	蠼	阕	妊
碛	缱	硚	檎	湫	氍	鹊★	纴
碶	欠★	谯	镍	楸	戵	阙	衽
槭	茨	轿	寝☆	鳅	衢	榷	扔★
器★	茜	憔☆	吣	鞧	蠼	逡	仍★
憩	倩	樵	沁	囚☆	曲★	裙★	日★
掐☆	堑	瞧★	揿	犰	取★	群★	戎
蕖	椠	巧★	青★	求★	娶☆	蚺	茸☆
抲	嵌☆	愀	轻★	虬	龋	然★	荣★
洽★	慊	俏☆	氢☆	泅	去★	髯	狨
恰★	歉★	诮	倾★	俅	阒	燃★	绒★
髂	羌	峭☆	卿☆	馗	趣★	冉	容★
千★	枪★	窍☆	圊	酋	觑	苒	嵘
仟	戗	翘☆	顷	述	悛	染★	蓉☆
戕	戕	撬☆	清★	球★	圈★	襁	溶☆

瑢	瑞★	色★	陕★	潲	葚	鲥	匙★
榕☆	睿	涩☆	讪	奢☆	蜃	鲺	收★
熔★	闰☆	啬	汕	赊☆	瘆	史★	手★
蛛	润★	铯	疝	猞	慎★	矢☆	守★
融★	若★	瑟☆	扇★	畲	升★	豕	首★
冗☆	偌	穑	善★	舌★	生★	使★	寿★
柔★	弱★	森★	骟	佘	声★	始★	受★
揉★	箬	僧☆	鄯	蛇★	牲★	驶★	狩
糅	仨	杀★	缮	舍★	笙☆	屎☆	授★
蹂☆	洒★	沙★	擅☆	厍	甥☆	士★	售★
鞣	靸	纱★	膳☆	设★	绳★	氏★	兽★
肉★	撒★	砂☆	嬗	社★	省★	示★	绶
如★	澈	莎	赡☆	射★	眚	世★	瘦★
茹	卅	铩	蟮	涉★	圣★	仕	叟
铷	飒☆	痧	鳝	赦☆	胜★	市★	书★
儒☆	脎	裟	伤★	摄★	晟	式★	抒☆
薷	萨☆	鲨	殇	滠	剩★	似★	纾
嚅	腮☆	啥☆	商★	慑	嵊	势★	枢☆
濡	塞★	傻★	觞	麝	尸★	事★	叔★
孺	噻	唼	墒	申★	失★	侍★	姝
臑	鳃	厦★	熵	伸★	师★	饰★	殊★
襦	赛★	歃	垧	身★	诗★	试★	倏
颥	三★	煞☆	晌★	呻☆	鸤	视★	菽
蠕☆	叁☆	霎☆	赏★	诜	虱☆	拭☆	梳
汝	毵	筛★	上★	绅☆	狮★	贳	淑☆
乳★	伞★	醩	尚★	莘	施★	柿★	舒★
辱★	糁	晒★	裳★	砷	澎	是★	疏★
入★	馓	山★	捎★	娠	湿★	适★	摅
洳	散★	芟	烧★	深★	蓍	恃	输★
蓐	桑★	杉☆	梢★	鲹	鲢	室★	鱿
溽	操★	删★	稍★	桑	什★	逝★	蔬
缛	嗓★	苫☆	蛸	神★	石★	轼	秫☆
褥☆	磉	钐	筲	沈★	时★	铈	孰
阮	颡	衫★	艄	审★	识★	舐	赎☆
软★	丧★	姗	勺★	哂	实★	弑	塾
朊	搔☆	珊☆	芍☆	矧	拾★	释★	熟
蕤	骚☆	埏	杓	刿	食★	谥	暑★
蕊☆	缫	舢	韶	谂	蚀★	嗜☆	黍☆
芮	扫★	跚	少★	婶★	炻	筮	属★
汭	嫂★	煽	邵	肾★	埘	誓★	署☆
枘	埽	潸	劭	葚★	莳	奭	蜀☆
蚋	瘙	膻	绍★	胂	湜	噬	鼠★
锐★	臊☆	闪★	哨★	渗★	湜	螫	薯★

193

曙☆	硕☆	嵩	觫	缩★	贪★	铛	踢★
术★	搠	嵕	簌	所★	摊★	糖★	绨
戌	蒴	耸☆	蹴	索★	滩★	螳	提★
束★	槊	悚	狨	唢	瘫☆	帑	啼☆
述★	司★	竦	酸★	琐☆	坛★	倘★	鹈
沐	丝★	讼☆	蒜★	锁★	昙☆	淌☆	缇
树★	私★	宋★	算★	他★	倓	傥	题★
竖★	咝	送★	虽★	它★	郯	镋	醍
恕☆	思★	诵★	荽	她★	谈★	躺★	蹄★
庶☆	鸶	颂★	眭	趿	覃	烫★	鳀
腧	斯★	搜★	睢	铊	锬	趟★	体★
数★	蛳	嗖	濉	塌★	痰★	涛★	屉☆
墅☆	缌	馊	绥	遢	谭☆	绦	剃★
漱☆	飔	廋	隋	溻	潭☆	忝	倜
澍	厮	溲	髓☆	塔★	檀☆	掏★	逖
刷★	锶	飕	岁★	獭	镡	滔★	涕☆
耍★	撕★	螋	谇	蝎	忐	韬	悌★
衰★	嘶☆	艘★	崇☆	昝	坦★	饕	惕★
摔★	澌	叟	遂☆	挞	钽	逃★	替★
甩★	死★	瞍	碎★	囡	祖☆	洮	裼
帅★	偲	嗾	隧☆	阃	葵	桃★	嚏
蟀☆	巳	擞	燧	榻	毯★	陶★	天★
闩	四★	薮	穗★	踏★	叹★	萄★	添★
拴★	寺★	嗽★	邃	蹋☆	炭★	啕	黇
栓☆	汜	苏★	胎☆	胎☆	探★	淘★	田★
涮☆	兕	酥☆	孙★	台★	碳☆	绹	畋
双★	伺☆	稣	荪	邰	汤★	鼗	恬☆
霜★	祀	窣	狲	抬★	铴	讨★	甜★
孀	姒	俗★	飧	苔☆	耥	套★	湉
爽★	饲★	夙	损★	骀	嘡	忑	填★
谁★	泗	诉★	笋★	炱	羰	忒	阗
水★	驷	肃★	隼	胎	饧	特★	忝
税★	俟	素★	榫	鲐	唐★	铽	殄
睡★	涘	速★	唆☆	薹	堂★	慝	腆
吮☆	耜	涑	娑	呔	棠☆	疼★	舔☆
顺★	笥	粟☆	桫	太★	郒	腾★	掭
舜	肆★	谡	梭☆	汰☆	塘★	誊☆	佻
瞬☆	嗣	嗦	挲	态★	搪☆	滕	挑★
说★	忪	塑★	晙	肽	溏	藤☆	祧
妁	松★	溯☆	襄	钛	瑭	剔☆	条★
烁☆	淞	愫	嗓	泰★	樘	梯★	苕
铄	菘	蔌	嗍☆	酞	膛★	锑	迢
朔	凇	僳	羧	坍	螗		调★

笤☆	童★	退★	佤	魍	娓	瓮☆	仵
韶	酮	蜕☆	袜★	妄★	萎☆	蕹	迕
蜩	僮	煺	腽	忘★	隗	挝	庑
鬃	潼	褪☆	歪★	旺★	猥	莴	忤
鲦	橦	吞★	崴	望★	跬	倭	怃
窕	瞳	暾	外★	危★	痿	涡☆	妩
眺	瞳☆	屯★	弯★	威★	鲔	喔	武★
桌	统★	囤☆	剜	逶	卫★	窝★	侮★
跳★	捅☆	饨	塆	偎☆	未★	蜗☆	捂☆
帖★	桶★	豚	湾★	限	位★	我★	牾
贴★	筒★	鲀	蜿	葳	肟	肟	鹉☆
砧	恸	臀☆	箢	微★	畏★	沃★	舞★
铁★	痛	佘	豌☆	煨	胃★	卧★	兀
饕	偷★	托★	丸★	溦	谓☆	握★	勿★
厅★	头★	拖★	芄	薇☆	尉☆	硪	戊
汀	投★	脱★	纨	鳂	喂★	龌	务★
听★	骰	驮☆	完★	巍☆	猬☆	渥	阢
烃	透★	佗	玩★	韦	渭	斡	坞☆
廷☆	凸☆	陀	顽★	为★	蔚☆	龌	芴
莛	秃★	坨	烷	圩	慰★	乌★	机
亭★	突★	沱	宛☆	违★	魏☆	圬	物★
庭★	葵	驼★	挽★	围★	鳁	邬	误★
停★	图★	柁	菀	帏	温★	污★	悟★
葶	荼	砣	晚★	闱	瘟☆	巫☆	晤☆
蜓★	徒★	鸵☆	脘	沩	鳁	呜★	焐
婷	途★	酡	惋☆	桅☆	文★	钨	靰
霆	涂★	跎	婉☆	惟	纹★	诬☆	痦
挺★	屠★	橐	绾	唯★	闻★	屋★	婺
珽	酴	蠹	琬	帷	蚊★	无★	骛
梃	土★	妥★	皖	惟	阌	毋	雾★
颋	吐★	庹	碗★	维★	雯	芜☆	寤
艇★	钍	椭☆	腕☆	嵬	刎	吾	鹜
通★	兔★	拓☆	万★	潍	吻☆	吴★	鋈
嗵	块	柝	腕☆	伟★	紊☆	部	夕★
熥	菟	唾☆	汪★	伪★	稳★	唔	兮
同★	湍	箨	亡★	苇☆	问★	浯	西★
佟	团★	挖★	王★	尾★	汶	梧☆	吸★
彤☆	抟	哇	网★	纬★	搵	鹀	汐
峒	疃	洼☆	枉☆	玮	翁★	蜈☆	希★
莔	象	娲	罔	炜★	嗡☆	鼯	昔☆
桐★	推★	蛙★	往★	洧	瀴	五★	析★
砼	颓☆	娃★	惘	浼	鹟	午★	矽
铜★	腿★	瓦★	辋	诿	蓊	伍★	穸

郗	袭★	仙★	馅★	萧☆	械★	醒★	项
饻	媳☆	先★	羡★	硝☆	褉	擤	虚★
唏	隰	纤★	献★	销★	渫	兴★	墟
牺★	檄	氙	腺☆	箫★	谢★	杏★	需★
息★	洗★	祆	霰	潇	榭	幸★	嘘★
奚	玺	籼	乡★	霄	榍	性★	魖
浠	铣☆	莶	芗	魈	薤	姓★	徐★
蒵	徙☆	掀★	相★	嚣☆	獬	荇	许★
晞	喜★	酰	香★	洨	邂	悻	诩
悉★	葸	跹	厢☆	崤	廨	婞	栩
烯	葸	锨☆	湘★	涍	瀣	凶★	糈
淅	屣	鲜★	缃	小★	懈☆	兄★	醑
惜★	禧	暹	箱★	晓★	燮	芎	旭☆
晰☆	戏★	闲★	襄	筱	蟹☆	匈☆	序★
稀★	饩	贤★	襄	孝★	邂	汹☆	叙★
舾	系★	弦★	骧	校★	躞	胸★	汭
翕	细★	挦	镶☆	哮☆	心★	雄★	恤☆
粞	郤	咸★	详★	笑★	芯★	熊★	酗☆
犀☆	绤	涎☆	庠	效★	辛★	休★	勖
锡★	阋	娴	祥★	啸☆	忻★	咻	绪★
溪★	乌	衔★	翔★	些★	昕★	修★	续★
熙☆	隙★	舷☆	享★	楔☆	欣★	羞★	溆
豨	楔	痫	响★	歇★	锌☆	鸺	絮★
蜥	潟	鹇	饷	蝎☆	新★	貅	婿☆
僖	虾★	嫌★	飨	协★	歆	馐	蓄★
熄★	瞎★	狝	想★	邪★	薪★	鬏	煦
嘻	匣☆	冼	鲞	胁★	朽★	朽★	蓿
膝★	侠☆	显★	向★	偕	宿★	宿★	轩☆
嬉☆	狎	险★	项★	斜★	潖	潲	宣★
熹	柙	蚬	巷★	谐☆	秀★	秀★	谖
樨	峡★	猃	象★	揳	岫☆	岫	揎
螅	狭★	筅	像★	携★	星★	袖★	萱
歙	硖	跣	橡★	撷	骍	绣★	喧☆
羲	遐	薛	肖☆	鞋★	猩☆	琇	瑄
塞	瑕	燹	枭	鳃	惺	锈★	暄
蟋☆	暇☆	苋	栒	缬	腥★	嗅☆	煊
蕴	辖☆	县★	哓	写★	刑★	溴	儇
曦	霞★	岘	骁	屑	邢☆	戌★	襏
纇	黠	现★	逍	泄★	形★	吁☆	玄☆
	下★	限★	鸮	泻★	型★	盱	痃
习★	吓★	线★	消★	绁	钘	须★	悬★
席★	夏★	宪★	宵★	卸★	硎	胥	旋★
觋	罅	陷★	绡	屑★			漩☆

璇
选★
烜
暄
癣☆
泫
炫☆
绚
眩
铉
渲
楦
碹
削★
靴☆
薛☆
穴★
茓
学★
踅
噱
雪★
鳕
血★
谑
勋☆
埙
熏☆
窨
薰
獯
曛
醺
旬★
寻★
巡★
郇
询★
荀
荨
峋
洵
浔

恂
珣
栒
循★
鲟
训★
讯★
汛☆
迅★
驯☆
徇
逊☆
殉☆
巽
蕈
噀
丫
压★
押★
鸦
鸭
牙★
伢
芽★
岈
琊
蚜☆
崖★
涯☆
睚
衙☆
哑★
雅★
亚★
讶☆
迓
垭
砑
娅
氩
揠
呀★
咽★

恹
胭
烟★
焉
崦
阉
淹★
腌☆
湮
鄢
嫣
延★
严
言★
妍
岩★
炎★
沿★
研★
盐★
阎☆
蜒☆
筵
颜★
檐
奄☆
兖
俨
衍☆
弇
剡
掩★
郾
厣
眼★
偃
琰
兖
罨
演★
魇
黡

砚☆
彦
艳★
晏
喑☆
宴★
验★
谚☆
堰☆
雁★
焰★
焱
滟
酽
餍
谳
燕★
赝
央★
泱
殃★
鸯☆
秧★
鞅
扬★
羊★
阳★
疡
杨★
旸
炀
佯
疡
垟
徉
洋★
蛘
仰★
养★
氧★
痒★
怏
样★

恙
烊
漾☆
幺
夭☆
吆☆
妖★
腰★
邀★
爻
尧
侥☆
肴☆
轺
峣
姚☆
珧
窑★
谣★
摇★
徭
遥★
瑶
繇
鳐
杳
咬★
窅
窈
窕
药★
要★
钥★
鞠
鹞
曜
耀★
耶
郾
掖☆
椰☆
噎
爷★

揶
铘
也★
冶★
野★
业★
叶★
页★
曳
邺
夜★
晔
烨
液★
谒☆
腋☆
馌
靥
一★
伊☆
衣★
医★
依★
袆
咿
铱
猗
揖☆
壹☆
漪
噫
繄
黟
匜
仪★
圯
夷☆
沂
诒
饴
怡
宜★
黄

咦
贻
姨★
眙
胰☆
廙
移★
遗★
颐
疑★
嶷
簃
彝
乙★
已★
以★
矣
迤
蚁★
舣
倚★
椅★
旖
义★
弋
亿★
义★
艺★
刈
忆★
仡
议★
屹☆
亦★
异★
抑☆
呓
邑☆
佚
役★

译★
易★
峄
侇
怿
诣
绎☆
驿★
轶
弈
奕☆
疫★
羿
挹
酏
益★
浥
悒
谊★
埸
勚
逸☆
翊
翌☆
肄☆
裔
意★
溢☆
缢
螠
廙
瘗
鹢
镒
毅★
熠
薏
殪
蜴
劓
翳
臆
翼★

镱	撄	雍	有★	揄	昱	袁☆	芸
癔	嘤	壅	酉	喁	狱★	原★	沄
懿	罂	慵	卣	嵎	彧	圆★	纭
因★	缨☆	镛	羑	崳	峪	鼋	昀
阴★	璎	饔	莠	逾☆	钰	援★	郧
茵☆	樱★	臃	铕	腴	浴★	湲	耘☆
荫	鹦☆	鳙	牖	渝	预★	媛	陨
音★	膺	饗	黝	愉★	域★	缘★	笈
洇	鹰★	永★	又★	瑜	埏	塬	鋆
姻★	迎★	甬	右★	榆★	欲★	猿☆	允★
氤☆	茔	咏★	幼★	虞	阈	源★	狁
殷☆	荥☆	泳★	佑☆	愚★	谕	辕☆	陨☆
铟	荧☆	俑	侑	觎	遇★	橼	殒
埋	盈★	勇★	柚	舆☆	喻☆	螈	孕★
喑	莹☆	涌★	囿	窬	御★	远★	运★
愔	萤☆	恿	宥	颙	鹆	苑	郓
吟☆	营★	蛹☆	诱★	蝓	寓☆	怨★	恽
垠	萦	踊☆	蚴	与★	裕★	院★	酝☆
狺	蓥	鲬	釉	予★	蓣	垸	愠
垒★	楹	用★	鼬	屿★	愈★	掾	韫
银★	滢	优★	迂☆	伛	煜	瑷	韵★
淫☆	蝇★	攸	纡	宇★	滪	愿★	蕰
寅	潆	忧★	於	羽★	誉★	曰	蕴☆
鄞	赢	呦	淤☆	雨★	蜮	约★	熨
龈	赢★	幽☆	于★	俣	毓	月★	匼
贪	瀛	悠	玙	禹	豫☆	刖	咽
嚚	郢	耰	欤	语★	燠	玥	捵
霪	颍	尤★	余★	圄	燏	岳☆	滕
尹	颖☆	由★	妤	圉	鹬	钺	杂★
引★	影★	邮★	盂	庾	鸢	阅★	砸☆
吲	瘿	犹★	臾	铻	鸷	悦★	咋
饮★	应★	油★	鱼★	瑀	鸳☆	跃★	灾★
蚓☆	映★	疣	禺	瘐	冤★	越★	甾
隐★	硬★	莜	竽	龉	渊☆	粤☆	哉
瘾☆	媵	莸	俞	窳	蜎	樾	栽★
印★	哟☆	铀	徐	玉★	元★	龠	仔★
茚	唷	蚰	觎	驭	芫	瀹	载★
胤	佣★	鱿	娱★	芋☆	园★	晕★	宰★
懋	拥★	游★	萸	聿	员★	辒	崽
英★	痈	鲉	雩	饫	沅	氲	再★
莺☆	邕	蝣	渔★	妪	垣	赟	在★
婴☆	庸★	友★	隅☆	郁☆	爰	云★	糌
瑛	鄘			育★		匀★	簪

咱★	赜	寨★	胀★	侦★	正★	泜	巇
昝☆	仄	瘵	障★	珍★	证★	祉	置★
攒☆	昃	沾★	嶂	帧	郑★	指★	锧
趱	贼★	毡☆	幛	胗	诤	枳★	雉
暂★	怎★	旃	瘴	浈	政★	轵	稚☆
錾	谮	粘★	钊	真★	挣★	抧	滍
赞★	增★	詹	招★	桢	症★	茝	踬
瓒☆	憎☆	谵	昭☆	砧	之★	趾☆	觯
赃☆	罾	瞻☆	爪★	祯	支★	黹	中★
脏★	锃	拃	找★	蓁	只★	酯	忠★
牂	缯	斩★	沼☆	斟☆	卮	徵	终★
臧★	赠★	飐	召★	甄	汁★	至★	盅☆
驵	甑	盏★	兆★	榛☆	芝★	志★	钟★
奘	扎★	展★	诏	箴	吱☆	豸	衷☆
葬★	咋	崭★	赵★	臻	枝★	忮	螽
遭★	揸	搌	笊	诊★	知★	郅	肿★
糟★	喳☆	辗	棹	枕★	肢	帜★	种★
凿☆	渣★	占★	照★	畛	织★	峙	冢
早★	溠	栈☆	罩★	疹☆	栀	制★	踵
枣★	楂	战★	肇	袗	胝	质★	仲☆
蚤☆	踏	站★	蜇	缜	祗	炙★	众★
澡★	札	绽☆	遮★	圳★	脂★	治★	重★
璪	轧★	湛	折★	阵	蜘★	栉	舟★
藻☆	闸★	蘸☆	哲★	鸩	执★	崻	州★
皂★	铡☆	张★	晢	振★	直★	庤	诌
灶★	眨★	章★	辄	朕	侄★	陟	周★
唣	砟	鄣	蛰	赈	值★	贽	洲★
造★	乍☆	獐	谪	震★	埴	挚☆	辀
愺☆	诈☆	彰☆	摺	镇★	絷	桎	啁
噪☆	柞	漳	磔	争★	植★	梽	鹍
簉	栅☆	嫜	辙☆	征★	殖★	铚	粥★
燥★	咤	璋	者★	怔☆	跖	痔	妯
躁★	炸★	蟑	锗	峥	摭	室☆	轴☆
则★	痄	长★	赭	狰☆	踯	蛭	碡
责★	蚱	仉	褶	钲	蹢	智★	肘☆
择★	鲊	涨★	这★	烝	止★	痣	纣
迮	榨★	掌★	柘	睁★	旨★	滞☆	咒☆
泽★	斋☆	丈★	浙★	铮	址★	骘	宙★
喷	摘★	仗★	蔗☆	筝★	抵		绉
帻	宅★	杖☆	鹧	蒸★	芷		胄
筻	翟	帐★	着★	拯☆	沚		昼★
舴	窄★	账☆	贞★	整★	鸷		酎
箦	债★		针★				皱★

骤★	躅	箸	缀☆	擢	秭	诹	嘴★
籀	主★	抓★	惴	濯	籽☆	陬	最★
帚☆	拄☆	拽	缒	镯	第	鄹	罪★
朱★	渚	专★	赘☆	孜	梓	鲰	槜
邾	煮★	砖★	肫	咨☆	紫★	走★	蕞
侏	嘱★	颛	窀	姿★	訾	奏★	醉★
诛	瞩	转★	谆☆	兹	滓☆	揍☆	尊★
茱	仁	啭	准★	资★	自★	租★	遵★
洙	芢	赚★	拙☆	淄	字★	菹	樽
珠★	助★	撰☆	捉★	缁	恣	足★	鳟
株★	住	篆	桌★	辎	眦	卒☆	撙
诸★	纻	馔	倬	嗞	渍	族★	噂
铢	杼	妆☆	梲	嵫	宗★	镞	昨★
猪★	贮☆	庄★	涿	孳	综☆	诅☆	左★
蛛★	注★	桩☆	灼☆	滋★	棕★	阻★	佐
楮	驻★	装★	茁☆	赵	腙	组★	作★
潴	柱★	壮★	卓☆	镏	踪★	俎	坐★
橥	炷	状★	斫	龇	鬃	祖★	阼
竹★	祝★	撞★	浊★	镃	总★	躜	怍
竺	洼	幢☆	酌☆	鬻	偬	缵	胙
逐★	著★	追★	浞	髭	纵★	纂	祚
烛★	蛀☆	骓	诼	鲻	疭	钻★	唑
舳	铸★	椎☆	啄★	子★	粽	攥	座★
瘃	筑★	锥☆	琢☆	姊☆	邹	朘	做★
蠋	翥	坠☆	禚	籽	驺	菁	

第八章 现代汉字结构

第一节 结构单位

一、笔画

笔画是汉字最小的结构单位，所有汉字都是由笔画组合而成的。笔画分基本笔画和非基本笔画，单一笔画和复合笔画。基本笔画就是横、竖、撇、点、折。其中，横包括提，竖包括竖钩，点包括捺，其余为折笔。单一笔画是横、竖、撇、点、捺、提、弯、钩，这里横与提分离，竖与竖钩分离，点与捺分离。至于弯和钩，我们认为也是构成复合笔画的单一笔画。

笔画之间的关系有相接、相离、相交三种。例如：

相接：丁、厂、兀、上、入、工、刀、乃、了、几
相离：二、三、儿、八、川、六、习、门、小、刁
相交：十、丰、九、力、丈、卅、义、七、又、也

很多字是由这三种综合构成，例如：

相接＋相离：亏、与、刃、仁、亢、订、引、闪、氘
相接＋相交：土、大、巾、千、文、右、左、丑、升
相交＋相离：寸、议、叉、扎、什、刘、斗、汁、化
相接＋相离＋相交：阐、绛、图、优、夸、边、武、玲

汉字笔画直到隶书才真正形成。晋朝卫夫人在《笔阵图》中把笔画分为七种，但没有名称。唐朝张怀瓘的《永字八法》把笔画分为八种，第一次给每种笔画定了名称，即侧（现称点）、勒（现称横）、努（现称竖）、趯（现称钩）、策（现称挑、提）、掠（现称撇）、啄（现称短撇）、磔（现称捺）。1930 年陈德芸《德芸字典》把笔画分为七种，1934 年陈立夫把笔画分为点、横、竖、撇、折五种，1964 年汉字查字法工作组把笔画分为五种，并按照横、竖、撇、点、折排列（札字法）。

1. 笔画的种类

笔画是汉字最小的结构单位，字母是英文单词最小的结构单位。从这个意义上讲，汉字的笔画相当于英文的字母。英文的字母种类有多少，学过英文的人都能准确地回答出

201

来。至于汉字的笔画种类究竟有多少，则很难有人确切地回答出来。

为什么会出现这种情况？原因在于，汉字笔画的种类因受汉字特点的影响，至今还没有一个统一的说法。国家语言文字应用研究所费锦昌先生曾撰文指出："现代汉字的笔画到底有多少种？这是现代汉字最基本的问题。无论是用于对内还是对外汉字教学的课本，在交代了汉字的概况后，第一课的内容就会涉及这个问题。遗憾的是，现代汉字笔画的分类至今还不统一。"① 北京大学苏培成先生也指出："汉字的笔形有多少类？学者们的看法不完全一致，分出来的类多少也不一样。"② 笔画种类的数量问题确实是现代汉字最基本、最重要的问题，然而这个问题至今没有得到很好的解决，没有形成一个统一的确定的笔画种类。笔画种类不定，必然给基础教育和对外汉字教育带来不便，产生消极影响。

现行汉字的笔画种类究竟有多少，各家说法不一，存在比较大的分歧。为了说明这个问题，我们特地选取了有影响的现代汉语方面的论著，并对它们收录的笔画种类作了统计。这些论著是：①黄伯荣、廖序东《现代汉语》（增订四版），简称"黄本"；②胡裕树《现代汉语》（重订本），简称"胡本"；③张斌《现代汉语》，简称"张本"（以上三本书，目前许多大学用作教材，可以作为大学教育的代表）；④周一民《现代汉语》（修订本），简称"周本"，可以作为师范教育的代表；⑤苏培成《现代汉字学纲要》（修订本），简称"苏本"，它是现代汉字学方面的权威著作；⑥李大遂《简明实用汉字学》，简称"李本"，可以看作是对外汉语教学方面的代表；⑦傅永和《汉字结构和构造成分的基础研究》，简称"傅文"，可以作为主管语文工作部门的代表；⑧人教版小学语文课本第一册"笔画名称表"，简称"小语"，可以作为基础教育的代表；⑨《现代汉语规范词典》中《汉字笔画名称表》，简称"词典"，可以作为辞书的代表。③ 各论著收录的笔画种类按照原论著笔画排列的顺序列表，如表 8-1 所示：

表 8-1　笔画收录情况统计表

版本 序号	黄本	胡本	张本	周本	苏本	李本	傅文	小语	词典
1	一	一	一	一	一	一	一	一	一
2	㇀	一	丨	丨	丨	丨	丨	丨	丨
3	丨	丨	丿	丿	丿	丿	乀	丿	丿
4	丨	丨	丶	丶	丶	丿	丿	乀	丶
5	丿	丿	乀	乀	乀	丿	乀	丶	㇀
6	㇀	㇀	㇀	㇀	㇀	フ	㇀	㇀	乀
7	丶	丿	乛	乛	乛	㇆	乛	乛	乛

---

① 费锦昌．现代汉字笔画规范刍议．世界汉语教学，1997（2）．该文未具体讨论笔画的种类。

② 苏培成．现代汉字学纲要．北京：北京大学出版社，2001.68.

③ 黄伯荣，廖序东．现代汉语．北京：高等教育出版社，2007；胡裕树．现代汉语．上海：上海教育出版社，1996；张斌．现代汉语．上海：复旦大学出版社，2002；周一民．现代汉语．北京：北京师范大学出版社，2006；苏培成．现代汉字学纲要．北京：北京大学出版社，2001；李大遂．简明实用汉字学．北京：北京大学出版社，1993；傅永和．汉字结构和构造成分的基础研究．见陈原．现代汉语用字信息分析．上海：上海教育出版社，1993；李行健．现代汉语规范词典．北京：外语教学与研究出版社，2004。

（续上表）

序号	黄本	胡本	张本	周本	苏本	李本	傅本	小语	词典
8	丶	丿	→	→	フ	㇁	→	フ	フ
9	㇀	フ	フ	フ	→	㇏	フ	→	→
10	㇏	㇁	フ	フ	フ	㇏	フ	L	㇄
11	㇏	㇀	㇙	㇙	㇙	㇏	㇙	L	㇄
12	フ	丶	㇄	㇄	㇄	丿	㇄	㇙	㇙
13	㇙	丶	㇄	㇄	㇄	丶	㇄	亅	㇄
14	㇅	〈	㇈	㇄	㇈	〈	㇌	㇗	㇅
15	㇌	㇏	乙	㇅	㇄	フ	㇌	〈	L
16	㇌	㇏	㇌	㇅	㇌	L	㇙	㇉	L
17	フ	㇀	㇌	㇌	㇌	㇄	L	㇄	L
18	フ	㇙	㇅	㇅	㇌	L	亅	㇀	㇁
19	㇌	㇙	㇅	㇅	㇅	㇄	L	㇌	㇁
20	㇄	→	㇙	㇙	㇙	㇀	㇀	㇙	㇅
21	→	亅	L	亅	L	㇙	L	フ	乙
22	㇄	㇇	亅	L	亅	㇙	㇁	㇁	㇌
23	㇄	)	L	L	L	亅	㇁	L	㇅
24	L	㇀	L	L	L	→	〈	㇌	㇌
25	L	L	㇁	㇅	㇁	)	㇠	㇌	㇅
26	㇑	フ	㇁	㇅	㇁	㇉	)	㇁	㇄
27	㇁	㇌	㇁	㇅	㇅	㇈	㇉	㇁	㇅
28	㇁	㇁	〈	〈	〈	フ	了	㇌	㇠
29	L	㇌	㇠	㇠	㇠	乙		〈	
30	㇁	㇌	㇉	㇉	㇉	㇄		㇉	
31	亅	フ	)	)	)	㇄			)
32	㇠	L	㇀	㇀		㇅			
33	〈	㇠				㇌			
34	)					L			
35	㇉					㇁			
36	㇀					㇅			
合计	35	33	32	32	31	35	28	28	31

　　由表 8−1 可见，对笔画种类的认定存在比较严重的分歧。这 9 种论著收录的不同种

类的笔画共有 42 种。单一笔画的分歧较多，复合笔画的分歧较少。在 42 种笔画中，大家公认的，即 9 种论著都收录的有 23 种，占全部笔画的 55%。存在分歧的笔画有 19 种，占全部笔画的 45%。其中，7 种论著收录的有 4 种笔画，占全部笔画的 10%；6 种论著收录的有 2 种笔画，占全部笔画的 5%；5 种论著收录的有 3 种笔画，占全部笔画的 7%；4 种论著收录的有 1 种笔画，占全部笔画的 2%；3 种论著收录的有 4 种笔画，占全部笔画的 10%；2 种论著收录的有 2 种笔画，占全部笔画的 5%；1 种论著收录的有 2 种笔画，占全部笔画的 5%。

然而，造成笔画种类差异的原因何在？根本原因是汉字平面书写的特点。汉字的笔画如果像英文那样线性排列，不同的笔画长短、位置分布就不会形成不同的汉字。正因为汉字笔画在平面上分布，因此，笔画的长短，分布位置的不同就会形成不同的汉字。例如"士"与"土"就是依靠长横、短横的不同分布形成的差异。又例如汉字的"点"就有不同的分布位置，因而形成了不同的"点"的形状，如"文"中的点、"然"中的点、"刘"中的点，形状就不同。所以，我们认为，汉字笔画种类不统一与方块汉字的特点有关。具体而言，有以下两个方面：

（1）对笔画细分的程度不同。笔画细分的程度差异主要体现在单一的基本笔画上，大家对单一笔画细分的程度不同，有的只设一种，有的分为几种。例如：横笔，"胡本"分为 2 种，即短横和长横。点笔，"黄本"、"胡本"分为 3 种，即短点、长点和左点。竖笔，"黄本"分为 2 种，即竖和悬针竖；"胡本"分为 3 种，即长竖、短竖和悬针竖。撇笔，"胡本"分为 2 种，即斜撇和竖撇；"李本"分为 3 种，即斜撇、平撇和竖撇。捺笔，"黄本"、"胡本"、"李本"都分为 2 种，即斜捺和平捺。

（2）对笔画认定的标准不同。对哪些是笔画哪些不是笔画，大家有分歧。例如"乙"，只有 4 种论著收录，其他 5 种论著都没有收录；"了"，只有"傅文"收录了，其他 8 种论著都没有收录。

应该按照笔画的标准确定笔画的种类。我们认为，确定笔画有两个标准，即笔画定义标准和笔画差异度标准。下面根据这两个标准，就存在分歧的 19 种笔画进行说明。

（1）笔画定义标准。必须严格按照笔画定义确定笔画种类。什么是笔画？笔画是"构成汉字的各种点和线"，"从落笔到起笔所写的点和线叫一笔一画。"① 由此可见，认定笔画有两个条件：①从笔画数量看，笔画只能是一笔或一画。②从落笔到起笔的过程看，中途不能有间断，不能有回笔。根据这两个条件，我们对 42 种笔画进行了分析，发现有 41 种笔画符合这两个条件，只有"了"不符合这两个条件。

根据国家标准《现代汉语通用字表》，"了"的笔画数是 2 笔，它由横撇和竖钩组合而成。目前在用硬笔书写的时候往往可以一笔到底，没有间断，不存在回笔，但在用毛笔书写的时候，横撇后面明显有停顿。所以根据这两点，我们认为不能单独将其列为一种笔画。

另外，"乙"只有 44% 认定其为笔画。从实际来看，"乙"从落笔到起笔，中途没有间断，也没有回笔，《现代汉语通用字表》确定的笔画也只有 1 画，所以应该将其单独列为一种笔画，只不过它是成字笔画。汉字都是由笔画组合而成的，有的由 1 笔构成，有的

① 黄伯荣，廖序东．现代汉语（上册）．北京：高等教育出版社，2007.145.

由 2 笔或 2 笔以上构成。"乙"的笔画数量又只有 1 笔，如果"乙"不是笔画，那么它是如何组合而成的？其他有分歧的笔画，如果仅仅按照笔画定义标准，就都可以看成是笔画。

用笔画定义标准来确定笔画种类，42 种笔画中有 41 种符合笔画定义要求。显然，只根据笔画定义标准确定笔画种类是不够的，在满足笔画定义标准的前提下还需要参照笔画差异度标准来确定笔画种类。

（2）笔画差异度标准。笔画差异度是判断笔画种类的重要标准，笔画之间视觉差异必须明显，差异度必须大，差异不大不能单独立类。长横与短横，长竖、短竖与悬针竖，平撇、斜撇与竖撇，斜捺与平捺，短点、长点与左点，彼此差异都不明显。例如，多长才叫做长横，多短才叫做短横？倾斜多少才叫做斜捺，倾斜多少才叫做平捺呢？标准很难掌握。因此，长横与短横合并为横，长竖、短竖与悬针竖合并为竖，平撇、斜撇与竖撇合并为撇，斜捺与平捺合并为捺，短点、长点与左点合并为点。这既减少了笔画的种类，又与传统的横、竖、撇、点、捺五种笔画相吻合。

现就其他有争议的笔画说明如下：

"乚、乚"（竖折、竖弯）与"乙、乙"（横竖折、横竖弯）。这两组笔形差异不大，很相近。竖弯、横竖弯构成的汉字也很少，例如"西四（竖弯）、设沿（横竖弯）"。因此，可以将竖弯归并到竖折，横竖弯归并到横竖折。

"乀、乀、乀"（斜钩、弯钩、卧钩）。这组笔形差异大，方向区分明显，斜钩向右，弯钩向左，卧钩向上。其中斜钩、弯钩是大家公认的两种笔画。对卧钩则存在分歧，有 34% 认为其不是笔画。就常用的 4 种印刷体来看，卧钩主要存在于楷体和仿宋体"心"系列汉字中，宋体、黑体中笔形与竖弯钩相同。例如：

楷　体：心必志沁思忘忍态忠念恶总急愿虑怎
仿宋体：心必志沁思忘忍态忠念恶总急愿虑怎
宋　体：心必志沁思忘忍态忠念恶总急愿虑怎
黑　体：心必志沁思忘忍态忠念恶总急愿虑怎

鉴于卧钩构成的汉字较多，而且存在于常用的楷体和仿宋体中，因此，卧钩应该独立成类。

"乙、乙"。这组笔画有相近的地方，但差异也很明显。前者是横加上斜钩，后者是横加上竖弯钩。既然斜钩与竖弯钩是两种不同的笔画，那么这组笔画也应该分别独立成类。

"ㄅ、ㄋ、ㄋ"。大家对这组笔画有分歧，不认同的情况分别为 45%、45%、23%。尽管前二者构成的汉字不多，但这些笔画与其他笔画比较，差异是明显的，而且在国家颁布的标准里面笔画数都只有 1 画，因此应该分别独立成类。

如何解决笔画的各种变异？我们认为，应该建立笔画变体的概念。汉字笔画确实存在变形的情况，同一种笔画在某些字里具体写法有所不同。例如横笔，除了上面提到的长横、短横外，还有斜横的写法，如"七"中的横笔就是斜横。我们把笔画的变化形式叫做笔画变体，笔画是汉字最小的结构单位，笔画变体是笔的具体写法，是笔画变化的结果。笔画变体是笔画的细化，可以分得很细。应该把笔画和笔画变体区分开来，这样有助于确定笔画种类的数量。例如点笔，短点、长点、左点就可以看成是点笔的 3 种笔画变体，应该归纳为 1 种笔画，而不是 3 种笔画。除单一笔画存在变体之外，复合笔画也存在变体的情况。例如"及"的第一笔与"建"的倒数第二笔，笔形就有所不同。所以，我们应该把笔画与笔画变体分离，这样，笔画的种类才能够得到确定。

按照笔画定义标准，42 种笔画减少了 1 种笔画；按照笔画差异度标准，又减少了 10 种笔画；按照两种标准共减少了 11 种笔画，最后得到 31 种笔画。需要说明的是，本书讨论汉字笔画依据的是《现代汉语通用字表》，字形为简体字。另外，这 31 种笔画包括宋体、仿宋体、楷体和黑体的笔画，它们有 30 种笔画种类是相同的，只有卧钩有所不同。所以，总体上看，汉字笔画种类有 31 种。从字体看，楷体、仿宋体的笔画种类有 31 种；宋体、黑体没有卧钩，笔画种类只有 30 种。31 种笔画如表 8 - 2 所示：

表 8 - 2　笔画种类表

序号	1	2	3	4	5	6	7	8	9	10	11	12	13	14	15	16
笔画	一	丨	丿	丶	㇏	㇒	𠃍	㇆	一	㇄	𠄌	㇉	㇈	𠃌	㇅	㇊
例字	王	川	人	文	入	坏	四	又	买	凹	计	刀	飞	凸	延	九
序号	17	18	19	20	21	22	23	24	25	26	27	28	29	30	31	
笔画	𠄎	乙	阝	㇄	丨	丨	𠃊	𠃋	㇊	㇌	㇀	㇁	㇃	丿	丶	
例字	乃	亿	邓	断	以	小	鼎	专	儿	马	丝	巡	弋	犯	心	

2. 笔画构字数据

（1）基本笔画构字数据[1]。见表 8 - 3：

表 8 - 3　基本笔画构字统计表

笔画	辞海（%）	字符集（%）
横	30.66	30.46
竖	19.17	19.12
撇	15.07	15.99
点	17.51	16.74
折	17.58	17.68

（2）不同笔画数构字数据。《辞海》最少 1 画，最多 36 画（齉），16 296 字，平均笔画数为 12.706 1 画。《现代汉语常用字表》，3 500 字，平均笔画数为 9.741 画。《现代汉语通用字表》，7 000 字，平均笔画数为 10.173 画。1 000 高频字（《现代汉语频率词典》）

---

① 何九盈等．中国汉字文化大观．北京：北京大学出版社，1995. 80.

平均笔画数为 7.958 画。① 各笔画数构字情况如表 8 - 4 所示：

表 8 - 4 各笔画数构字情况表

笔画数	《辞海》	百分比（%）	《常用字表》	百分比（%）	《通用字表》	百分比（%）	1 000 高频字	百分比（%）
1	3		2		2		1	
2	23		19		21		14	1.4
3	74		50		59		34	3.4
4	163	1	113	3.2	136	1.9	69	6.9
5	261	1.6	151	4.3	201	2.9	85	8.5
6	462	2.8	250	7.1	335	4.8	123	12.3
7	825	5.1	341	9.7	545	7.8	123	12.3
8	1 084	6.7	407	11.6	690	9.9	141	14.1
9	1 276	7.8	415	11.9	785	11.2	121	12.1
10	1 371	8.4	391	11.1	761	10.9	96	9.6
11	1 453	8.9	351	10	726	10.4	74	7.4
12	1 553	9.5	319	9.1	678	9.7	49	4.9
13	1 365	8.4	233	6.7	549	7.8	38	3.8
14	1 190	7.3	140	4	412	5.9	13	1.3
15	1 132	6.9	126	3.6	331	4.7	8	
16	961	5.9	78		276	3.9	6	
17	788	4.8	51		185	2.6	1	
18	569	3.5	16		90		1	
19	499	3.1	20		81		0	
20	370	2.3	15		47		0	
21	263	1.6	6		28		1	
22	208	1.3	4		22		0	
23	159	1	1		12		0	
24	122	0.7	1		8		0	
25	65		0		6		0	
26	36		0		1		0	
27	28		0		0		0	
28	15		0		0		0	

---

① 《辞海》是文字改革委员会汉字处和武汉大学的统计数据，见：何九盈等. 中国汉字文化大观. 北京：北京大学出版社，1995.79；其余数据见：陈原. 现代汉语用字信息分析. 上海：上海教育出版社，1993.40；北京语言学院语言教学研究所. 现代汉语频率词典. 北京：北京语言学院出版社，1986。

（续上表）

笔画数	《辞海》	百分比（%）	《常用字表》	百分比（%）	《通用字表》	百分比（%）	1 000 高频字	百分比（%）
29	8		0		0		0	
30	6		0		1		0	
31	1		0		0		0	
32	2		0		0		0	
33	2		0		0		0	
34	0		0		0		0	
35	1		0		0		0	
36	1		0		1		0	

　　从表8－4可见，《辞海》构字最多的是12画，主要集中在8画到15画。《常用字表》构字最多的是9画，主要集中在6画到13画。《通用字表》构字最多的是9画，主要集中在6画到15画。1 000高频字（《现代汉语频率词典》）构字最多的是8画，主要集中在5画到11画。

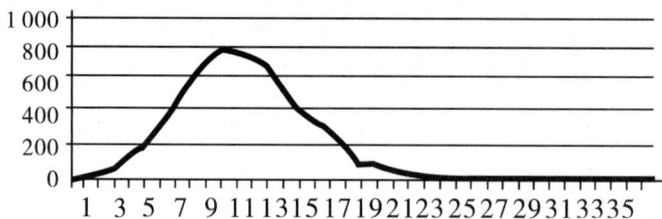

图8－1　《现代汉语通用字表》笔画分布

二、部件

　　传统的汉字结构单位有偏旁之说，而现在使用更多的是部件。部件是从计算机角度分析出来的由笔画组成的生成汉字的基本结构单位。它可以分为基础部件和合成部件、成字部件和不成字部件、单笔部件和多笔部件等。

　　不能切分的部件叫做基础部件，能够切分的部件叫做合成部件。例如"想"，"相"是合成部件，"目"、"木"、"心"则是基础部件。基础部件是生成汉字的最小构字单位。成字部件是指可以独立生成汉字的部件，既是字，又是部件，例如"口"、"日"、"人"、"田"。不成字部件是指本身不构成字的部件，它只是部件，例如"艹"、"扌"、"辶"、"宀"。

　　由一个笔画构成的部件称单笔部件，例如"一"（横）、"丨"（竖）、"丿"（撇）、"丶"（点）、"乛"（横折钩）。由多个笔画构成的部件叫多笔部件，例如"刂"、"口"。

　　各构成部件可以依据书写先后分出层级，首先切分出来的部件是一级部件，第二次切分出来的是二级部件，第三次切分出来的是三级部件，其余类推。一级部件又叫做直接部件，其余级别部件叫做间接部件。最后分出来的部件是基础部件。如图 8-2 所示：

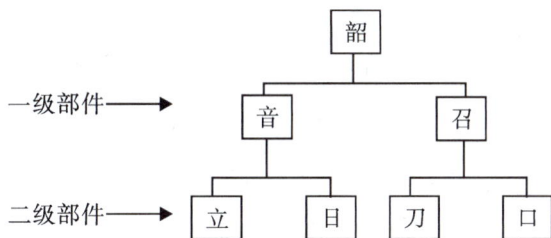

图 8-2　部件层级图

至于汉字的部件有多少，人们有不同的分析结果。1983 年，中国文字改革委员会和武汉大学合作对《辞海》（1979 年版）进行结构与成分分析，分为 2 个字集，即《简化字和被简化的繁体字以及未简化的汉字集》（16 339 个字)[①] 和《简化字和未简化的汉字集》（11 834个字）。对前者进行分解，得到 675 个部件；对后者进行分解，得到 648 个部件，其中成字部件 327 个，不成字部件 321 个。

1997 年 12 月国家语委发布了《信息处理用 GB13000.1 字符集汉字部件规范》，有 560 个部件。

表 8-5 是中国文字改革委员会和武汉大学分析得到的 648 个部件中的 82 个高频构字部件的构字情况。

表 8-5　高频构字部件表[②]

序号	部件	构字数	频度（%）	序号	部件	构字数	频度（%）
1	口	2 409	20.357 9	10	土	597	5.045 7
2	一	1 279	10.808 9	11	宀	559	4.724 9
3	艹	812	6.862 2	12	十	533	4.504 3
4	木	791	6.684 1	13	又	507	4.284 7
5	人	774	6.540 4	14	田	480	4.056 0
6	日	766	6.473 6	15	扌	465	3.929 5
7	氵	691	5.839 1	16	勹	427	3.608 7
8	亻	679	5.738 3	17	丷	421	3.558 1
9	八	642	5.425 2	18	宀	418	3.532 8

①　《辞海》16 296 字，加上《辞海》未收而《信息交换用汉字编码字符集·基本集》收入的 43 个字，合计 16 339 字。

②　陈原. 汉语语言文字信息处理. 上海：上海教育出版社，1997. 25.

（续上表）

序号	部件	构字数	频度（%）	序号	部件	构字数	频度（%）
19	厶	402	3.397 2	51	圭	197	1.665 7
20	宀	390	3.296 0	52	夂	197	1.665 7
21	女	368	3.110 8	53	灬	193	1.631 3
22	虫	328	2.772 8	54	尸	191	1.614 1
23	月	314	2.653 4	55	小	184	1.555 4
24	钅	313	2.645 3	56	乂	181	1.529 1
25	大	298	2.518 8	57	乌	176	1.487 6
26	王	288	2.434 8	58	厂	175	1.479 5
27	匕	288	2.434 8	59	罒	165	1.394 5
28	止	285	2.408 5	60	阝	163	1.377 3
29	山	284	2.400 4	61	彡	157	1.327 7
30	月	276	2.332 6	62	口	155	1.310 6
31	丷	264	2.231 4	63	米	154	1.301 4
32	忄	262	2.214 2	64	力	153	1.293 3
33	勹	261	2.206 1	65	巾	148	1.251 8
34	爫	254	2.146 4	66	工	147	1.242 7
35	心	247	2.087 7	67	扩	146	1.234 6
36	纟	244	2.062 4	68	夕	146	1.234 6
37	火	243	2.053 3	69	子	144	1.217 4
38	冂	239	2.020 9	70	儿	144	1.217 4
39	广	234	1.977 4	71	刀	143	1.208 3
40	夂	232	1.960 2	72	凵	142	1.200 2
41	目	226	1.910 6	73	幺	140	1.183 0
42	辶	218	1.842 8	74	习	140	1.183 0
43	讠	214	1.808 475		丰	139	1.175 9
44	贝	214	1.808 4	76	白	138	1.166 8
45	乛	211	1.783 1	77	廿	138	1.166 8
46	立	207	1.749 7	78	犭	136	1.149 6
47	刂	206	1.741 6	79	匸	136	1.149 6
48	卜	205	1.732 5	80	干	135	1.141 5
49	寸	202	1.707 2	81	衤	132	1.115 2
50	禾	199	1.682 9	82	匚	131	1.107 1

《基础教学用现代汉语常用字部件规范》有 540 个部件，是依据《信息处理用 GB13000.1 字符集汉字部件规范·汉字基础部件名称表》和《现代汉语常用字表》制定的，规定了基础教学用现代汉语常用字部件及其名称。

下面是《基础教学用现代汉语常用字部件规范》的内容，辑录如下：

1. 部件拆分规则

（1）字形结构符合理据的，按理据进行拆分。例如：

分——"八"、"刀"　　相——"木"、"目"

（2）按理据拆分时，属于层次结构的，依层次拆分；属于平面结构的，一次性拆分。例如：

想（层次结构）——第一层"相"、"心"；第二层"木"、"目"（"相"）
茎（平面结构）——"艹"、"冖"、"土"（一次性拆分）

（3）无法分析理据或形与源矛盾的，依形进行拆分。例如：

朋——"月"、"月"　　执——"扌"、"丸"

（4）交重不拆，极少数不影响结构和笔数的笔画搭挂可拆。例如：

串（交重）——不可拆分为"中"、"中"
东（交重）——不可拆分为"七"、"小"
孝（搭挂）——拆分为"耂"、"子"

（5）拆开后的各部分均为非字部件或均不再构成其他汉字的，即使是相离或相接，也不拆分。例如：

非——不可拆分为"扌"、"钅"

（6）为照顾查检的方便，由中国文字改革委员会和国家出版局推荐使用的《汉字统一部首表（草案）》的 201 个部首（含繁体部首）一律进入部件表。

（7）因为构字造成独体字部件相离的，拆分后仍将相离部分合一，保留独体字的原形。例如：

乘——"禾"、"北"，不拆分为"禾"、"扌"、"匕"。

2. 部件命名规则

（1）按读音命名。《现代汉语常用字表》内的成字部件，仅有一个读音的，按其读音命名；多音的成字部件，选取较常用的读音命名。例如：

单音："口（kǒu）"、"木（mù）"、"火（huǒ）"、"革（gé）"
多音："石"称为"石（shí）"，不称为"石（dàn）"

《现代汉语常用字表》以外的成字部件，给出读音后再按部位命名。例如：

"殳"的名称是"殳（shū）"和"设（shè）字边"
"聿"的名称是"聿（yù）"和"律（lù）字边"

（2）按俗称命名。俗称通行的非成字部件，用俗称命名。例如：

"辶"称为"走之"　　　"氵"称为"三点水"
"宀"称为"宝盖"　　　"扌"称为"提手"

有多种俗称的非成字部件，采用一个含义明确、比较通行的俗称命名。例如：

"纟"俗称"绞丝旁"、"绞丝"、"孪绞丝"、"乱绞丝"等，选用"绞丝旁"
"彳"俗称"双立人"、"双人旁"等，选用"双人旁"

（3）按笔画命名。单笔部件按规范的笔画名称命名。例如，

"一"称为"横"，"丨"称为"竖"，"丿"称为"撇"，"丶"称为"点"

《现代汉语常用字表》内成字的单笔部件，可以根据字音和笔画双重命名。例如：

"一"称为"一（yī）/横（héng）"
"乙"称为"乙（yǐ）/横折弯钩"

（4）按部位命名。以上三类以外的部件，采用代表字及部件在代表字中的部位命名，例如"×字头"、"×底"、"×字框"、"×字心"。名称中的"×"为部件命名的代表字，"头"、"底"、"框"、"心"等为部件在代表字中的部位。部件命名的代表字一般从《现代汉语常用字表》中选取，并且优先选用左右部件的字，优先选用部件位置明确的字。部件命名的代表字不选取本部件集中的成字部件。如："⺊"称为"贞（zhēn）字头"，不称"占字头"，因为"占"是本部件集的部件。

×字头。上下、上中下结构的上面部件称"×字头"。例如，"癶"称为"登（dēng）字头"。

×字底。上下、上中下结构的下面部件称"×字底"。例如，"廾"称为"弄（nòng）字底"，"氺"称为"泰（tài）字底"。

×字旁。左右结构的左面部件称"×字旁"。例如，"丬"称为"壮（zhuàng）字旁"。

×字边。左右结构的右面部件称"×字边"。例如，"旡"称为"既（jì）字边"，"冘"称为"枕（zhěn）字边"。

×字框。包围结构的外面部件称"×字框"。例如："囗"称为"围（wéi）字框"。

×字心。位于包围结构中间的部件称"×字心"。例如："巛"称为"巡（xún）字心"。

×字角。位于汉字四角部位的部件称"×（字）角"。位于左上角的部件称为"×左角"，例如"夘"称为"餐（cān）左角"。

位于右上角的部件称为"×右角"，例如"勹"称为"黎（lí）右角"。

位于右下角的部件称为"×下角"，例如"皿"称为"临（lín）下角"。

由某字变形而来的部件，用本字加部件常出现的部位命名，例如，"爫"称为"爪（zhǎo）头"，表明"爫"是由"爪"变形而来，不是"爪"字的上部。

由某些部件省简而成的部件变体，以"×省"命名，例如，"第"中的"弔"为"弟省"；"岛"中的"鸟"为"鸟省"。

3. 使用规则

（1）表中所列部件是对汉字拆分下限的规定，教学中对每个汉字进行分析时，不再拆分。例如，"京"不能再拆分为"亠"、"口"和"小"；"亚"不能再拆分为"一"和"业"。

（2）《汉字统一部首表（草案)》中仍有理据的合成字，教学时也可再行拆分，但拆分下限不能超出本部件表范围。例如，"鼻"可拆分为"自"、"畀"；"香"可拆分为"禾"、"日"。

（3）有理据的交重成字部件，在教学时可以拆开讲解。例如，"果"可讲解为从"田"，从"木"；"夷"可讲解为从"大"，从"弓"。

（4）在指导书写时，对部件表中未包含的部分，可以灵活描述。例如，"主"可以描述为先写"丶"，后写"王"；"太"、"犬"可以描述为先写"大"，后写"丶"；"必"可以描述为先写"心"，后写"丿"。

（5）在称说某些部件时，可以按照习惯儿化。例如，"立刀儿"、"宝盖儿"、"竖心儿"、"走之儿"等。

（6）表中双重称说的部件，建议优先使用语音称说。例如："囗"名称是"囗（wéi）"和"围（wéi）字框"，建议先使用"囗（wéi）"称说。

三、偏旁与部首

传统汉字教学还有偏旁和部首两个术语，目前在语文教学中还在使用，这里作简要说明。

偏旁最初是针对形声字而言，形声字由声旁和形旁构成，汉字左右结构的字最多，左为偏，右为旁，合为偏旁。形声字在造字法中占绝大多数，现代汉字90%以上都是形声字，后来偏旁作为合体字的构字部件，现在合体字各部位的部件统称为偏旁。例如"详"

字，由"言字旁"和"羊"两个偏旁组成；"香"字由"禾"和"日"两个偏旁组成。由于现代汉字有的独体字已经看不出来，所以，偏旁用得不是那么严格，独体字也分出了偏旁。偏旁有多少，谁也没有统计过，至今也说不清楚。有部件之后，没必要再讲偏旁，或者理解为偏旁就是部件，部件就是偏旁。

部首不是汉字的结构单位，是检索汉字的检字单位。部首是具有字形归类作用的偏旁，是各部的首字，把共同的结构部分列在开头即为部首。例如：

> 马部：马冯驭闯驮驯驰驱……
> 日部：日日旧旦早旬旱者……
> 水部：水汞尿沓泵泉浆淼……
> 扌部：扎打扑扒扛扣扶抹……

国家颁布的《统一汉字部首表》中有 201 个部首。偏旁与部首的关系：所有部首都是偏旁，但不是所有的偏旁都是部首。目前有用部件代替偏旁的趋向，也就是说，部件 = 偏旁。

第二节 结构顺序：笔顺

一、笔顺规则

1. 笔顺

笔顺是汉字笔画书写的先后顺序。早期汉字的笔画不明显，隶变后笔画明确下来，笔顺也就明确下来。书法的出现，对笔顺提出了更高的要求，人们逐渐有了笔顺的意识。

其实英文等表音文字也有笔顺，英语的单词是由字母构成的，英语的笔顺就是字母书写的先后顺序。英文等表音文字的笔顺与汉字的笔顺相比，具有明显的特征。英文等表音文字是字母在线上的排列，线上排列决定了书写顺序的唯一性，例如 department 的笔顺：d→e→p→a→r→t→m→e→n→t。这种顺序书写不可能被打破。汉字的结构单位是笔画，是笔画在平面上的分布，平面分布决定了书写顺序的多样性。汉字笔顺从排列理论来看，多样性的特点非常突出。例如"为"，理论上有 24 种笔画排列方式或书写顺序，如果将左上点、撇、折、右下点分别用 abcd 表示，则 abcd 的排列方式有：

abcd	abdc	acbd	acdb	adbc	adcb
bacd	badc	bcad	bcda	bdac	bdca
cabd	cadb	cbad	cbda	cdab	cdba
dabc	dacb	dbac	dbca	dcab	dcba

"为"笔顺常见的有：

① `→ ㇉ → 为 → 为

②フ → 力 → 力 → 为

③丶 → フ → 力 → 为

汉字在平面上先写哪笔后写哪笔差异不是很大，例如"为"的笔顺，不管哪种写法，都能比较"顺"地写出该字。正是由于英文等表音文字的笔顺具有唯一性的特点，所以可以不管笔顺。但汉字的笔顺在许多方面有着广泛的应用，加上汉字的笔顺具有多样性的特点，因此书写汉字必须注重笔顺的规范化。从这个角度来讲，笔顺又是汉字特有的。

笔顺在很多方面都有广泛的应用：

（1）识字教育方面。人教版语文实验教材一年级上册教学目标中识字与写字部分对笔顺明确提出了要求：①喜欢学习汉字，有主动识字的愿望。②认识常用汉字 400 个，其中 100 个会写。③掌握汉字的基本笔画，能按笔顺规则写字。字写得正确、端正、整洁。④初步养成正确的写字姿势和良好的写字习惯。

（2）检字排序方面。笔画法在汉字笔画数相同的情况下，是依据笔顺先后排列的。如果我们懂得笔顺，就可以很好地检字排序了。例如《现代汉语通用字表》4 画字：

〔一〕丰王井开亓夫天元无韦云专丐扎廿艺木

〔丨〕止少日日中贝内水冈见

〔丿〕手午牛毛气壬升夭长仁仃什片仆仉化仇币

〔丶〕卞六文亢方闩火为斗忆计订户讣认讥冗心

〔乛〕尹尺夬引丑爿巴孔队办以允邓予劝双书册

（3）输入法方面。根据笔顺来输入汉字的方法在电脑、手机中得到广泛运用。

另外，笔顺还在笔迹鉴定司法实践中发挥着作用，书写动作局部特征是笔迹鉴定认定书写人的主要依据。

2. 笔顺规则

汉字的笔顺在长期的发展中形成了一定的规则，因此笔顺有一定的规律可循。一般把笔顺规则分基本规则和附加规则两部分，我们这里将它们整理为以下 4 种结构 13 条规则。

（1）整体结构：

①先横后竖。竖笔与横笔相交、相接，书写时绝大多数是先横后竖。例如：十、丰、艾、支、用、讯、喷、嗣；丁、下、羊、斤、干、于、拜。

②先撇后捺点。撇与捺不管相交、相离、相接，都先撇后捺；捺改点后，则先撇后点。例如：八、人、入、义、大、木、禾、分、丈、公、文、火、永；凶、区、闪、坐、丛、颂、村、斑、颂、攀、爽、巫、熄、租、牵。

③先横后撇。横与撇相交、相接，则先横后撇。例如：厂、有。

④点的规则：点在上边或左上角，则先写点。例如：文、头。点在右上角或下方或里边，则后写点。例如：戈、点、玉。

（2）上下结构：

⑤从上到下。汉字内部部件上下结构或者笔画上下分布，则从上到下。例如：二、三、丰、于、半、吕、沓、景、苎、岂、章、曼、高。

（3）左右结构：

⑥从左到右。汉字内部部件为左右结构或者笔画左右分布，则从左到右。例如：川、湘、补、羽、肥、儿。

⑦先中间后两边。汉字内部部件为左中右结构或者笔画左中右分布，则先中间后两边。例如：小、水、业、燕。

（4）包围结构：

（两包围结构）

⑧右上和左上包围结构，则先写包围部分。例如：句、勾、勿、訇、匍；疒、启、厌、履。

⑨左下包围结构，如果是"辶"、"廴"构成的包围结构，则先写其他部分，后写包围部分。例如：这、建。如果是非"辶"、"廴"构成的包围结构，则先写包围部分，后写其他部分。例如：旭、勉、赶、题。

（三包围结构）

⑩缺口朝上的，先里后外。例如：山、凶、幽、凼、函。

⑪缺口朝下的，先外后里。例如：同、周、冈、风、凰。

⑫缺口朝右的，先上后里再左下。例如：区、医、匹、匠、匪。

（全包围结构）

⑬全包围结构，则先外后里再封口。例如：国、困、团、图、固。

由于汉字结构复杂，因此，笔顺规则的作用是有限的，有些字的笔顺很难用规则去解释。例如（"一"、"丨"、"丿"、"丶"、"乛"五种基本笔画分别用 1、2、3、4、5 表示）：

母：55414　毋：5531　丹：3541　贯：55212534

舟：335414　舟：25211　丑：5211

这些字按照横笔优先的规则其笔顺应该是：

母：55144　毋：5513　丹：3514　贯：55122534

舟：335144　舟：25121　丑：5121

这些字的笔顺与规则不吻合，所以，我们不能死搬硬套这些规则，要注意一些字的特殊笔顺。再如：

长：3154　女：531　万：153　臣：125125

二、《现代汉语通用字笔顺规范》

1. 《印刷通用汉字字形表》、《现代汉语通用字表》中的笔顺

1965 年文化部和中国文字改革委员会发布了《印刷通用汉字字形表》，为 6 196 个汉

字规定了标准字形，其中包括笔画数目、笔画形状、结构方式和笔顺，规范了6 196个汉字的笔顺。1988年国家语委和新闻出版署发布了《现代汉语通用字表》，共收字7 000个（包括《印刷通用汉字字形表》中的6 146个），在发布的联合通知中指出："《现代汉语通用字表》依据《印刷汉字字形表》确定的字形标准，规定了汉字的字形结构、笔画数和笔顺。字表发布后，印刷通用汉字字形即以此为准。"

但是，这两个字表没有明确标出每个字的笔顺，所规定的笔顺是隐性的，需要通过字与字之间的前后排列位置来推定。两个字表都依据笔画法排列：第一级以笔画数先后排列；第二级以横、竖、撇、点、折为序，其中提归入横，竖钩归入竖，捺归入点，斜钩、横钩、竖提、竖弯钩等均归入折。因此，我们可以根据某个字在字列中所处的位置来推定其笔顺。例如《现代汉语通用字表》3画字，排列如下：

〔一〕三干于亏士土工才下寸丈大兀与万弋
〔丶〕广亡门丫义之

如"万"排在"与"之后、"弋"之前，可见"万"第一笔是横，由于"与"第二笔是折笔，可见"万"的第二笔也应该是折笔。由此推出"万"的笔顺是横、折、撇。"义"排在"丫"后"之"前，"丫"、"之"的第一笔都为点，可见"义"的第一笔也必是点。又如5画字，排列如下：

〔一〕打巧正扑卉扒邛功扔去甘世艾芄古节芅本术札
〔丶〕闪兰半汀汁汇头闪汉忉宁穴宄它讦讧讨写让礼

如"世"排在"甘"之后、"艾"之前，可见"世"第一笔是横。由于"甘"、"艾"第二笔、第三笔都是竖笔，可见"世"的第二笔、第三笔也应该是竖笔。"甘"的第四笔、第五笔是横、横，"艾"的第四笔、第五笔是撇、捺，由此推出"世"的笔顺是横、竖、竖、横、折。"忉"排在"汉"之后、"宁"之前，"汉"、"宁"第一笔、第二笔都是点，可见"忉"的第一笔、第二笔也是点，由此推出"忉"中的竖心旁的笔顺是点、点、竖。

由于笔顺是通过字与字之间的前后排列位置来推定，人们在推导的时候容易出现错误，同时，有的字由于所处的位置条件不充分，无法推导出笔顺来。例如"匘"处在"舀爱豺豹奚匘衾鸽颁颂翁胯胰"中，四点就无法推导出先后。

由于《印刷通用汉字字形表》、《现代汉语通用字表》中的规范笔顺是隐含的，规范笔顺本身又存在一些难点，在社会应用中因理解不同出现了汉字笔顺的不规范现象，因此，国家语委决定对现行规范笔顺进行完善，以满足汉字研究、汉字教学、汉字信息处理、出版印刷、辞书编纂等方面的需要。国家语委自1995年8月着手组织进行现代汉语通用字规范笔顺完善工作，为了全面听取社会各界对现代汉语通用字规范笔顺完善工作的建议，在全国范围内进行了广泛调研，多次召开专家研讨会，并向社会各界人士征求书面意见，在综合分析各界意见的基础上，确定了现代汉语通用字规范笔顺完善的原则和具体意见，制订了《现代汉语通用字笔顺跟随表》。1996年12月国家语委在北京召开了现代汉语通用字规范笔顺完善工作通报会，汉字研究界、汉字教学界、汉字信息处理界、出版印刷界、辞书编纂界及书法界等领域的 11 位专家与会，专家们听取了关于现代汉语通用字规范笔顺完善工作的报告，审阅了《现代汉语通用字笔顺跟随表》。1997 年 4 月国家语委、新闻出版署联合发布了《关于发布〈现代汉语通用字笔顺规范〉联合通知》，正式颁布了《现代汉语通用字笔顺规范》，该规范自发布之日起在全国施行。

2. 《现代汉语通用字笔顺规范》

《现代汉语通用字笔顺规范》（以下简称《笔顺规范》）是在《印刷通用汉字字形表》、《现代汉语通用字表》的基础上形成的，有以下三个特点：

（1）将隐性的规范笔顺变成显性的，列出了三种形式的笔顺。将笔顺按跟随式（一笔接一笔地写出整字）、笔画式（用一丨丿、乛五种基本笔画表示）和序号式（一丨丿、乛分别用序号 1、2、3、4、5 表示，即用数值表示）三种形式列出。例如：国。

跟随式：丨冂冂月用用国国国
笔画式：丨乛一一丨一、一
序号式：25112141

（2）明确了字表中难以根据字序推断出规范笔顺的"火"、"叉"、"凼"、"爽"等一些字的笔顺。[1]

火：、丶丷火
叉：乛又叉
凼：丿乂乂乄乄乄凼凼凼凼
爽：一厂戸戸戸戸戸戸戸戸戸爽爽

（3）调整了"敝"、"脊"两个字的笔顺。

敝：丶丶丷丷丷丷丷丷丷丷丷敝
脊：丶丶丷丷丷丷丷丷丷脊脊

《笔顺规范》编者在"说明"中指出："规范笔顺完善工作中采用了稳定性与系统性兼顾的原则，即在保持现行规范笔顺稳定的前提下，调整少数字的笔顺，尽量增强规范笔顺的系统性。"[2] 通过我们的分析可以看出，调整的字非常少，并不是想象的那么多，根本不会改变笔顺的"稳定性"。当初得知国家有关部门将对笔顺进行调整并正式颁布《笔顺规范》时，大家都翘首期待，满怀希望，然而这样的结果出乎大家的预料，不能不说这是《笔顺规范》的遗憾。

汉字笔顺比较复杂，要一个一个地掌握非常困难。汉字的结构不是一盘散沙，它是以一

---

① 下列跟随式只是列出有分歧的笔画，后同。
② 国家语委标准化工作委员会. 现代汉语通用字笔顺规范. 北京：语文出版社，1997.

些基本字（部件）为基础构成的。因此，我们只要掌握了这些基本字（部件）的笔顺，并结合笔顺规则，就可以掌握所有汉字的笔顺。例如：只要我们会写"王"、"白"、"石"三个基本汉字的笔顺，懂得笔顺规则，也就掌握"碧"字了，不需要单独去记"碧"的笔顺。

第三节 结构层级与框架

一、结构层级

汉字的内部结构不是随意组合的，而是可以按照层次进行分析的，具有层级性特点。汉字组合有三个层次，即笔画、部件和字。笔画是最基础层级，是第一层；部件是第二层；字是第三层，是最高层级。如图 8 - 3 所示：

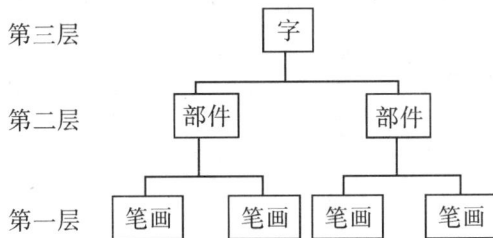

图 8 - 3 汉字的结构层级

部件由笔画构成，可能由几个笔画构成（"艹"、"口"），也可能由一个笔画构成（"丨"、"丿"）。字是由部件构成，可能由几个部件构成（"品"、"草"），也可能由一个部件构成（"歹"、"单"）。例如：

想

木 + 目 + 心

木：横 + 竖 + 撇 + 捺

目：竖 + 横折 + 横 + 横 + 横

心：点 + 竖弯钩 + 点 + 点

二、结构框架

汉字结构类型的划分，出发点不同，划分结果也就不同。唐代欧阳询提出 36 种，《书法三昧》列出 54 种，明朝李淳提出 92 种，今人傅永和先生将通用字的结构分为 85 种。曾经有人对《中华大字典》（48 000 多字）的结构进行过统计[1]，得到 3 702 种结构类型。

---

[1] 于明江等. 汉字结构与汉字部件的计算机查频调查. 中文信息处理国际会议论文集. 中国中文信息学会, 1987.

从教学的角度看，结构划分太多，会使简单问题复杂化，不利于教学，所以我们仍采用四大类结构类型。

1. 整体结构□

无法从左右、上下、包围角度分出的结构，例如：田、史、中、母、我、甲、且、丈、夹、千、火、凹、叉、戈。

2. 左右结构⊟

书写的时候明显从左到右的结构，例如：相、湘、林、绍、张、瓣、搬、渐、鞭、摊、滩、雠、语、漫。

3. 上下结构⊟

书写的时候明显从上到下的结构，例如：男、笑、歪、哭、森、曼、密、葬、案、蔓、喜、豪、囊、膏。

4. 包围结构〇

包围结构有全包围、三包围、两包围。

（1）全包围结构。四周都围起来的结构，例如：国、困、团、图、固、因、圆、囫、囵、园、回、图、圈、圃。

（2）三包围结构。左右卜、上左下、左上右包围的结构，例如：山、凶、幽、凼、函、区、医、匹、匠、匪、同、周、冈、风、凰。

（3）两包围结构。左下、上右、左上包围的结构，例如：这、建、旭、勉、赶、句、勾、勿、訇、匋、疥、启、厌、屡、厦。

三、结构类型构字数据

表8-6、表8-7辑录的是《汉字信息字典》和《辞海》、《基本集》结构类型构字情况：

表8-6　《汉字信息字典》四类结构构字情况表

结构类型	整体	左右	上下	包围	合计
字　数	323	5 055	1 654	753	7 785
百分比	4.2	64.9	21.2	9.7	100
出现字次	5 611 317	8 682 108	4 247 952	3 115 192	21 656 569
频度（%）	25.9	40.1	19.6	14.4	100

表8-7　14种结构构字情况表①

序号	结构类型	《辞海》百分比（%）	《基本集》百分比（%）	例字
1	左右结构	68.45	62.59	郑

① 何九盈等. 中国汉字文化大观. 北京：北京大学出版社，1995. 77.

（续上表）

序号	结构类型	《辞海》百分比（%）	《基本集》百分比（%）	例字
2	上下结构	20.33	22.49	吉
3	左中右结构	0.098	0.103	湘
4	上中下结构	0.53	0.59	冀
5	右上包围结构	0.54	0.77	司
6	左上包围结构	3.58	4.13	庙
7	右下包围结构	0.006	0.015	斗
8	左下包围结构	2.34	2.33	建
9	上三包围结构	1.13	0.93	同
10	下三包围结构	0.43	0.089	凶
11	左三包围结构	0.20	0.22	区
12	全包围结构	0.32	0.40	囚
13	整体结构	2.19	4.76	我
14	特殊结构	0.50	0.58	爽

从表8-6和表8-7可以看出，左右结构的字最多，其次是上下结构的字。

前面提到的《中华大字典》3 702种结构类型中，包含三字和三字以上的结构有835种，共36 422字，占近91%；构字量在100字以上的结构有57种，共26 431字，占66%；构字最多的24种结构，共计21 147，占53%。图8-4是构字最多的24种结构（百分比是21 147字中的比例）：

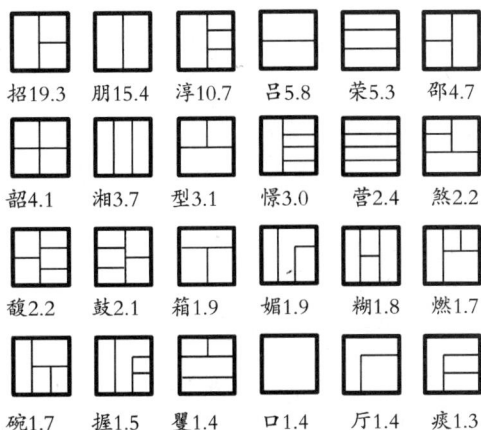

招19.3　朋15.4　淳10.7　吕5.8　荣5.3　邵4.7

韶4.1　湘3.7　型3.1　憬3.0　营2.4　然2.2

馥2.2　鼓2.1　箱1.9　媚1.9　糊1.8　燃1.7

碗1.7　握1.5　瞿1.4　口1.4　厅1.4　痰1.3

图8-4　构字最多的24种结构（例字与百分比）

第四节 结构方法：造字法

一、造字法概述

"六书"理论是传统文字学的核心内容，不论是古代汉字还是现代汉字都离不开它。"六书"一词最早见于《周礼·地官·保氏》："保氏掌谏王恶，而养国子以道，乃教之六艺：一曰五礼，二曰六乐，三曰五射，四曰五驭，五曰六书，六曰九数。"

"六书"是什么，《周礼》并没有具体说明。西汉末年，经学家刘歆在《七略》中进行了具体解释，班固在《汉书·艺文志》中有明确的记载："古者八岁入小学，故周官宝氏掌养国子，教之六书，谓象形、象事、象意、象声、转注、假借，造字之本也。"

刘歆的再传弟子郑众在《周礼·地官·保氏》的注文中认为"六书"为"象形、会意、转注、处事、假借、谐声"。刘歆的另一位再传弟子许慎在《说文解字叙》中把"六书"的名称和排序进行了调整，即"指事、象形、形声、会意、转注、假借"，并对"六书"进行了明确的解释。后世的文字学家将刘歆与许慎的"六书"结合在一起，采用刘歆的次第，采用许慎的名称，形成"六书"的最终说法——象形、指事、会意、形声、转注、假借。

学界认为，"六书"主要存在三个问题：①将造字法与用字法混在一起，象形、指事、会意、形声是造字法，转注、假借是用字法。②象形、指事、会意彼此之间的界限不清楚，很难确定差别。③有的字很难归属哪一种。[①] 于是，专家们提出了一些新的观点。詹鄞鑫提出"新六书说"，[②] 即象形、指示、像事、会意、形声、变体。王元鹿提出"五书说"，[③] 即象形、指事、会意、假借、形声。清代学者提出"四书说"，[④] 即象形、指事、会意、形声。唐兰、张世禄、陈梦家、裘锡圭等人提出"三书说"[⑤] 王力提出"二书说"。[⑥] 张玉金提出"新四书说"，即表义法、表音法、音义法、记号法。[⑦] 这些观点至今都没有得到广泛的认可，我们不予讨论。

转注和假借是用字之法，这里不予讨论。[⑧]

---

① 张玉金. 汉字学概论. 南宁：广西教育出版社，2001. 153.

② 詹鄞鑫. 汉字说略. 沈阳：辽宁教育出版社，1991. 151.

③ 王元鹿. 汉古文字与纳西东巴文字比较研究. 上海：华东师范大学出版社，1988. 42.

④ 段玉裁. 说文解字注. 上海：上海古籍出版社，1981.

⑤ 唐兰. 中国文字学. 上海：上海古籍出版社，1949. 75；张世禄. 中国文字学概要. 上海：文通书局，1941；陈梦家. 殷墟卜辞综述. 北京：科学出版社，1956. 77；裘锡圭. 文字学概要. 北京：商务印书馆，1988. 106.

⑥ 王力. 古代汉语（第一册）. 北京：中华书局，1981. 160.

⑦ 张玉金. 汉字学概论. 南宁：广西教育出版社，2001. 161.

⑧ 许慎对转注、假借的解释是："转注者，建类一首，同意相受，考老是也。假借者，本无其字，依声托事，令长是也。"

二、象形

许慎对象形的解释是："象形者，画成其物，随体诘诎，日月是也。""诎"通假为"屈"，"诘诎"，曲折之意。意思是，随着物体形状曲曲折折画成那种物体。"日"、"月"分别像太阳和月亮的形状。用今天的话来讲，象形是根据物体的形体画出整体或者局部特征，并用它来代表物体本身。"日"、"月"是整体特征，"牛"、"羊"是局部特征。象形字出现最早，是汉字最原始的创造方法，直接从图画发展而来。

象形分为独体象形和合体象形。独体象形是直接描绘物体，并用描绘的形状来代表物体。例如：

木（甲骨文），像树木，上为树枝，下是树根。
山（甲骨文），像起伏的山峰。
象（甲骨文），像大象，突出长鼻子。
龙（甲骨文），像长身的怪兽。
龟（篆文），像乌龟侧身的样子。
女（甲骨文），像女人跪坐的样子。
皿（甲骨文），像有底座的容器。
目（甲骨文），像人的眼睛。
户（甲骨文），像半边门。
门（甲骨文），像两扇门。

合体象形是指在描绘物体之外，还描绘了与该物体相关的物体，以便明确意义。例如："州（甲骨文）"，除了描绘陆地之外，为了明确"州"的含义，还描绘了水，表示水中的陆地。《说文》："水中可居曰州。"再如：

兵（篆文），本义兵器，像双手拿着武器。
果（篆文），本义植物的果实，像树上结的果实。
瓜（金文），本义就是瓜，除了画瓜外，还画出藤蔓。
眉（甲骨文），像眼睛上面的眉毛。
牢（甲骨文），像囚禁牛羊的圈。

其他象形字还有：角（动物之角）、米（粮食作物的子实）、鬲（炊具）、舟（简易船只）、戈（武器）、斤（砍刀之类）、右（右手）、吕（脊骨）、臣（战俘）、欠（打哈欠）、血（祭祀用的牲畜的血）、骨（骨头）、栗（板栗）、石（石头）、专（收丝之器物）、禾、鸟、心、牛、羊、叶、须、胃、闩、矢、禽（擒的本字）、企（踮起脚尖望）、大、雨、口、车、泉、马、鱼、豕（chù）、燕、首、火、刀、贝、人、田、网、井、自、耳、水、缶、目、云、虎、衣、射、鹿、身、巢、脊、枣、肩、粟、子、母、又、爪、止、川、阜、豆、册、糸、犬、鼠、隹、力、高、夕、牙、手、糸、巾、斗（dǒu）、勺、壶、臼、气、行、鸟、飞、羽、毛、西（栖）、爵、弓、工、土、戊、戉、戌、幸、美、交、鼎、酉、齿。①

三、指事

许慎对指事的解释是："指事者，视而可识，察而见意，上下是也。"意思是，看到它就能够认识，通过观察分析就能看出它的含义。"上、下"，以长线为基础，短线作为提示，短线在上方为"上"，短线在下方为"下"。《说文解字》中明确标明指事者仅"上、下"一例，其余指事字都用"象形、像某某之形"表示。清江声《六书说》："《说文解字》之中，颇有象形而实为指事者。"指事也有形象性，这是导致指事与象形混淆的原因。用今天的话来讲，指事就是用指点性符号或在象形字基础上加上指点符号构成。指事字分为两类：指点符号和象形字加上指点符号。

指点符号加上指点符号构成的指事字，例如：

一、二、三、四（甲骨文 ─、 ═、 ╪、 ▤），用一至四条横线表示。
小（甲骨文 ⑴⑵），用三小点表示微小。

象形字加上指点符号构成的指事字，例如：

本（金文 ），在"木"的下面加上指点符号提示树根。
末（金文 ），在"木"的上面加上指点符号提示树梢。
朱（金文 ），在"木"的中间加上指点符号提示树干，株之初文。
寸（篆文 ），在"又（手）"上加指点符号提示寸口。
刃（篆文 ），在"刀"上加指点符号提示刀口。
亦（金文 ），在"大（人）"上加指点符号提示腋处，腋之初文。
甘（甲骨文 ），在"口"上加指点符号提示美味。
天（金文 ），在"大（人）"上加指点符号提示人头。

其他指事字还有：回、圆、方、元（人头）、厷（肱）、臀、至、旦、出、牟、五、十、廿、卅、卌（xì 四十）、丩（纠）、夫。

四、会意

许慎对会意的解释是："会意者，比类合谊，以见指撝，武、信是也。""比"，并列，"谊"通"义"，"撝"通"挥"，"指撝"，所指向的意义。意思是，把表示事类的字（一个字或几个字）放在一起，把它们的意义合在一起，就能看出新的意义。"武"由"止"、"戈"构成，表示制止干戈。"信"由"人"、"言"构成，表示说话要诚实守信。会意分

---

① 从多种书籍辑录，未考证，特此说明。《说文解字》中的象形字约有 300 个。

为同体会意和异体会意两种。

同体会意，由相同字构成的会意，例如：

步（甲骨文），由“止”重叠而成，表示行走。
从（甲骨文），由“人”重叠而成，表示跟从。
林（篆文），由“木”重叠而成，表示树林。
轰（篆文），由“车”重叠而成，表示群车声。
磊（篆文），由“石”重叠而成，表示众石。

异体会意，由不同字构成的会意，这类会意字最多，例如：

弄（篆文），由“王（玉）”和“廾（双手）”构成，表示把玩、玩弄。
采（篆文），由“爪（手）”和“木”构成，表示采摘。
臭（篆文），由“自（鼻子）”和“犬”构成，表示嗅。
贼（篆文），由“人”、“贝”、“戈”构成，表示抢劫。
监（甲骨文），表示人俯身在盛水的容器里照脸。
饮（甲骨文），表示人俯身饮酒。

其他会意字还有：炎、焱、森、艸（成片的草）、尖、黝、掰、灶、扫、删、劣、畜、乘、莫、卡、比、北、斗（鬥）、男、印、邑、令、命、香、明、取、前、及、祝、祭、社、县、初、兵、戒、丞、囚、国、或、戎、戍、伐、定、安、实、宰、守、寡、寒、间、闲、闯、解、习、息、逐、秉、兼、见、视、相、牧、得、暴、启、涉、封、夾、盟、表。

会意造字法是继象形造字法、指事造字法之后的造字法，突破了二者的局限，是一大进步，使造字的数量大大提高。《说文解字》会意字大约有 1 500 个。

五、形声

1. 形声概述

许慎对形声的解释是：“形声者，以事为名，取譬相成，江河是也。”意思是，用表示义类的字作为意符（形旁），用提示读音的字作为音符（声旁），用意符和音符构成的字就是形声字。“江”中“氵”是意符，“工”是音符；“河”中“氵”是意符，“可”是音符。例如：

饱，本义厌，从“饣”，“包”声。
赏，本义赏赐，从“贝”，“尚”声。
郊，本义距国百里，从“邑”，“交”声。
昭，本义日明，从“日”，“召”声。
完，本义全，从“宀”，“元”声。

倡，本义快乐，从"人"，"昌"声。

形声是构字数量最多的造字法。在甲骨文中形声字有20%，在《说文解字》中有80%，在《康熙字典》中有90%。汉字不是表音文字，形声字的出现是汉字造字法的一大进步，是为了解决汉字的表音问题而产生的一种造字法。汉字越来越多，怎样识读这些汉字，成了古人要解决的大问题。汉字最初采取直音法标注汉字的读音，用一个字给另一个字注音，形声造字法就是把注音法直接搬到造字上了，形成形声字。可以说，形声字就是注音法在字中的体现。

2. 特殊的形声字

形声字有三种特殊情况：

（1）亦声。亦声字是会意与形声融合在一起的字，既可以按照形声字理解，又可以按照会意字分析。亦声字是许慎提出来的，结构分析为"从某，从某，某亦声"。例如：

牭，四岁牛，从"牛"，从"四"，"四"亦声。

娶，从"女"，从"取"，"取"亦声。

姓，家族标志，人所生，从"女"，从"生"，"生"亦声。

诽，以言毁人，从"言"，从"非"，"非"亦声。

栅，栅栏，从"木"，从"册"，"册"亦声。

城，都邑周围的墙垣，从"土"，从"成"（盛），"成"亦声。

（2）省形。因为构字笔画太多，形旁复杂，故将形旁省掉一些笔画。例如：

亭，从"高"省，"丁"声。

星，从"晶"省，"生"声。

弑，臣杀君，从"殺（杀）"省，"式"声。

耆，六十岁以上的老人，从"老"省，"旨"声。

（3）省声。因为构字笔画太多，声旁复杂，故将声旁省掉一些笔画。例如：

薅，从"蓐"，"好"省声。

绳，从"纟"，"蝇"省声。

夜，从"夕"，"亦"省声。

产（産），从"生"，"彦"省声。

珊，从"玉"，"删"省声。

畿，从"田"，"幾"省声。

梦（夢），从"夕"，"薨"省声。

阅，从"门"，"说"省声。

恬，从"心"，"甜"省声。

融，从"鬲"，"蟲"省声。

3. 形声字的结构

从声旁与形旁的位置关系看，主要有以下几种情况：

左形右声：堆、峡、祥、肝、结、理、越、到
左声右形：功、雌、战、都、期、胡、和、题
上形下声：霖、崔、芳、露、落、空、药、景
上声下形：斧、贷、勇、姿、恙、盲、煎、恭
外形内声：匣、阁、圆、裹、圃、闺、衢、固
外声内形：问、哀、辩、闻、衡、闽、辫、凤

除此之外，还有一些特殊情况：

形旁在左下角：颍、颖、栽、疆
形旁在左上角：荆、聖
形旁在右下角：修、勝、腾、務
声旁在右上角：從、徙、徒
声旁在右下角：旗、施

4. 形声字的作用与局限

（1）形旁的作用和局限。形声字的形旁部分是表义部分，表示字的意义类属，形旁相同的字，意义上存在一定的联系。例如：

艹，草本植物：草、藻、莓、莎、莲、茗、茹、芭
马，与马有关的事物：驱、驾、骛、驶、驻、驸、骑、驹
雨，气象、天象：云、雪、霜、雹、露、霄、雷、霞、霓
牛，牛的各种名称：特、牦、牲、牺、犍、犊

但是，随着社会的发展，事物出现了变化，字的含义与形旁失去了联系。例如"桥"，最初的桥是木头构成的，后来出现了石头桥，到今天变成了水泥桥、铁桥。再如"码头"的"码"，今天的码头基本上不是石头码头，都是水泥码头了。

形声假借字的出现，从一开始字的含义与形旁就没有联系。例如"骗"，本义是一种行为，从地上跳到马背上，后来假借为"欺骗"的"骗"，而马跟欺诈毫无相干。"笨"是竹的内层黄色部分，后来假借为"傻"，而竹与傻毫无关系。

形旁的调整变化，使字的含义与形旁之间的联系不容易看出来。例如"肺"，形旁不是"月"，而是"肉"。

再有，有的形声字一开始形旁选得就不恰当，不能很好地反映事物的属性。例如"猫"，不是犬而用了"犭"，"鲸"不是鱼又用了"鱼"。又如：

虫，表示蛇类或与蛇相关的东西：蝮、蟒

表示昆虫类：蛾、蝗、蝶、蚊

表示甲壳动物或软体动物：蟹、虾、螯、蚌、螺

显然这些分类是不科学的，与当时人们的认识水平有关。

根据统计，3 500 常用字中有形声字 2 522 个，有人对形旁表意效果进行了统计分析，[①] 情况如表 8 - 8 所示：

表 8 - 8　形旁表意功能统计表

形旁表意级类	不表意	有效表意		总计
		间接表意	直接表意	
字数	440	103	1 979	2 522
		2 082		
占形声字总数	17%	4%	79%	100%
		83%		

（2）声旁的作用与局限。声旁是形声字的表音部分，提示形声字的读音。理论上，形声字的读音应该与声旁的读音相同，这就是声旁的根本作用。例如：

皇：凰煌惶湟蝗喤鳇隍篁锽艎
禽：擒嚓檎
林：淋琳啉霖
丁：钉盯町叮仃疔耵酊靪
巴：芭吧疤粑笆岜鲃
思：缌偲锶飔愢
肖：霄消绡硝销逍宵蛸

但是，由于语音的发展变化，声旁的读音与形声字的读音不一致了。以下几种情况会导致读音的不同：①声旁的读音不变＋形声字的读音变。②声旁的读音变＋形声字的读音不变。③声旁的读音变＋形声字的读音变。

例如：

奴 nú：nú 孥驽 nǔ 努弩砮胬 nù 怒
章 zhāng：zhāng 漳璋樟獐鄣蟑彰嫜 zhàng 瘴幛障嶂
非 fēi：fēi 啡绯扉 féi 腓 fěi 匪诽斐翡
票 piào：piāo 剽飘 piáo 嫖瓢 piǎo 瞟 piào 嘌

---

①　施正宇. 现代形声字形符表义功能分析. 语言文字应用，1992（4）.

有的声旁位置比较特殊，有的声旁有省声的情况，声旁不容易看出来，例如"在"，从"土"，"才"声。"珊"，从"玉"，"删"声。

李燕、康加深用模糊数学的方法对 7 000 个通用字声旁的表音度进行了统计，[①] 涉及形声字 5 631 个，不同的声旁 1 325 个，其中成字声旁 1 119 个，不成字声旁 206 个。表音度如表 8 - 9 所示：

表 8 - 9　形声字声旁表音度统计表

声母	韵母	声调	例字	字次	百分比（%）
同	同	同	圆	2 292	37.51
同	同	异	远	1 110	18.17
同	异	同	结	237	3.88
异	同	同	琛	343	5.61
同	异	异	煮	266	4.35
异	同	异	葵	645	10.56
异	异	同	赌	441	7.22
异	异	异	都	766	12.70

---

① 李燕，康加深. 现代汉语形声字声符研究. 见：陈原. 现代汉语用字信息分析. 上海：上海教育出版社，1993. 72.

附录　现代常用独体字规范

来源于国家《现代常用独体字规范》，共计 256 个独体字。

A	1	凹
B	14	八巴白百办半贝本匕必丙秉卜不
C	20	才册叉产长厂车臣承尺斥虫丑出川串垂刍囱寸
D	10	大歹丹刀弟电刁丁东斗
E	4	儿而耳二
F	8	凡方飞丰夫弗甫父
G	13	丐干甘戈革个更工弓瓜广鬼果
H	6	亥禾乎互户火
J	16	击及几己夹甲兼柬见巾斤井九久臼巨
K	3	卡开口
L	12	来乐里力立吏隶两了六龙卤
M	13	马毛矛么门米面民皿末母木目
N	7	乃内年鸟牛农女
P	2	片平
Q	9	七气千羌且丘求曲犬
R	7	冉人壬刃日肉人
S	29	三山上少申身升生尸失十石史矢土氏世事手首书鼠术束甩水巳四肃
T	7	太天田头凸土屯
W	16	瓦丸万亡王为卫未文我乌无五午勿戊
X	10	夕西习下乡象小心凶血
Y	33	丫牙亚严言央羊夭也业页一衣夷乙已义亦永用尤由酉又于予与雨禹玉曰月云
Z	16	再乍丈正之止中重舟州朱主爪专子自

第九章　现代汉字与文化

第一节　汉字文化概述

一、语言与文化

百度百科在解释文化时指出："文化是一个非常广泛的概念，给它下一个严格和精确的定义是一件非常困难的事情。不少哲学家、社会学家、人类学家、历史学家和语言学家一直努力，试图从各自学科的角度来界定文化的概念。然而，迄今为止仍没有获得一个公认的、令人满意的定义。据统计，有关'文化'的各种不同的定义至少有二百多种。"可见文化的概念是很难定义的。究竟什么是文化？百度百科进行了说明："文化是一种社会现象，是人们长期创造形成的产物。同时又是一种历史现象，是社会历史的积淀物。确切地说，文化是指一个国家或民族的历史、地理、风土人情、传统习俗、生活方式、文学艺术、行为规范、思维方式、价值观念等。"我们认为，文化主要是意识形态产生的成果，比如文学、艺术、习俗、思维方式等。

文化与语言有着密切的联系。语言是人类最重要的交际工具，人们借助语言保存和传递人类的文明。在这个过程中，文化对语言产生了极大的影响，一些文化信息也就隐含在语言里了，甚至可以说文化的差异在一定程度上决定了语言的差异。语言包括语音、词汇和语法，每个部分都携带了大量的文化信息，词汇方面更是如此。

（1）语音方面。汉语的语音系统总体上看比较简单，只有 21 个声母、39 个韵母和 4 个声调，组合成的不同音节也只有 1 254 个，拼音规则很简单。而英语的语音系统则比较复杂，要掌握其拼音规则很不容易。汉语更强调的是实用，只要不影响交流就可以，英语强调的是规则与理性，这反映出两种语言的文化差异在发挥作用。中国文化强调的是灵活实用，西洋文化则显得相对规则与理性。汉语是有声调的语言，声调是怎样产生的至今仍不太清楚，我们只知道声调大概是在中古时期产生的，《切韵》一书为我们提供了完整而确切的资料，它足以证明那个时候已经有了完整的四个声调。其实从《诗经》和《楚辞》的押韵情况看，在先秦时期已经用声调相同的字押韵了。我们认为，汉语最初也是没有声调的，这与世界上其他语言一致，只是后来汉语演化出了声调，而英语至今都没有演化出声调来。汉语声调的产生应该与韵文的兴起有关，韵文要吟诵，讲究抑扬顿挫，这正是导致声调产生的原因。根据我们了解到的情况，甲骨文没有发现韵文存在，也就是说汉语的声调有可能是在殷商之后产生的。可见声调的出现与我们的韵文文学是有联系的。

（2）语法方面。英语语法规则多，要求严格遵守；汉语则不同，有规则，但少而灵活，重在表意。只要意义能被理解，语法规则可以退居次要地位。例如马致远的《天净

沙·秋思》:

> 枯藤老树昏鸦,
> 小桥流水人家,
> 古道西风瘦马。
> 夕阳西下,
> 断肠人在天涯。

前三句全由名词性词语构成,没法分析它的语法结构。

英语的动词一般充当谓语,如果动词要充当主语和宾语等成分,则必须名词化,变成不定式等;汉语则不同,不需要名词化。例如:

I like to keep everything tidy. (我喜欢每件东西都保持整洁)
It's very kind of you to help us. (你帮助我们,真好)
I come here only to say good – bye to you. (我来仅仅是向你告别)
My work is to clean the room everyday. (我的工作是每天清洁房间)
I have a lot of work to do. (我要做的工作很多)

汉语则没有变化:

我学习汉字。
学习汉字很好。
学习很轻松。
学习的资料要保管好。
他们正在进行学习。

更能够说明问题的是下面这个例子:

I am very busy. (我很忙) i am very busy. *
Comrade Zhang and I went there yesterday. (张同志和我昨天去过那里)
Comrade Zhang and i went there yesterday. *

英语的第一人称在充当主语时总是要大写,而汉语不需要。这显然与文化差异有着很大的联系。西方人更突出自我意识与价值,强调自身的作用与影响,所以要大写。汉语则受谦虚等儒家文化传统的影响,所以不大写。在汉语交流中有一个有趣的现象,即使自己做出成绩,在讲话时一般都说"在某某的帮助下","在某某的领导下","是大家共同取得的成绩"。这正是谦虚的文化传统在语法中的反映。

(3)词汇方面。文化对词汇的影响一是表现为特有词汇。不同的语言都有自己的一些特有词汇,这正是特定文化在词汇中的反映。例如在"文革"时期汉语里面就有大量的特

有词汇（姑且称之为政治词汇）。下面是在网络上搜集到的一些政治词汇：①

打倒资产阶级反动学术权威

红色恐怖万岁

横扫一切牛鬼蛇神

无产阶级革命造反精神万岁

造反有理

大破一切剥削阶级的旧思想、旧文化、旧风俗、旧习惯

把资产阶级的全聚德砸个稀巴烂

打倒资产阶级保皇派

阶级斗争一抓就灵

用文斗，不用武斗要文攻武卫

要斗私批修

打倒美帝，打倒苏修，打倒一切反动派

千万不要忘记阶级斗争

二是表现为对某些词的理解认识不同。例如"狗"，汉语有不少由"狗"构成的词语，如"走狗"、"狗腿子"、"狗皮膏药"、"狗血喷头"、"狗仗人势"、"狗眼看人低"、"狗急跳墙"、"狐群狗党"、"狗头军师"等，这些词语带有明显的贬义色彩。英语中也有一些由"狗"构成的词语：

Love me，love my dog.（爱屋及乌）

lucky dog（幸运儿）

top dog（最重要的人物）

Every dog has its（his）day.（凡人皆有得意日）

as like as a dog with two tails（高兴得像什么似的）

中西方对狗的传统看法不一样，中国人养狗是为了狩猎、看家，而西方人养狗常常则是为了做伴，把它当成朋友。西方人特别喜欢狗，在英美文化中，一般把狗比喻成人；而中国人一般在心理上都鄙视这种动物，常常用它来形容和比喻坏人。②

综上所述，语言与文化有着密切的联系，在某种程度上，语言成了文化的信息载体。

二、汉字与文化

文字是人类用来记录语言的书写符号系统，一般认为，文字是文明社会产生的标志，

---

① http：//blog. sina. com. cn/s/blog_ 4894898b0100emzf. html20121005.

② 刘芳. 英汉"狗"词语语义对应比较. http：//www. baidu. com/s？ fr = bks0000&cl = 3&wd = % B9% B7% B9% B9% B3% C9% B5% C4% B4% CA% BB% E3&t = 5&rsv_ baike = 2，20121005.

它打破了口语在时间和空间上的限制。文字产生之前，人类的文明只能依靠口头传授；文字产生之后，克服了口语的局限，人类的文明得到全面准确的传承。因此，文字必然打上文化的烙印，携带着文化信息。表音文字（词）也包含有文化的因素，例如英语"woman"、"man"的构词就有差异。

woman 构成的词：

woman，n. 妇女；女性；成年女子

womanhood，n. 女人；女人气质；女子成年期

woman–like，adj. 女人似的

womanise，vi. 追求女色；与女人私通。vt. 使女性化

womanliness，n. 女性气质

womaniser，n. 玩女人的男人

man 构成的词：

man，n. 人；男人；人类；丈夫　vt. 操纵；使增强勇气；在…就位

manuscript，n. 手稿；原稿　adj. 手写的

manager，n. 经理；管理人员

mansion，n. 大厦；宅邸

mandate，n. 授权；命令；委托管理　vt. 托管

manifold，vt. 复写，复印　adj. 多方面的；各式各样的。n. 复印本

managerial，adj. 管理的；经理的

manufacturers，n. 制造商；厂商

从这些单词可以看出，男人处于强势地位，主要是管理、经营，而女性却没有这种意思。更有趣的是"玩女人的男人"和"与女人私通"的词居然是由"woman"构成的，照理应该由"man"构成。这些反映了英语国家对女性的歧视。

与表音文字相比，汉字是一种比较特殊的文字，它在记录汉语的同时，也把民族文化记录了下来。汉字是方块文字，上下左右书写，是一个平面的图形，因此我们可以透过字形来分析它的文化信息。在记载文化信息上，汉字比英文等表音文字更具有优势，可以直接从字形反映出来。例如：

女𡚬像一个半跪的女人，是象形字。男𤰶由田和农具构成。这两个汉字可以说明：男性在外从事农耕作业，女性在家料理家务；男性地位高于女性，女性地位较低。从这两个字还可以看出，它们产生的时间应该在父系社会。女性的地位还可以从"妇"𡜎字看出来，"妇"由女和笤帚构成。

"桥"，繁体为"橋"，会意兼形声字，从木，乔声。《说文解字》："橋，水梁也。"甲骨文、金文都没有这个字，只是在古陶器和简帛中有发现。"乔"为乔木，高大树木。

可见古代的"桥"是由大树为材料建造的，非常简单，就是把树木横放在河上，便成为桥。后来，随着建桥技术的进步，出现了其他材料建造的桥，如石桥、铁桥、水泥桥等。从这个"桥"字可以看出桥梁建设的发展过程。

"曌"是女皇武则天为自己造的一个字，寓意为日月当空，普天盛世繁荣。不过，后来有人把它改成了"瞾"，讽刺她目空一切。

在古代，我国青铜器制造业很发达，为此造了许多表示不同青铜器的字：

食器：鼎、鬲（lì）、甗（yǎn）、簋（guǐ）、簠 fǔ、盨（xǔ）、敦（duì）、豆
酒器：爵、角、斝（jiǎ）、觚（gū）、觯（zhì）、觥（gōng）、尊、卣（yǒu）、盉（hé）、方彝、勺
水器：罍、壶、盘、匜（yí）、瓿（bù）、盂
乐器：编铙、编钟、编镈

从这些字可以看出古人对高品质生活的追求，他们很讲究吃喝。
总之，一些汉字确实反映了当时的文化习俗。

第二节　汉字文化现象

一、书法

书法是汉字特有的文化艺术形式。汉字是方块文字，平面布局，上下左右书写，加之汉字的笔画富有变化，正因为这个特点，形成了一种书写的艺术。拼音文字是由字母构成的，属于线性书写，只能左右书写，不存在平面布局的问题，因此，字母构成的单词没有艺术书写的可能，也就谈不上艺术价值。由此可见，汉字是世界上唯一具有书写艺术价值的文字。汉字书法被誉为无言的诗、无行的舞、无图的画和无声的乐。

一般认为，汉字书法起源于隶书，有了隶书就有了书法。隶书在秦王朝时候形成，在汉代达到了顶峰，也就是说，汉字书法艺术在秦朝就已经出现了。实际上，中国书法艺术在殷商时代的甲骨文就已经初见雏形了，严格来讲，有了方块汉字就有了书法。

历代书法家主要有：李斯（秦汉）、王羲之（东晋）、欧阳询（唐朝）、颜真卿（唐朝）、柳公权（唐朝）、黄庭坚（宋朝）、王安石（宋朝）、苏轼（宋朝）、赵孟頫（宋朝）、唐寅（明朝）、邓石如（清朝）、吴昌硕（清朝）、李叔同（近代）。图 9-1 所示为当代书法家启功书法作品：

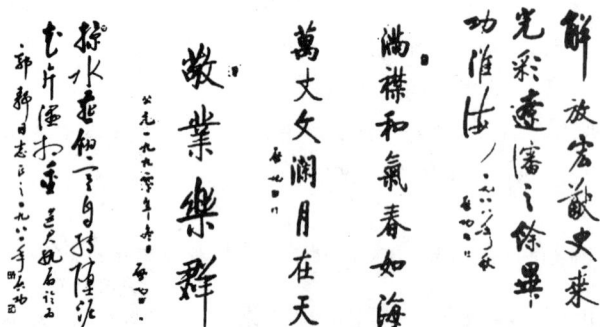

图 9-1　当代书法家启功书法作品

二、对联

1. 对联的要求

对联，又称"楹联"或"对子"，言简意深，对仗工整，平仄协调，是一字一音的中文语言独特的艺术形式。对联艺术是中华民族的文化瑰宝，它始于五代，盛于明清，至今已有一千多年的历史。

对联有相当严格的要求：

（1）字数相等，断句一致。除有意空出某字的位置以达到某种效果外，上下联字数必须相同，不多不少。

德为世重　寿以人尊
新春富贵年年好　佳岁平安步步高

（2）词性相对，位置相同。一般称为"虚对虚，实对实"（古代汉语的词性分类与现代汉语不同），相当于现代汉语的名词对名词，动词对动词，形容词对形容词，数量词对数量词，副词对副词，而且相对的词必须在相同的位置上。

珍惜时间少玩两局游戏　把握机会多看几本书籍
莫怪现在工作不好找　只恨当初学习没用功

（3）平仄相合，音调和谐。传统习惯是"仄起平落"，即上联末句尾字用仄声，下联末句尾字用平声。

松叶竹叶叶叶翠　秋声雁声声声寒

（4）内容相关，上下衔接。上下联的含义相互衔接，不宜重复。
（5）上下联对应位置上的字要尽可能平仄相反，使得对联读起来抑扬顿挫，优美动听。

细羽家禽砖后死　粗毛野兽石先生
仄仄平平平仄仄　平平仄仄仄平平

汉字是方块字，横排、竖排都可以，长度相同，为对联提供了条件。下面是汉字对联和翻译成英文的对联的比较，这种比较足以说明对联是汉字特有的文化现象。

去中国买瓷器　中国有瓷器　吃饭靠瓷器
到前门买前门　前门没前门　后门有前门
To China for china China with china dinner on china
To the front door for Qian men No Qian men at the front door but back door

下面是云南大观楼长联，是乾隆年间名士孙髯翁登大观楼有感而作的，全联如下：

五百里滇池奔来眼底，披襟岸帻，喜茫茫空阔无边。看：东骧神骏，西翥灵仪，北走蜿蜒，南翔缟素。高人韵士何妨选胜登临。趁蟹屿螺洲，梳裹就风鬟雾鬓；更苹天苇地，点缀些翠羽丹霞。莫辜负：四围香稻，万顷晴沙，九夏芙蓉，三春杨柳。

数千年往事注到心头，把酒凌虚，叹滚滚英雄谁在？想：汉习楼船，唐标铁柱，宋挥玉斧，元跨革囊。伟烈丰功费尽移山心力。尽珠帘画栋，卷不及暮雨朝云；便断碣残碑，都付与苍烟落照。只赢得：几杵疏钟，半江渔火，两行秋雁，一枕清霜。

如此长联，表音文字是无法做到的。

2. 对联的分类

（1）按用途分，对联可以分为以下几种：

①春联：新年专用之门联。

杨柳吐翠九州绿　桃杏争春五月红

②贺联：寿诞、婚嫁、乔迁、生子、开业等喜庆时用。

一对红心向四化　两双巧手绘新图（喜联）
福如东海　寿比南山（寿联）

③挽联：哀悼死者用。

著作有千秋此去震惊世界　精神昭百世再来造福人群

④赠联：颂扬或劝勉他人用。

风声雨声读书声声声入耳　家事国事天下事事事关心

⑤自勉联：自我勉励之用。

有关家国书常读　无益身心事莫为

⑥行业联：不同行业贴于大门或店内之用。

欲知千古事　须读五车书（书店）
虽是毫发生意　却是顶上功夫（理发店）
欢迎春夏秋冬客　款待东西南北人（旅店）

⑦言志联：道出志向之用。

宁作赵氏鬼　不为他邦臣

（2）按位置分，对联可以分为以下几种：
①楹联：挂丁楹柱之上，仕宅、机关、庙宇、古迹等处所用。
②门联：贴于大门之上。
③中堂联：挂于客厅、居室醒目处配合字画的对联。
（3）按艺术特点分，对联可以分为以下几种：
①叠字联：同一个字连续出现。

莺莺燕燕翠翠红红处处融融洽洽
风风雨雨花花草草年年暮暮朝朝（上海豫园）

②复字联：同一个字非连续重复出现。

佳山佳水佳风佳月千秋佳地
痴声痴色痴梦痴情几辈痴人（朱元璋）

③顶针联：前一个分句的句脚字，作为后一个分句的句头字。

无锡锡山山无锡　平湖湖水水平湖（唐寅）
④嵌字联：包括嵌入序数、方位、节气、年号、姓氏、人名、地名、物名（如药名）等。

鸡鸣茅屋听风雨　戈盾文章起斗争（老舍赠茅盾）

⑤拆字联：将联中某一合体字拆成几个独体字；有人细分为拆字、合字、析字等。

238

此木为柴山山出　因火成烟夕夕多

⑥谐趣联：取诙谐幽默之意。

南通州北通州南北通州通南北（乾隆）
东当铺西当铺东西当铺当东西（纪晓岚）

⑦无情对：上下联意思毫不相干，但每一个字词却对仗工整。多数无情对都非常有趣，完全可以同时归入谐趣联。

高门桃李争春日　美国荷兰比利时

三、古诗文

古诗文讲究平仄，音节对称整齐，只有汉字可以做到，唐诗就是典型的代表。唐朝（618—907 年）二百九十年间，是中国诗歌发展的黄金时代，云蒸霞蔚，名家辈出，唐诗数量多达五万首，最流行而家喻户晓的是《唐诗三百首》。《唐诗三百首》选诗范围相当广泛，收录了 77 家诗，共 310 首。其特点如下：

（1）整齐对称。

①五言绝句：

> 千山鸟飞绝，万径人踪灭。
> 孤舟蓑笠翁，独钓寒江雪。

柳宗元《江雪》

②七言绝句：

> 故人西辞黄鹤楼，烟花三月下扬州。
> 孤帆远影碧空尽，唯见长江天际流。

李白《黄鹤楼送孟浩然之广陵》

③七言律诗：

> 剑外忽传收蓟北，初闻涕泪满衣裳。
> 却看妻子愁何在，漫卷诗书喜欲狂。
> 白日放歌须纵酒，青春作伴好还乡。
> 即从巴峡穿巫峡，便下襄阳向洛阳。

杜甫《闻官军收河南河北》

④五言古诗：

> 下马饮君酒，问君何所之。
> 君言不得意，归卧南山陲。
> 但去莫复问，白云无尽时。

王维《送别》

⑤七言古诗：

> 山石荦确行径微，黄昏到寺蝙蝠飞。
> 升堂坐阶新雨足，芭蕉叶大栀子肥。
> 僧言古壁佛画好，以火来照所见稀。
> 铺床拂席置羹饭，疏粝亦足饱我饥。
> 夜深静卧百虫绝，清月出岭光入扉。
> 天明独去无道路，出入高下穷烟霏。
> 山红涧碧纷烂漫，时见松枥皆十围。
> 当流赤足踏涧石，水声激激风吹衣。
> 人生如此自可乐，岂必局束为人靰。
> 嗟哉吾党二三子，安得至老不更归。

韩愈《山石》

⑥乐府：

> 黄河远上白云间，一片孤城万仞山。
> 羌笛何须怨杨柳，春风不度玉门关。

王之涣《凉州词》

（2）平仄相间：

> 朝辞白帝彩云间，平平仄仄仄平平
> 千里江陵一日还。仄仄平平仄仄平
> 两岸猿声啼不住，仄仄平平平仄仄
> 轻舟已过万重山。平平仄仄仄平平

李白《早发白帝城》

> 公卿有党排宗泽，平平仄仄平平仄
> 帷幄无人用岳飞。仄仄平平仄仄平
> 遗老不应知此恨，仄仄平平平仄仄
> 亦逢汉节解沾衣。平平仄仄仄平平

陆游《夜读》

旧苑荒台杨柳新，仄仄平平仄仄平
菱歌清唱不胜春。平平仄仄仄平平
只今惟有西江月，平平仄仄平平仄
曾照吴王宫里人。仄仄平平仄仄平

李白《苏台揽古》

两个黄鹂鸣翠柳，仄仄平平平仄仄
一行白鹭上青天。平平仄仄仄平平
窗含西岭千秋雪，平平仄仄平平仄
门泊东吴万里船。仄仄平平仄仄平

杜甫《绝句四首（其三）》

四、文字游戏

1. 析字

析字就是对汉字的字形拆解分析，以此表达含义。从前有个故事，有个秀才过桥的时候看见一美女浣纱，便作诗调戏：

有木也是桥，无木也是乔，除去桥边木，着女便是娇。娇娇谁不爱，谁不爱娇娇。

美女也采用相同的方法还击：

有米也是粮，无米也是良，除去粮边米，着女便是娘。娘娘谁敢骂，谁敢骂娘娘。

2. 联边

联边就是使用同一偏旁的字。

迎送远近通达递　进退迟速游逍遥（马车店对联）

明朝天启年间，宰相叶向高途经福建，在新科状元翁正春家中留宿。翁正春谦虚道：

宠宰宿寒家穷窗寂寞

叶向高答道：

客官寓宫宦富室宽容

再如：

浩瀚汪洋波涛涌河溪注满
雷霆霹雳霭云雾霖雨雾霏

3. 叠字复字
叠字就是重叠某字，例如：

风风雨雨暖暖寒寒处处寻寻觅觅
莺莺燕燕花花叶叶卿卿暮暮朝朝

复字就是反复出现某字，例如：

不生事不怕事自然无事
能爱人能恶人方是正人

4. 多音字
多音字就是利用多音多义字构成，例如山海关姜女庙的对联：

海水朝朝朝朝朝朝朝落
浮云长长长长长长长消

一解：

海水朝　　朝朝朝　　朝朝朝落
haishui　chaozhaozhaochao　zhaochaozhaoluo
浮云长　　长长长　　　长长长消
fuyunzhang　changchangzhang　changzhangchangxiao

二解：

海水朝朝朝　　　朝朝朝朝落
haishuizhaozhaochao　zhaozhaochaozhaoluo
浮云长长长　　　长长长长消
fuyunchangchangzhang　changchangzhangchangxiao

从前，有个卖豆芽的人，请教书先生为他写春联。这个教书先生却给他写了副古里古怪的对联：

长长长长长长长
长长长长长长长

解为：

长长	长长	长长长
changzhang	changzhang	changchangzhang
长长	长长	长长长
zhangchang	zhangchang	zhangzhangchang

5. 回文

回文，即回环往复的一种特殊的修辞方法。相传苏东坡写过这样一首诗：

赏花归去马如飞酒力微醒时已暮

可以改写为：

赏花归去马如飞，
去马如飞酒力微。
酒力微醒时已暮，
醒时已暮赏花归。

宋朝李禺写过《夫妻相思》，顺读是夫想妻，倒读为妻念夫。

枯眼望遥山隔水，
往来曾见几心知。
壶空怕酌一杯酒，
笔下难成和韵诗。
途路阻人离别久，
讯音无雁寄回迟。
孤灯夜守长寥寂，
夫忆妻兮父忆儿。

倒读：

儿忆父兮妻忆夫，
寂寥长守夜灯孤。
迟回寄雁无音讯，
久别离人阻路途。
诗韵和成难下笔，
酒杯一酌怕空壶。

知心几见曾来往，
水隔山遥望眼枯。

6. 字谜

字谜，是一种文字游戏，也是汉民族特有的一种语言文化现象。它主要是根据方块汉字笔画繁复、偏旁相对独立、结构组合多变的特点，运用离合、增损、象形、会意等多种方式创设的。例如：

你没有他有，天没有地有。（也）

值钱不值钱，全在这两点。（金）

千里相逢。（重）

添丁进口。（可）

与我同行。（衙）

二小姐。（姿）

十五天（半个月）。（胖）

斩草不除根。（早）

金木水火（欠缺了土）。（坎）

昨日不可留。（乍）

正字少一横，莫作止字猜。（步）

久雷不雨。（田）

乘人不备。（乖）

九点。（丸）

十叁点。（汁）

独眼龙。（省）

指天指地指东指西。（十）

第三节　汉字文化信息解读

一、女旁字与女性文化

语言有民族性特点。语言的民族性主要体现在民族文化上，所以语言携带了一定的民族文化信息，透过语言可以看到一些民族文化现象。汉字是记录汉语的书写符号系统，汉语言的文化信息在汉字中也有反映，透过汉字同样也可以看到汉民族的一些文化现象。汉字系统中有较多的女旁字，也可以看成是汉字结构的一个特点。根据我们的统计，在《现代汉语通用字表》（7 000 字）中，女旁字有 121 字，如下：

女奶奴妄奸如妁妇妃好她妈妍妩妓妪妞妙妊妖妗姊妨妫妒妞姒妤妻妹姑姐妲姍姓姍妮
始姆姿姿娃姞姥娅姨娆姻姝娇姚娩姣姘姹娜孬娄姬娠娱娌娉娟娲娥娩娴娣娘娓婀娶娄婴婆
婧婊婷婳婕娼婢婚婵婶婉媒媪嫂媛婷媚婿婺媾媄媳媲嫒嫉嫌嫁嫔嫜嫠嫣嫱嫩嫖嫦嫚嫘嫜嫡
嫪嬉嬖嬗嬷孀

而男旁字在《现代汉语通用字表》中只有"男、舅、甥"3 个字。女旁字、男旁字比例悬殊。《新华字典》男旁字与《现代汉语通用字表》相同，女旁字有 180 字。《现代汉语词典》男旁字与《现代汉语通用字表》相同，女旁字有 209 字。不仅现代如此，古代更是如此。《说文解字》有男部，也只有"男、舅、甥"3 个字，但女部字却有 245 字。《康熙字典》男旁字与《说文解字》相同，女旁字竟有 868 字。

可见，女旁字确实是汉字系统的一大特点。

为什么汉字中女旁字会有那么多？这只能从文化上加以解释。女性在汉族社会里面有着特殊的地位。总体来看，女性在母系氏族社会占据统治地位，进入父系氏族社会后，女性地位一落千丈，沦为被动从属的地位，成为男人的附属品。这些变化在女旁字中可以找到印迹。

1. 女旁姓氏用字，母系氏族社会的孑遗

《说文解字》："姓，人所生也。古之神圣人，母感天而生子，故称天子。因生以为姓，从女生。"氏族社会的早期是母系氏族社会，这一时期，女性在社会中享有很高的地位，掌握氏族的领导权；世系按女性继承，子孙归属母亲。母系氏族的存在是因为当时人类对于自身生理现象还没有足够的了解，没有把两性关系与繁衍后代联系起来，只知道子女与母亲有血缘关联，而不知道与父亲的血缘关联。远古时期，采取群婚制度，只知其母，不知其父，母亲所在的氏族名称或标志就成了所生孩子的姓氏。这就是最早出现的姓氏大部分都从女旁的原因。例如：

姚，五帝之一，有虞氏舜，姓姚，名重华。

姒，夏后氏禹，又称夏禹，姓姒，名文命。

轩辕氏黄帝，姓姬。

神农氏，姓姜。

妘，高辛氏时，火正祝融的后人之姓。

姞，黄帝后代的姓氏之一。

妫，有虞氏舜的后人之姓。

嬴，春秋时，秦、徐、黄、江、莒等都是嬴姓国。

《说文解字》认为，"姺"、"媒"也是姓氏用字。所以，从姓氏上看，这些都是母系氏族社会的孑遗。

2. "妻"、"娶"、"婚"，抢婚的原始痕迹

抢婚是原始社会的一种婚俗，即由男子通过掠夺其他氏族部落的妇女的方式来缔结婚姻，亦名"掠夺婚"。抢婚习俗的由来，一般认为是古老的掠夺婚（也称劫夺婚、抢劫婚）的遗存或变异。掠夺婚出现在母系氏族社会解体向父系氏族社会过渡之时。男性成为

主要生产劳动力后，女性的地位下降。随着男子在社会生产中的地位日趋重要，他们要求不再"嫁"出去，而将女子"娶"回来。此时因女子已是男子的所有物，所以成为部落与部落、民族与民族发生争斗时的掠夺对象。典型的例证见《周易·屯》爻辞："屯如邅如，乘马班如，匪寇婚媾……乘马班如，泣血涟如。"

这种习俗在汉字中也有反映，"妻"、"娶"、"婚"正好反映了这一习俗。

"妻"甲骨文左侧是一个长发女子，右侧是一只手，整个字形像用手抢女子。徐中舒主编的《甲骨文字典》说："上古有掳夺妇女以为配偶之俗，是为掠夺婚姻，甲骨文妻字即此掠夺婚姻之反映。"

"娶"最初写作"取"。例如《诗经·齐风·南山》："取妻如之何？匪媒不得。"《史记·吴起传》："吴起取齐女为妻。""取"的本义是抢劫，《说文解字》："取，捕取也。"可见娶亲也就是抢婚。后来随着抢婚的消失，为了与"取"区别，表达娶亲的意思，加上了"女"旁。先秦文献用"取"，不用"娶"，说明抢婚在当时是存在的。

"婚"也是一个后起字，最初写作"昏"。例如《诗经·邶风·谷风》："晏尔新昏，不我屑以。"《礼记·经解》："昏姻之礼，所以明男女之别也。"结婚为什么选择"昏"？这是因为古代结婚迎亲是在黄昏进行的。《说文解字》："婚，妇家也。"《礼》："娶妇以昏时。"《白虎通·嫁娶》："昏时行礼，故曰婚。"婚礼在黄昏时进行实际上是抢婚的遗俗。抢婚不可能在大白天进行，黄昏时刻有利于抢婚成功，因为黄昏时间很短，一会儿天就黑了，这样有利于隐蔽、躲藏和逃跑，被抢的人和追赶的人很难识别来去的路。另外，结婚用的盖头也是由抢婚时候的蒙蔽女性用的布袋之类演化而来的，只是后来人们把它美化了而已。为了防止逃跑反抗，被抢女性的手脚是被捆住的，自己无法行走到新郎家，因此，今天抱或背新娘进洞房的遗俗也是由抢婚演化而来的。甚至，我们认为"洞房"一词也与抢婚有关，为了不让女方家人找到，被抢的女性很可能一开始是被藏在山洞里的。

漫画家丁聪曾作漫画《抢婚》来描述这一风俗，题曰：有婚家女富男贫，男家恐其赖婚也，择日率男抢女，误背小姨以出。女家追呼曰："抢差了。"小姨在背上曰："莫听他，不差不差，快走！"如图9-2所示：

有婚家女富男贫，男家恐其赖婚也，择日率男抢女，误背小姨以出。女家追呼曰："抢差了。"小姨在背上曰："莫听他，不差不差，快走！"

图9-2 漫画《抢婚》

3. 女旁贬义字，女性是替罪羊

女人是祸水，是从红颜祸水演变而来的，认为事情都坏在女人身上。红颜指女人红润的脸色、艳丽的容貌，单指美女。红颜祸水，自古就有的一种说法，是指美女贻误国家的意思。自古多红颜，但不是都有资格成为“祸水”的，最初只是指历史上几个女子。如今被当作了一个词用来形容女性。红颜祸水包含着对女性的传统偏见，是一种错误的观念。这种观念在女旁字中也有反映。我们发现有些女旁字意思是不好的。例如：

妨，《说文解字》：“害也。”伤害，损害。
妄，《说文解字》：“乱也。”狂乱。
嫌，《说文解字》：“不平于心也。”仇怨，怨恨。
婪，《说文解字》：“贪也。”贪婪。
奻，《说文解字》：“讼也。”争吵。
嬾，《说文解字》：“懈也，怠也。”懒惰，懈怠，后写作“懒”。
姗，《说文解字》：“诽也。”诋毁，诽谤。
妓，《说文解字》：“妇人小物也。”原为娇弱，后来称女艺人，现在指卖淫女子。
佞，《说文解字》：“巧谄高材也。”谄谀，吹拍有术。
婢，《说文解字》：“女之卑者也。”有罪之人，用于女性。

男女双方的问题，甚至主要是男性的问题，也用女旁字表达。例如：

嫖，《说文解字》：“轻也。”原为轻捷，现在指玩弄妓女。
婬，《说文解字》：“私逸也。”私下通奸，后写作“淫”。
姘，《说文解字》：“齐人予妻婢姦曰姘。”非夫妻同居。
姦，jiān，《说文解字》：“私也。”淫乱，私通。
奴，《说文解字》：“奴婢，皆古之罪人也。”有罪之人，用于男性。
奸，《说文解字》：“犯淫也。”奸污。
嬲，《康熙字典》：戏弄。

特别值得一提的是“妒”、“媢”两个字，都是表达嫉妒情绪，但都用女旁字。

妒，《说文解字》：“妇妒夫也。”妻子嫉妒丈夫。
媢，《说文解字》：“夫妒妇也。”丈夫嫉妒妻子。

4. 女旁外貌字，女人是花瓶与玩物

古人提倡郎才女貌，主张女性无才便是德。

妊，《玉篇》：“美女。”
妭，bá，《说文解字》：“妇人美也。”美女。
姼，shí，《说文解字》：“美女也。”

媄，《说文解字》："体德好也。"

姝，《说文解字》："好也。"容貌美好。

姣，《说文解字》："好也。"容貌美好。

娇，《说文解字》："姿也。"姿态妩媚可爱。

娧，tuì，《说文解字》："好也。"容貌美好。

媌，《说文解字》："目里好也。"眼睛漂亮。

婠，wān，《说文解字》："体德好也。"体态优雅。

嫣，《说文解字》："长貌。"修长漂亮。

孅，《说文解字》："锐细也。"细腰。

媱，《说文解字》："曲肩行貌。"走路的姿态谨慎。

姽，guǐ，《说文解字》："行姽姽也。"体态优雅。

婧，jìng，《说文解字》："竦立也。"亭亭玉立。

妭，fá，小徐《韵谱》："好貌。"妩媚。

婺，wù，《类篇》："美貌。"美女。

娴，《说文解字》："雅也。"优雅。

娑，suō，《说文解字》："舞也。"舞姿婆娑。

媛，yuàn，《说文解字》："美女也。"

妆，《说文解字》："饰也。"打扮。

姿，《集韵·至韵》："媚也。"

婵，《说文解字》："婵娟态也。"比喻窈窕美好的姿态。

娟，《说文解字》："婵娟也。"比喻窈窕美好的姿态。

嫿，《说文解字》："静好也。"文静漂亮。

二、建筑字与家庭秩序

堂＝尚＋土，尚，《字汇》崇也，尊也。所以，"堂屋"是长辈或尊贵客人居住的地方。值得一提的是，在有的方言中有"堂客"一词，"堂客"就是老婆的意思，把老婆看成是"堂屋"里的客人，属于外戚。这也反映了古代的一种家庭观念：父亲系为"亲"，母亲系为"戚"，内外有别。以"堂"为基础，产生了一系列词语，例如"高堂（父母）"、"堂兄弟"、"堂姐妹"、"堂叔"等。

室＝宀＋至，宀，房屋；至，归宿；室，居住的房屋。

房＝户＋方，户，房屋；方，表音表义，方，旁，古时声近通用。《说文解字》："房，室在旁也"。段玉裁《说文解字注》："凡堂之内，中为正室，左右为房。"可见，古代居住的房间有"室"与"房"的区分。以其为基础，产生了系列的词语，例如"正室"、"正房"，"侧室"、"偏室"、"偏房"。

厢房是子女居住的地方，分为东厢和西厢，东厢男子居住，西厢女子居住。元代杂剧《西厢记》写的就是女子的事情。图9-3所示为我国古代典型家园的布局：

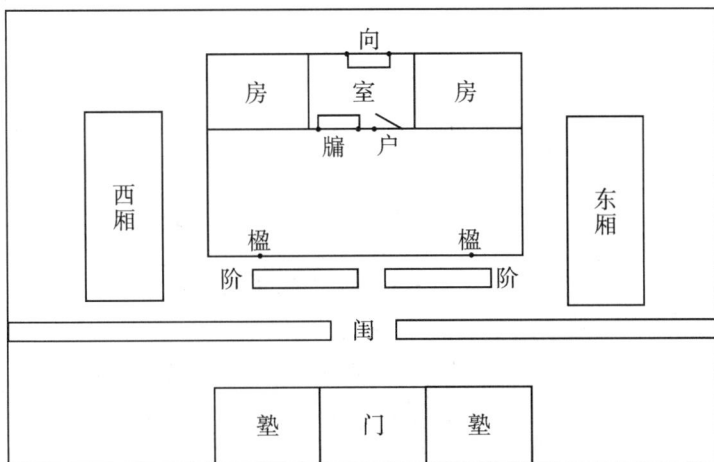

图 9 - 3　我国古代典型家园布局

在古代，门和户也是不同的。户，单扇门；门，双扇门。有钱人家才有门，普通人家只有户，也就是说，门是有钱人家的象征。后来普通人家也使用门，实际上反映了一种求富的心理。门和户在古代有严格的区分，例如《公羊传·宣公五年》："于是使勇士某者往杀之。勇士入其大门，则无人门焉者；入其闺，则无人闺焉者；上其堂，则无人焉；俯而窥其户，方食鱼飧（sūn，晚饭）。"门和户的区分在构词上得到体现，例如"豪门"、"朱门"、"衙门"，"屠户"、"猎户"、"暴发户"。豪门不会说成"豪户"，屠户不会说成"屠门"。值得一提的是"暴发户"一词，暴发户是有钱人，照理应该说成"暴发门"，说成暴发户实际上是仇富心理的反映。

牖（yǒu）、向、囱，都是窗的意思，窗是后起字。向＝宀＋口，《说文解字》："北出牖也。"《说文解字注笺》："古者前堂后室，室之前为牖，后为向，故曰北出牖。"《诗经·豳风·七月》："十月蟋蟀入我床下。穹室熏鼠，塞向墐（jìn）户"。这里的"向"指北面的窗。《说文解字》："在墙曰牖，在屋曰囱"，囱指天窗，古代在家里烧火做饭，会产生大量的烟尘，天窗用于排放烟尘。

许多汉字确实包含着古代的一些文化信息，通过汉字我们可以了解那时候的文化习俗等。什么是"鲜"？鲜＝鱼＋羊，也就是说，鱼和羊在一起煮熟的食品才是鲜，反映了人们的一种美食观念。今天有的酒店根据这个字推出了一道美食，那就是鱼和羊混合的美食。美＝大＋羊，大羊就是肥羊，肥羊个头儿显得大，这反映了人们的一种审美观，以肥为美。寂寞都跟房屋有关，在家里无所事事，叫做寂寞。按照古代的分工，男主外，女主内，因此，寂寞主要是讲女子精神上的空虚无聊。瘦，《说文解字》无此字，带"疒"旁，说明古代以肥为美，把瘦看成是不健康的标志。

汉字所包含的文化信息还很多，在此就不再一一举例了。

第十章　现代汉字与教学

第一节　汉字教学概述

一、汉字教学概况

汉字是比较特殊的文字，不表音，平面结构。这些特点使汉字教学具有特殊性与复杂性。汉字是汉语的书写符号，是汉语书面语言的识读工具。因此，不管是中国人还是外国人，要学习汉语都必须先学习汉字。近些年来，汉字教学研究虽然取得了较大的成绩，尤其是汉字识字法的研究成果非常丰富，但是，对汉字教学的两个主要问题仍重视不够，研究不够：一是汉字教学内容不够全面，各阶段、各种类型的汉字教学缺乏统一的指导性标准；二是汉字学习的阶段性缺乏科学性。"在高等师范院校里，许多学科都有相应的教学法，如针对语文教育有'语文教学法'、针对数学教育有'数学教学法'，唯独各种学科的载体——汉字的教学却没有相应的教学法，这不能不说是一件憾事。也正是由于我们对汉字教学研究的缺憾，导致了汉字教学中存在着事倍而功半的弊病。小学六年主要任务之一就是学汉字，到初中还要花一定的精力学汉字，但是有不少学生中学毕业了，还是错别字连篇。留学生教育中也存在同样的问题。因此，这也警示我们，必须重视汉字教学的研究，建立汉字教学法学科。"① 汉字教学必须解决两个方面的宏观问题：第一，汉字教学的等级范围。汉字应该分级教学，对不同的人应有不同的要求。小学应该掌握多少汉字，掌握哪些汉字，初中、高中、大学也应该有汉字学习的要求与标准。但是，这方面做得很不好，以致大家掌握的汉字量并不多。照理大学毕业生掌握的汉字量应该有八九千字，而实际上没有做到。第二，汉字教学的阶段性问题。汉字的阶段性是指学习汉字的先后顺序。哪些汉字先学，哪些汉字后学，有一个合理安排的问题。有些字常用，有些字不常用，还有些字很生僻，显然存在学习的先后顺序。但是，目前汉字的学习安排很随意，缺乏合理性。

汉字教学研究及其应用在我国已经有两千多年的历史了。从秦代开始就已经有了用小篆写的儿童启蒙课本，如李斯所作的《仓颉篇》，用以教授汉字，成为后世编写识字课本和识字教学的先驱。汉代有史游作的《急就篇》，它把日常用的两千多个汉字汇编在一起，用三言、五言、七言句式，通过韵文表达出来，便于儿童记忆。《急就篇》在我国的识字教学中有深远的影响，成为汉魏以后著名的儿童识字课本。到南北朝，梁朝的周兴嗣编写

---

① 陈曦. 关于汉字教学法研究的思考与探索——兼论利用汉字"字族理论"进行汉字教学. 汉语学习，2001 (3).

了《千字文》，将1 000个不同的字编成四言的韵文体，既表达一定意义，又通俗易懂，合辙押韵，提高了儿童读书识字的兴趣，深受欢迎，广为流传。宋代出现了《三字经》、《百家姓》，连同已经流行的《千字文》，合称"三、百、千"，初步形成了一套较为完整的儿童识字通用课本，并作为官办学校的教材。另外，在民办学校中还盛行一套叫"杂字"的识字课本，有庄户的杂字、农用的杂字等，这些字更接近生产和生活的实际。到明朝，李登编写了《正字千文》，注意区分偏旁部首和音近字、形似字。清末王筠编写了《文字蒙求》。王筠是文字学家，为了改进识字教学，他把汉字分为象形、指事、会意、形声四类，分门别类进行教学，并提出先教独体，再教合体这种合乎汉字构造规律的方法，进一步提高了汉字教学的效率。

解放后，汉字教学，尤其是识字教学研究与实践有了较大的发展，呈现出一派繁荣兴旺的景象。"这表现在识字教学的研讨活动越来越频繁，范围越来越广泛，各种识字教学方法和流派奇葩怒放，异彩纷呈；编辑出版的教材、工具书和研究资料越来越多，难以尽睹；学术研究团体如雨后春笋纷纷涌现，有影响的研究人物十分活跃，或示范教学，或组织实验，或著书立说；汉字教学实验多种多样蓬勃开展，真可谓学派林立，百花齐放。"[1]我国识字教学流派众多。集中识字，起源于20世纪60年代，由辽宁省黑山北关实验小学创制。分散识字起源于20世纪20年代，在当代，斯霞是这个流派的代表人物。"注音识字，提前读写"，起源于20世纪80年代的黑龙江。部件识字，发源于河北沧州。听读识字和猜认识字发源于天津。还有循环识字、字谜识字和字义归类识字等。20世纪90年代又出现了奇特联想识字、字族文识字、字根识字、汉字标音识字、字理识字、成群分级识字、韵语识字、趣味识字、计算机辅助识字等。

二、汉字教学的总量与阶段性

汉字有多少？这是一个基本问题，但这个问题并没有一个确切的答案。根据苏培成的说法，[2]现代通用汉字大体在6 000到9 000个之间。1988年国家语委和国家教委发布《现代汉语常用字表》，其中常用字有2 500个，次常用字有1 000个。对300万字语料的检测结果是：2 500常用字覆盖率达97.97%，1 000次常用字覆盖率达1.51%，3 500字合计覆盖率达99.48%。尽管国家制定了各种各样的字表，但没有适合各类教育的相关字表。

教学用字多少合适呢？目前，只有对外汉语教学有一个明确的汉字教学字表。1990—1991年，国家对外汉语教学领导小组办公室汉语水平考试部和北京语言学院联合研制并出版了《汉语水平词汇与汉字等级大纲》。大纲所收甲、乙、丙、丁四级汉字，总计2 905字。该大纲是我国对外汉语教学和汉字教学的重要依据。另外，2006年教育部和国家语言文字工作委员会发布了《汉字应用水平等级及测试大纲》，其中《汉字应用水平测试字表》总字量为5 500字，分甲、乙、丙三个子表，甲表为4 000字，乙表为500字，丙表为1 000字，并将汉字能力水平分为三级。这是目前最权威的汉字等级标准。但这个标准

---

① 张田若，陈良璜，李卫民. 中国当代汉字认读与书写. 成都：四川教育出版社，2000.3.

② 苏培成. 现代汉字学纲要. 北京：北京大学出版社，2001.47.

也存在一些问题：①它主要是针对外国人学习汉字，而不是针对中国人学习汉字。因此，对中国人还是不适合。②字量要求偏少，总字量仅为5 500字，与《现代汉语通用字表》7 000个汉字、《通用规范汉字表》8 300个汉字相比，如作为中国人学习的标准，字量明显偏少。

因此，我们建议：第一，确定一个汉字学习的总字表。目前，有《现代汉语常用字表》（3 500字）、《现代汉语通用字表》（7 000字）、《汉字应用水平测试字表》（5 500字）、《通用规范汉字表》（8 300字）等。但是，我们需要制定专门的汉字教学字表。在总字表的基础上，从各阶段的教育特点出发，研制各阶段的教学字表。如《小学教学字表》、《初中教学字表》、《高中教学字表》、《大学教学字表》等。这样才能使各类汉字教学有一定的依据。就目前来看，我们可以以2009年《通用规范汉字表》8 300个汉字为总字表，各阶段汉字字量分配如下：《小学教学字表》3 500字，3 500字是常用字，小学生应该达到这个要求；《初中教学字表》5 000字，5 000字的覆盖率达到99%，初中生应该基本达到无障碍阅读水平；《高中教学字表》7 000字，7 000字是通用字，高中生应该基本达到可以阅读专业书籍的水平；《大学教学字表》8 300字，大学生应该达到无障碍阅读水平。第二，加强高中、大学阶段的汉字教学。目前，这两个阶段，尤其是大学阶段的汉字教学非常薄弱，《大学语文》课程根本没有单独涉及汉字教学的内容，应该明确规定各阶段的汉字学习字量。

汉字的阶段性是指学习汉字的先后顺序。目前汉字的学习安排很随意，缺乏合理性。小学低年级的学生，考试看不懂题，还需要教师读题、解释题，造成这种情况的原因就在于没有合理安排汉字的学习顺序，应该在低年级学习的汉字没有及时学，应该在高年级学习的汉字却在低年级学了。汉字阶段性学习的依据是汉字的字频，目前已经有多种字频研究成果。[①]

对小学语文用字总量及其在各阶段的分布量，《小学语文教学大纲》已经有了明确的规定。但是，各阶段分布的具体汉字，即各阶段具体要学习哪些汉字，《小学语文教学大纲》并没有具体说明。小学语文课本应该根据汉字字频的高低来安排各阶段分布的具体汉字，先学习字频最高的汉字，由高到低渐进，各册语文课本中要掌握的汉字应该同相应字频段的汉字基本一致（关于汉字字频的有关研究，见本书第五章）。

因此，我们认为：第一，应该以汉字字频为依据，合理安排各阶段的汉字学习，先学习字频高的汉字，后学字频低的汉字；第二，编制有权威的汉字阶段字频表，指导汉字的学习。

---

① 参见本书第五章。

第二节　汉字教学法

一、集中识字法

有影响的识字法并不多。集中识字法是我国传统的识字方法，历史悠久。所谓集中，主要是时间集中和目标集中，也就是在一段时间内专门学习一定数量的生字。从秦汉到明清，大都采用这种方法。用歌谣、韵文的形式，先教儿童认识一些常见的汉字，再阅读文学作品。1958 年 9 月，辽宁省黑山县北关实验学校贾桂枝、李铎提出了"速成识字法"，通过"以歌带字"、"基本字带字"的手段集中识字。在 1960 年，这一经验得以在全国推广。

"以歌带字"就是利用学生熟悉的歌曲，把汉字的学习贯穿到歌曲当中。例如《东方红》这首歌曲。"东方红，太阳升……"歌词的每一个字带出一组同音字（仅声母韵母相同），让学生学习。例如：

东：冬、咚、董、懂、动、洞、冻
方：芳、坊、防、房、肪、仿、访、纺、放
红：轰、烘、洪、宏、虹、鸿、哄、讧

同音字归纳容易造成同音混淆，后来采用"基本字带字"的方法，兼顾了形声字和非形声字。例如：

贝：钡、狈、赔、贷、赚、坝

这一方法取得了很好的教学效果，学生两年内就完成了 2 500 字的学习。

文化大革命之后，恢复了集中识字的实验，1980 年召开了集中识字的经验交流会，之后逐步形成了"集中识字·大量阅读·分步习作"的教学模式。北关实验学校的毕业生平均识字 3 984 个，听写短文（235 字）的正确率达到 99%，作文能够写到 500 至 700 字，识字效果明显提高。

集中识字是先识字后读书。它的优点在于：

（1）集中识字和集中阅读，重点明确，集中学习，教学效果好。

（2）汉字集中学习，字量大，便于编写教材，难易度容易控制，也便于分类学习汉字。

（3）有利于教学中汉字的平均分布，使每课的汉字学习达到平衡。

"基本字带字"的方法要从字形、字音和字义入手。例如：

巴：疤、把、爸、吧、肥

字形上，疒，表示疾病；扌，表示动作；父，表示父亲；口，与语言有关；月，与肉有关。字音上，除了肥之外，其余4个字是形声字。字义上，这几个字的含义不难理解。

集中识字有几个特点：

（1）将若干课文的生字集中起来学习，先识字后读书。

（2）生字学习采用同音、偏旁归类等学习方法，尤其是基本字带字的归类方法。带字法有三种：①直接带字。例如"大、太、犬"等。②间接带字。即不是直接用基本字去带，而是用换偏旁部首的方法。例如"伺"、"饲"等。③以词语、句子带字的方法。例如学了"亮"字，"漂"字通过"漂亮"带出来。

集中识字从汉字学习的特点出发，体现了低年级以识字为重点、为读写打基础的原则。集中识字法以解决字形为中心，建立形、音、义的统一联系，突出汉字构字规律，提高了识字效率，有助于培养学生的独立识字能力。

下面是北关实验学校的一堂识字课实录（加点的为生字，按照"基本字带字"分为6组）：

你　您

奴（奴才）　努（努力）　怒（愤怒）

内（室内）　呐（呐喊）

能　熊（黑熊）

念（念书）　捻（捻绳）

南（越南）　献（献给）

教学过程如下：

（1）复习旧课。

（2）教学生字。

学习第1组：

①出现熟悉的字（板书）"你"，齐读，问字义。

②出现生字拼音：nín，齐读。

③出现生字"您"，讲字义。"您好"，齐读，字义，字形。

④写字"您"：写两遍，学生一边写一边读，讲字义。

同样的方法学习其他几组。

（3）反复练习：

①领读字词。齐读，指名读。

②逐步去掉拐棍，读字音，讲字义，说字形，先去掉拼音，再去掉词，再熟悉字。

③卡片复习字词，比较字形。

④范写生字。

（4）考查成绩，默写生字。

二、分散识字法

分散识字法又叫随课文识字法。在现代学校兴起后，尤其是"五四"运动以来，在欧美语文教学理论的影响下，分散识字法兴起。分散识字法是学习和套用欧美语文教学经验的产物，强调边识字边读书。学生一入学就学习课文，边教课文边识字，成为近代小学识字教学的主要方法。1958 年，南京师院附小的斯霞老师对这种方法进行了试验和创新，她的具体做法是：先学好拼音，掌握好识字的工具；先学独体字，再学合体字，由易到难，由浅入深；随课文识字，做到"字不离词，词不离句"。分散识字教学时出示生字的方式，一是把一篇课文的生字提出来集中先教，随后阅读课文；二是随课文讲述的顺序，边讲读文章，边教生字词。前者适用于生字较多的长课文，后者适用于生字较少的短课文。边识字边阅读，随课文识字，把识字教学和培养听、说、读、写能力有机结合起来，互相促进，平衡发展，以求收到多方面的成效。

斯霞的具体做法如下：

（1）学习汉语拼音。随课文识字法，不是一开始就学习课文，而是首先学习汉语拼音。汉语拼音是学习字音的工具，学生学会了汉语拼音，就能够读出标注了汉语拼音的生字，学习普通话。汉语拼音三四周学习完。学生要做到：会读声母、韵母和整体认读的音节，会写字母和音节，懂得四声，会拼音。注意：汉语拼音的学习要求不能太高，会基本的拼写就可以了，在以后的学习中再逐步达到熟练运用的程度。

（2）学习独体字。先学独体字，再学合体字，由易到难，由浅到深。许多合体字是由若干个独体字构成的，掌握了一定数量的独体字后，学生就能够更好地学习合体字。独体字教学注意：字形简单，并配上拼音与图画，易学易懂；结合笔顺教学，让学生熟悉笔顺规则，具备分析合体字的能力。这样，为学生学习更多的汉字创造了条件。

（3）学习查字法。学会查字的方法，是学生使用字典的前提，也是学生认识汉字的工具。二年级上学期学会拼音查字法，下学期学会部首查字法，这样，学生就可以根据字音、字形通过字典来学习字义，正字音，掌握字形。学习查字法不宜太早，应该以七八百字为基础。没有一定的字量，工具书很难使用，容易使学生产生厌学的情绪。

（4）随课文识字。学习了拼音，掌握了一些独体字后，就可以随课文识字了。随课文识字比单独识字更容易调动学生的兴趣，有利于提高识字的效果。随课文识字的特点是生字新词的学习都在具体的语言条件下进行，做到"字不离词，词不离句"。例如，"我们是祖国的花朵，老师是辛勤的园丁。"不仅让学生知道"花朵"、"园丁"的含义，而且还让他们懂得其在句子里的比喻意义。有的字只有在词语中才有含义，例如"玻璃"；多义字只有在句子中才能知道它确切的含义；多音字、同音字也只有放在句子中才能得到合理的解释与说明。

三、注音识字，提前读写

"注音识字，提前读写"这项实验于 1982 年秋率先在黑龙江省进行，进展很快，效果较好，在我国小学教育的总体改革中有着不容忽视的地位。"注音识字，提前读写"就是在学生较熟练地掌握汉语拼音的前提下，以发展语言为主线，寓识字于读写之中，阅读与写作同时起步，以达到开发智力、提高小学语文教学效率之目的。具体来说，则指刚入学的六七岁儿童，在不识字或识字不多的情况下，利用汉语拼音这个多功能工具，进行听说读写的训练。由于不受识字数量的束缚，儿童已有的语言能力得以充分发挥，使读写提早进行成为可能。在大量阅读的乐趣中，儿童增长了知识、开发了智力，语言能力和思维能力都得到提高。识字教学的特点是寓识字于阅读之中。儿童在大量阅读注音文章的过程中，利用汉字重现率等手法自主性地认识与掌握汉字。当然，教师指导的有计划的识字教学，仍然是整个教学的重要组成部分。具体做法如下：

（1）汉语拼音教学。在一、二年级主要是学好汉语拼音，学会听说普通话，学好一部分常用汉字，进行初步的读写训练。具备直呼音节和书写音节的能力，使汉语拼音成为提前读写的工具。

（2）识字写字教学。在三、四、五年级进行有步骤与有重点的训练，突出书写语言的学习，促使读写水平继续提高。寓识字于读写之中，使学生掌握 2 500 个常用汉字。识字的基本要求是：读准字音，分清字形，掌握字义，能够正确地书写，大部分会用。

识字写字教学的途径：①通过课内外阅读让学生掌握不定量的汉字，按照掌握与认识的不同要求学习汉字。②通过写字课进行扎实的识字写字训练。③通过作业练习学习汉字，把字写好用好。

（3）教学要点：

①拼音。学会读写声韵母、字母表、大小写；熟读与直呼音节。

②识字。课内指导识字；课内课外阅读中识字。课内写字指导：铅笔小楷——钢笔小楷——钢笔行书——毛笔字。

③阅读。课内阅读：拼音课文——注音课文——难字注音课文。课外阅读：拼音读物——注音读物——难字注音读物。

④写作。写话：纯拼音——拼音夹汉字——汉字夹拼音。作文：汉字夹拼音——汉字。

⑤说话。从二年级开始开设普通话说话课（每周一节）。

四、其他识字法

1. 部件识字法

部件识字法，是按汉字的部件和部位名称来分析字形结构的一种识字方法。为了发挥部件识字法的教学优势，编排汉字采用"树形"结构分析图。把常用汉字按不同部件的不同形式组成，统一按汉字的"三级结构"展开，整字、部件、笔画，排出不同的树形结构图形。生字都是以部件为线索，按独体字——简单合体字——复杂合体字的顺序排列，部件识字教学按"三级结构"有层次地展开。一级结构，是用笔画分析法教学独体字和基本字，让学生掌握一批独体字，为学好合体字打好基础；二级结构，是用单部件分析法教学简单合体字，单部件包括独体字和不成字的部件；三级结构，是用复杂部件分析法教学复杂合体字，复杂部件包括独体字和不成字的部件。这种"树形结构"，不仅突出了部件识字的直观性、形象化，而且使部件分析与教学一致。

独体字：木、目、心

简单合体字：相

复杂合体字：想

部件识字法把 3 000 多个常用字逐级分解，得到 140 个不成字的基本部件和 300 个左右成字部件，共计 400 多个。在分析的基础上对汉字进行综合，用基本笔画横、竖、撇、点、折统率 400 多个基本部件，再用这些基本部件统率 3 000 多个常用字。例如：

一　车：阵、轧、轨

斩—暂、崭、渐、惭

军—浑、晕、挥、辉

连—莲、链

开：研、形、邢

刑—型

并—饼、拼、瓶、屏

丿　爪：采—彩、菜、踩

舀—稻、蹈

孚—浮、孵、俘、乳

2. 意义分类识字法

这是 20 世纪 80 年代由安徽省徽州师范学校黄剑杰老师倡导和实验的一种识字法。根据字的本义、部首、物属等进行分类，分为 62 类，214 部，再分名词、动词、形容词、虚词 4 系，系下分若干组。例如：

明昭晶朦胧暗（天体类日部形系明暗组）

意义分类识字法把字义作为核心进行教学，对学生理解意义、掌握字形、读准字音有很好的区别作用。按照这种方法，小学二年级结束时学生就能够认识 3 000 字。黄剑杰还编写了《绝妙快识 3 000 字》，帮助学生学习汉字。

3. 字族文识字法

字族文识字法是四川省井研县教育局组织教师经过 30 年的探索形成的一种识字法。字族文识字法是把生字编成字族，然后将字族编入课文——字族文，通过阅读字族文来掌握该字族的汉字。例如将字族"炒吵抄妙秒"编成字族文《别吵，小花猫》：

别吵，别吵，小花猫，

让我爸爸睡好觉。

工厂加班争分秒，

这儿夜里静悄悄。

别吵，别吵，小花猫，

我正忙把生字抄。

学习时间别打搅，

这儿夜里静悄悄。

别吵，别吵，小花猫，

我画飞船上云霄。

星光灿烂多美妙，

这儿夜里静悄悄。

别吵，别吵，小花猫，

妈妈明晨要起早。

煮饭炒菜多辛劳，

这儿夜里静悄悄。

4. 循环识字法

循环识字法是由黑龙江省建三江农场小学刘振平老师倡导和实验的一种识字法。它的基本方法是：学完一组字之后，不要求学生完全掌握，等到下一组字学完后，再一起复习巩固。刘振平编写有《循环识字课本》。学生在半年至一年就能识字 2 000 个以上。循环识字法如图 10 – 1 所示：

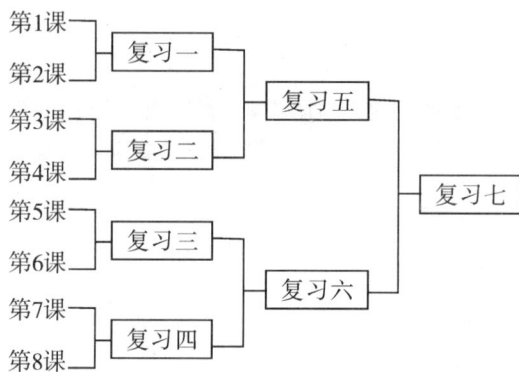

第1课——第2课——复习一

第3课——第4课——复习二

复习一、复习二——复习五

第5课——第6课——复习三

第7课——第8课——复习四

复习三、复习四——复习六

复习五、复习六——复习七

图 10 – 1　循环识字法

5. 字理识字法

字理识字法是由湖南省岳阳市部分小学于 1994 年开始的一项实验。它是根据汉字的结构规律进行识字教学，核心是对合体字"分解组合"。例如"裹"，可以分解为"衣"、"果"，"果"是声旁，"衣"是形旁，因此，"裹"有遮蔽的意思，进而引申为包庇等意义。再如"哀"，是会意字，可以分解为"衣"、"口"，有悲痛的意思。按照这种方法，小学二年级结束时，学生就能够识字 2 000 个左右。

6. 奇特联想识字法

奇特联想识字法是由浙江省温岭市李卫民老师于 1989 年实验的一种方法，例如"愉"解释为，一个小孩（人），拿着一把玩具刀（刂），到月球上去玩（月），心里很愉快（心）。其教学程序分为五步：第一步，认识字的形音义，读准字音，分清字形，理解字义。第二步，展开奇特的联想。例如"怕"解释为，心里害怕（忄），脸都吓白了（白）。第三步，通过暗示，学习巩固。播放音乐，让学生闭上眼睛，听老师讲解字义，想象含义的画面，加深记忆。第四步，结合语言环境造句运用。如学了"愉"之后，让学生造句，巩固学习。第五步，尝试回忆，进行试默。对学习的生字回忆，逐个进行听写。李卫民编有《奇特联想识字集锦》和《象形和串字成文识字》。

第三节　书写失误解析

一、错别字的成因

书写失误就是通常讲的错别字。错别字包括错字和别字。错字指写得不成字，根本就没有这个字，任何辞书都查不出来。例如把"染"字的"九"写成"丸"，把"武"字的"弋"写成"戈"。别字，又叫"白字"，指把甲字写成乙字。例如把"戍"写成"戌"，把"掠夺"写成"略夺"。一张 1953 年发行的两分钱和一张 1962 年发行的两毛钱，大写的"二"字并非"贰"，也不是繁体"貳"，竟然是错别字。

贰貳貳

造成错别字的原因主要有客观原因和主观原因。

1. 客观原因

造成错别字的客观原因在于汉字自身的特点。汉字是方块字，平面书写，许多汉字笔画比较多、结构复杂，因此汉字难记难写，跟英语等表音文字相比，汉字的出错率较高。

汉字笔画多这个特点也是造成错别字的客观原因之一。常用汉字平均笔画有 10 画，笔画数越多，人们掌握起来越困难。例如，平面书写这个特点是造成错别字的客观原因之一。汉字在平面上进行上下、左右书写，因此，笔画的长短、分布位置的细小差别都可以构成不同的字，笔画数差异大的汉字之间不会书写错误，笔画数差异小和相同的汉字则容易书写错误。例如：

夫——天　　太——犬　　史——央　　大——丈
九——九　　戊——戌——戍——戌——戎——戒
母——毋　　茶——荼　　驰——弛　　赢——羸
辨——辩　　契——锲　　鹜——骛　　戈——弋

《现代汉语通用字》笔画数最多的 100 字：

镰　　蠹　　纂　　肇　　鳜　　鳞　　獴　　糯
镶　　籍　　齰　　臜　　鳝　　鳟　　魔　　灌

淪	磖	鱣	穓	饕	鬻	癰	欛
潷	霸	癲	糖	躘	鬘	麟	蠹
譬	露	麝	懿	躚	趱	躅	攥
嬌	霹	贛	轞	矚	攫	矗	嚷
驤	孽	夔	蘸	鑱	攝	蠡	饢
穆	曩	熽	鶘	鑲	顴	釀	戇
蠹	躏	灝	蘖	穰	躓	躞	蠵
瓘	黯	禳	蘼	鰭	罐	衢	曩
輦	髓	鑒	囊	瓢	纚	鑫	蠼
醺	鯖	屏	霾	饔	躬	灞	驤
礴	鱤	蠡	氍				

我们曾把这 100 字让学生在短时间内背记下来再写出来，结果是错的比较多，没有一个是全正确的。

2. 主观原因

（1）对错别字的危害性认识不足，认为写汉字是个人小事，少一笔多一笔没什么关系，只要自己或别人能看懂就行。

（2）粗心，不注重细微的差别，在识字过程中小学生只能记住字体的粗略轮廓，如果没有他人的提醒或训练就往往会忽略。

（3）容易受其他字的干扰。例如受"武"的影响，"戴"倒数第二笔容易丢掉撇笔。

二、错别字的类型

1. 形似错别字

形似错别字就是由于两个字字形相近而引起的错别字。例如：

病入膏肓（盲*）

肓：中医指心下膈上的部位：膏～。

盲：瞎，看不见东西，对事物不能辨认：～从。～动。～目。～人。～区。～流。～人瞎马。

眼睑（脸*）

睑：眼皮：眼～。

脸：❶面孔，头的前部从额到下巴：～颊。～孔。～色。～谱。❷物体的前部：鞋～儿。门～儿。❸体面，面子，颜面：～面。～皮。～软。丢～。赏～。

2. 音近错别字

音近错别字就是由读音相同而引起的错别字。例如：

---

*　表示错别字。

川（穿*）流不息

川：❶河流：名山大～。～流不息。❷平原，平地：平～。米粮～。❸特指中国四川省：～剧。～菜。～贝。

穿：❶破，透：～透。揭～。～窬（钻洞和爬墙，指盗贼）。～凿。❷通过，连通：～过。～行。❸着衣服鞋袜：～衣。～鞋。

提（题*）纲

提：❶垂手拿着有环、柄或绳套的东西：～壶。～灯。～篮。～包。～盒。～纲挈领。❷引领：～心吊胆。～升。～挈。～携。❸说起，举出：～起。～出。～醒。～倡。～议。～名。～案。～要。❹取出：～取。～货。

题：❶写作或讲演内容的总名目：～目。主～。话～。～材。～旨。❷练习或考试时要求解答的问题：试～。问答～。❸写上，签署：～名。～字。～壁。～诗。～辞。～跋。

3. 义近错别字

义近错别字就是由意义相近而引起的错别字。

安（按*）装机器

安：❶平静，稳定：～定。～心。～宁。～稳。❷使平静，使安定（多指心情）：～民。～慰。～抚。❸对生活工作等感觉满足合适：心～。～之若素。❹没有危险，不受威胁：平～。转危为～。❺装设：～置。～家立业。

按：❶用手或手指压：～铃。～键。～钮。～脉。～摩。❷止住：～捺。～耐。～压。❸依照：～照。～理。～例。～说。❹（编者、作者等）在正文之外所加的说明或论断：～语。编者～。

翻（反*）云覆雨

翻：❶歪倒，反转，变动位置，改变：推～。～车。～卷。～滚。～腾。～阅。～身。～修。～改。～脸。人仰马～。～江倒海。～云覆雨。❷数量成倍的增加：～番。❸越过：～越。

反：❶翻转，颠倒：～复。～侧。❷翻转的，颠倒的，与"正"相对：～馈。适得其～。物极必～。❸和原来的不同，和预感的不同：～常。❹回击，回过头来：～驳。～攻。～诘。～思。～躬自问。❺类推：举一～三。

4. 综合错别字

综合错别字就是由前面三种情形混合引起的错别字。

擅（善*）长

擅：❶超越职权，自作主张：～专。～自。～行（xíng）。～断（专行）。❷独行。～离职守。❸独揽，占有：～权。～利。～兵（拥有兵权）。～国。～美。❹长于，善于：～长。不～辞令。

善：❶心地仁爱，品质淳厚：～良。～心。～举。～事。～人。～男信女。慈～。❷好的行为、品质：行～。惩恶扬～。❸高明的，良好的：～策。～本。❹友好，和好：友～。亲～。和～。❺办好，弄好：～后。❻擅长，长于：～辞令。多谋～断。❼好好地：～待。～罢甘休。❽容易，易于：～变。～忘。多愁～感。

鸠占鹊（雀*）巢

鹊：指喜鹊鸟。民间传说听见它叫将有喜事来临：～报。～起。～桥。

雀：鸟类的一科，吃粮食粒和昆虫。特指"麻雀"，泛指小鸟：～跃。～噪。

5. 计算机错别字

计算机错别字就是在输入汉字时引起的错别字，主要是采用拼音输入法引起的。例如中央电视台曾在播报新闻时，背景出现错别字：

乙丑年皇帝故里拜祖大殿加紧筹备

"皇帝"应该是"黄帝"，"大殿"应该是"大典"。

中国篮球协会颁发的 CBA 总冠军锦旗有错别字，把"中国篮球协会"写成"中国蓝球协会"。如图 10-2 所示：

图 10-2 公共场合的错别字

需要说明的是，目前在广告界大量采用仿词的修辞手法编写广告，例如：

某洗衣店广告："衣衣"不舍
某房产公司广告：万"室"俱备
某蛋糕广告：步步"糕"升
胃药广告：一"不"到"胃"
赛马广告：乐在"骑"中
电熨斗广告：百"衣"百顺
快餐店广告："烧"胜一筹
洗衣机广告："闲"妻良母
帽子公司广告：以"帽"取人

对于这种情况，有人主张取缔，有人认为它是修辞手法，可以采用。我们认为，可以存在，但最好同时把正确写法写出来，以免误导观众。

三、纠正错别字的方法

1. 注意字形

汉字绝大部分是形声字，我们可以抓住形旁，明确不同形旁的含义，从而加以辨别。例如：

干燥、燥热；急躁、躁动

"干燥"、"燥热"都包含干的意思，燃起火常常会让空气干燥，或者空气干燥也容易着火，所以是"火"字旁；而人"急躁"、"躁动"时常常会跺脚，因此必须是"足"字旁。

又如：

讴、呕

讴歌，歌颂，左边是"讠"旁，与语言有关。呕吐，经口腔排出，所以左边是"口"旁。

有的字不是形声字，要抓住字形细微的差别，进行比较。例如：

炙、灸

灸，形声字，"火"是形旁，"久"是声旁。炙，会意字，由"肉"和"火"构成。

2. 注意字音

把握字音和字形的关系，以音辨形。汉字的字音和字形是固定的，有的错别字读音是不同的，我们可以利用不同的读音来区分它们，碰到一个词，只要读准字音，就知道它不可能有别的字形。例如：

舀、臽

舀，yǎo，蹈稻韬滔。臽，xiàn，馅陷阎诌焰。

婢、卑

"奴颜婢膝"，"婢"应该读"bì"，而不读"bēi"，所以不能写成"卑"。

"段"作声旁的字，一般读 duàn，锻、缎、椴。"叚"的声旁构成的形声字韵母一般有 ia，葭、假、瑕。

戊、戌、戌、戍、戎

戊，读 wù，天干的第五位，用作顺序第五的代称。

戉，读 yuè，同"钺"，古代兵器，青铜制，像斧，比斧大，圆刃可砍劈。

戌，读 xū，❶地支的第十一位。❷用于计时：~时。

戍，读 shù，军队防守：卫~。~边。~守。

戎，读 róng，古代兵器的总称。军队，军事：兵~。投笔从~。~马。

3. 注意字义

有的错别字的字义与正确字不同，要注意分辨这种含义上的差异，正确理解字的含义。例如：

辨、辩

辨，分别，分析，明察：~别。~认。~析。~正。~识。明~是非。

辩，说明是非或争论真假：争~。答~。~白。~驳。~护。~论。~士。~证。

坚、艰

坚，结实、硬：~固。~强。

艰，困难：~难。~辛。

戴、带

戴，加在头、面、颈、手等处，还有尊奉、推崇的意思：~帽子。拥~。

带，携带、捎带：~口信。~行李。

厮、撕

厮，互相：~打。

撕，拉扯：~打。

另外，很多词语、成语都有出处，找到字词的源头，弄清楚其意义，就能避免写错别字。例如：

班（搬*）门弄斧

出自柳宗元《王氏伯仲唱和诗序》："操斧于班、郢之门，斯强颜耳。"欧阳修《与梅圣俞书》："昨在真定，有诗七八首，今录去，班门弄斧，可笑可笑。""班"指鲁班，古代有名的木匠，在鲁班门前摆弄斧头，比喻在行家面前卖弄本领。

再接再厉（励*）

出自韩愈《斗鸡联句》："一喷一醒然，再接再厉乃。"这个成语最早的意思是：为了斗鸡时使自己的鸡获胜，每次斗前，在磨刀石上磨磨鸡的喙，使它嘴尖锋利。"厉"通"砺"，指的是磨刀石。因此"再接再厉"的"厉"只能写成"厉"。今天比喻继续努力，再加一把劲。

附录 100个高频错别字

这是目前最常见的错别字，括号内的字为正确写法。

1. 按（安）装
2. 甘败（拜拜倒）下风
3. 自抱（暴损害）自弃
4. 针贬（砭 biān, 治病的石针）：批评
5. 泊停靠（舶大船）来品
6. 脉博（搏）
7. 松驰（弛 chí, 放松）
8. 一愁（筹谋略）莫展
9. 穿（川河水）流不息
10. 精萃汇集（粹无杂质的米）
11. 重迭（叠）
12. 渡（度）假村
13. 防（妨阻挡）碍
14. 幅（辐）射
15. 一幅（副）对联
16. 天翻地复（覆）
17. 言简意骇震惊（赅 gāi, 完备）
18. 气慨（概气度）
19. 一股（鼓敲响战鼓）作振作气勇气
20. 悬梁刺骨（股）
21. 粗旷 kuàng, 空阔久远（犷 guǎng, 粗野）
22. 食不裹（果结满果实的树, 饱满）腹
23. 震憾失望（撼摇动）
24. 凑和（合）
25. 侯（候）车室
26. 迫不急（及）待
27. 既（即）使
28. 一完全如继（既既往往, 从前）
29. 草管（菅 jiān, 草）人命
30. 娇（矫 jiǎo, 弯曲变成直的）揉直的变成弯的造作故意做作
31. 挖墙角（脚根基）
32. 一诺千斤（金）
33. 不径小路（胫小腿）而走

（续上表）

34. 峻高而陡峭（竣完成结束）工
35. 不落巢（窠 kē, 鸟窝）臼 jiù 器具，窠臼，老一套
36. 烩（脍 kuài, 肉）炙烤肉人口
37. 打腊（蜡）
38. 死皮癞（赖）脸
39. 兰（蓝）天白云
40. 鼎立（力）相助
41. 再接再励（厉）
42. 老俩（两）口
43. 黄粱（梁）美梦（黄粱，小米）
44. 了（瞭）望
45. 水笼（龙）头
46. 杀戳 chuō 捅（戮 lù 杀）
47. 痉孪孪生（挛弯曲不能伸展）
48. 美仑（轮，高大）美奂众多：房屋多，又宏伟，华丽
49. 罗（啰）唆
50. 蛛丝蚂（马）迹
51. 萎 wěi 枯萎靡 mí 粥（靡 mǐ 消沉）不振
52. 沉缅遥远（湎沉迷）
53. 名（明不隐瞒）信片
54. 默（墨墨翟 dí, 战国人，善于守城）守成规
55. 大姆保姆（拇拇指）指
56. 沤 ōu 水中的气泡（呕 ǒu 吐）心沥血
57. 凭（平）添平白，无形中增加
58. 出奇（其）不意
59. 修茸（葺 qì 修理）
60. 亲（青）睐用眼珠看人，喜爱
61. 磬 qìng 打击乐器（罄 qìng 用尽）竹竹简难书
62. 入场卷（券 quàn 凭证的纸片）
63. 声名雀（鹊喜鹊）起
64. 发韧 rèn 柔软结实不断裂（轫 rèn 阻车之木）开始
65. 搔（瘙 sào 疥疮）痒病
66. 欣尝（赏）
67. 谈笑风风趣声（生）
68. 人情事（世为人处世之道）故
69. 有持（恃 shì 依仗）无恐
70. 额首（手）称庆把手放在额头上庆幸，高兴

（续上表）

71. 追朔 shuò（溯 sù 追究）	
72. 鬼鬼祟祟（崇 祟鬼带来的灾害）	
73. 金榜提（题写）名	
74. 走头（投）无路	
75. 趋之若鹜 wù 奔驰（鹜鸭子）	
76. 迁徒（徙）	
77. 洁白无暇光辉（瑕瑕疵）	
78. 九宵夜（霄云）	
79. 渲 xuàn 渲染，夸张，描述（宣疏通）泄	
80. 寒喧（暄温暖）	
81. 弦 xián（旋 xuán 有规律的节奏）律	
82. 膺 yīng 胸（赝 yàn 假）品	
83. 不能自己（已）	
84. 尤责怪，过错，怨天尤人（犹像）如猛虎下山	
85. 竭泽而鱼（渔捕鱼）	
86. 滥竽 yú 植物（竽 yú 管乐）充数	
87. 世外桃园（源根源）	
88. 脏（赃）款	
89. 醮 jiào 斟酒，嫁人（蘸 zhàn）水	
90. 蜇 zhē 刺人 zhé 海蜇（蛰 zhé 冬眠）伏	
91. 装祯吉祥的征兆（帧画幅）书刊设计	
92. 饮鸠 jiū 鸟（鸩 zhèn 毒鸟）止渴	
93. 坐阵（镇守护）	
94. 旁证（征）博引	
95. 灸 jiǔ 中医治疗方法（炙烤肉）手可热	
96. 九洲水中陆地，沙洲，大洋洲（州行政区划名称）	
97. 床第（第 zǐ 床）之私	
98. 姿（恣 zì 放纵）意妄为	
99. 编篡 cuàn 夺取（纂 zuǎn 编）	
100. 做制作（坐坐卧）月子	

第十一章　现代汉字与信息处理

第一节　汉字的熵与多余度

一、汉字的熵

熵的概念是由德国物理学家克劳修斯于 1865 年提出的，最初是一个热力学概念。1948 年，克劳德·艾尔伍德·香农将熵引入到信息论。在信息论中，熵被用来衡量一个随机变量出现的期望值。它代表了在被接收之前，信号传输过程中损失的信息量，又被称为信息熵。如图 11 - 1 所示：

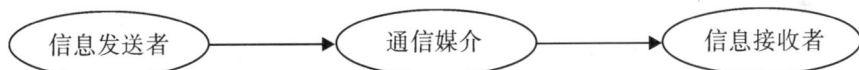

信息发送者 → 通信媒介 → 信息接收者

图 11 - 1　信息系统传播原理

语言的交流过程就是一个不断发送表达和不断接收理解的过程，对接收者来讲，他不知道发送者将要表达什么，因此这个过程是随机的。发送表达和接收理解的语言符号就是这个随机过程的结果，语言也就成了由一个个结果组成的链。

如果发送的语言符号（词）只有 2 个，在接收第一个语言符号前，那么，接收者有 50% 的概率预知第一个语言符号的信息。如果增加到 3 个，那么，接收者只有 33% 的概率预知第一个语言符号的信息。如果增加到 4 个，那么，接收者只有 25% 的概率预知第一个语言符号的信息。可见，语言符号越多，接收者的预知成功率越低，换句话说，发送者发送的语言符号越多，接收者预知的不确定性越大，这种不确定性的大小成为熵。我们可以说，熵越大，发送的语言符号越多；反之，发送的语言符号越少。因此，熵实际上反映的是信息量的大小，熵越大，信息量越大；反之，信息量越小。需要说明的是，当接收者接收到语言符号后，不确定性消失，熵值为零，因此，我们可以通过熵的测定来计算信息量的大小。

信息量的单位是比特（bit），如果某个信息由两个出现概率相等的语言符号组成，那么，这个信息的信息量的值就是 1 比特，比特也是熵的单位。可见，如果有 n 个等概率的语言符号，那么，熵（H_0）就与 $\log_a n$ 成正比，公式写为：$H_0 = k\log_a n$。k 是比例常数。当 $a = 2$，$k = 1$ 时，可以得到公式：

$$H_0 = k\log_a n \longrightarrow H_0 = \log_2 n$$

这就是熵的计算公式。

n 个不等概率的语言符号有 n 个结果，设定第 r 个结果的概率为 P_r，熵的计算公式为：

$$H_0 = \sum_{r=1}^{n} P_r \log_2 nP_r$$

表音文字的熵比较容易计算，汉字数量多，每个字的出现概率也不同，计算很复杂。冯志伟发现了"汉字容量极限定律"，在汉字容量没有达到 12 366 个时，一个汉字的熵会随着汉字容量的增加而增加；当汉字容量达到 12 366 个时，汉字的熵就不再增加。也就是说，当汉字容量超过 12 366 个时，汉字的熵不会随着汉字的增加而增加。根据这个规律，冯志伟计算出一个汉字的熵为 9.65 比特，也就是说，包含在一个汉字的信息量是 9.65 比特。下面是一些西方语言的信息量情况（单位：比特）：①

法语：3.98；意大利语：4.00；西班牙语：4.01；英语：4.03；德语：4.10；俄语：4.35；汉语：9.6。与它们相比，汉字的信息量要大 1 倍，这是一件好事，但是，对汉字信息处理而言，熵值越大，汉字的输入与输出的难度就越大。因此，汉字的熵有利有弊，总体来看，弊大于利。

二、汉字的多余度

日常生活中，我们并不是要把每个字词都理解了才能理解句子的整个意义，事实上，丢掉一些不重要的字词，我们同样知道句子所要表达的整体意义。有的人话还没有讲完，别人就知道了他的全部意义。这种现象说明，在语言应用中存在多余成分，丢掉这些成分并不影响我们对基本意义的理解。

多余度也是克劳德·艾尔伍德·香农提出来的，他把由于语言结构性而产生的多余成分的百分比称为语言的多余度。例如汉字，100 字的文章，我们去掉 37 字之后，如果还能够通过语言背景把没有去掉前的意义解读出来，那么，这去掉的 37 字就是多余的成分，这段文章的多余度就是：$37 \div 100 = 37\%$。

若汉语的书面语的多余度为 R，那么：

$$R = 1 - H_\infty \div H_0$$

H_∞ 是汉字的极限熵，H_0 是汉字的最大熵。最大熵可以通过公式 $H_0 = \log_{10} n$ 计算出来，设现代汉字为 10 000 个，则最大熵 $H_0 = \log_{10} 10\ 000 = 13.28$ 比特。

汉字的极限熵 H_∞ 由于存在技术上的难度，目前还无法计算，但我们可以参照英语来估算汉语书面语的多余度。英语字母的极限熵在 0.929 6 ~ 1.560 4 比特之间，如果内容相同的英语文章与汉语文章信息量相同，则：

$$H_{\infty(汉)} \times 汉字数 = H_{\infty(英)} \times 英文字母数$$

---

① 冯志伟. 汉字的熵. 文字改革，1984（4）.

内容相同的英汉文章中，英文字母数与汉字数的比值为 1:3.7，即一个汉字大体相当于 3.7 个英文字母。英语的极限熵 $H_{\infty(英)}$ 在 0.929 6 ~ 1.560 4 比特之间。根据比值，可以推算出汉语的极限熵 $H_{\infty(汉)}$ 在 3.439 5 ~ 5.773 5 比特之间。根据多余度的公式，汉语的多余度则为：

$$R = 1 - H_{\infty(汉)} \div H_{0(汉)}$$
$$R_1 = 1 - 3.439\ 5 \div 13.28 = 0.74$$
$$R_2 = 1 - 5.773\ 5 \div 13.28 = 0.56$$

因此，以汉字为载体的汉语书面语的多余度在 56% ~ 74% 之间，平均值为 65%。

英语、俄语、德语、波兰语、法语等书面语的多余度略微高于汉语，说明汉语简练一些，理解困难一些。多余度高，一方面有积极的作用，多余度越高，越容易理解，可以减少误会；另一方面多余度越高，越不简练，冗余成分越多，通俗讲就是废话越多。所以，我们要把握好多余度，取得一个最佳的平衡值。

第二节　汉字编码与汉字输出

一、汉字编码概述

中文信息处理是指用计算机对中文的音、形、义等信息进行处理和加工。中文信息处理是与计算机科学、语言学、数学、信息学、声学等多种学科关联的一门综合性学科。中文信息处理分为汉字信息处理与汉语信息处理两部分，具体内容包括对字、词、句、篇章的输入、存储、传输、输出、识别、转换、压缩、检索、分析、理解和生成等方面的处理技术等。随着计算机科学的不断发展，计算机已经从初期以"计算"为主的工具，发展成为以信息处理为主的工具。如图 11-2 所示：

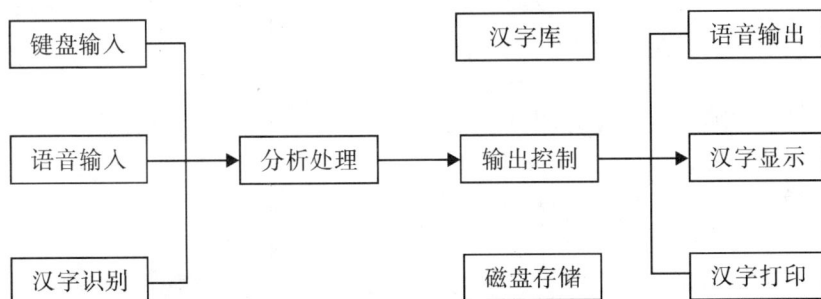

图 11-2　计算机汉字分析处理系统示意图

计算机，俗称电脑，是一种能够按照程序运行，自动、高速处理海量数据的现代化智能电子设备。1946 年在美国诞生了第一台计算机，① 随后，计算机数量在世界发达国家直线上升，种类从 20 世纪 60 年代的 300 种发展到 80 年代的 5 000 种以上。到今天，计算机的数量剧增，遍布世界各地，种类繁多，性能优越。我国从 1957 年在中科院计算所开始研制通用数字电子计算机，1958 年该机可以表演短程序运行，标志着我国第一台电子数字计算机的诞生。随后我国在计算机方面取得了长足的进步，20 世纪 60 年代中期，中国研制成功一批晶体管计算机，并配制了 ALGOL 等语言的编译程序和其他系统软件。60 年代后期，中国开始研究集成电路计算机。70 年代，中国已批量生产小型集成电路计算机。80 年代以后，中国开始重点研制微型计算机系统并推广应用。不过，那时的计算机主要用于数据的运算，对汉字进行处理的计算机的研制比较晚。汉字由于自身的特点，字符数量繁多，计算机在处理方面遇到了很大的困难，幸好汉字的处理技术得到了突破，中文电脑应运而生，到今天中文电脑已经非常普及了。

但是，伴随技术的进步，汉字的弱点越来越凸显。雕版印刷的时候，汉字与其他文字是一样的，都需要一个字一个字（词）地进行雕刻，很多字都要重复多次雕刻，工作量大，耗时耗工，这时汉字的弱点还没有暴露出来。11 世纪我国发明了活字印刷，克服了雕版印刷效率低的特点，是印刷史上一次伟大的技术革命，对世界文明进程和人类文化发展发挥了重要的作用。活字印刷技术的出现，使汉字的缺陷显示出来，汉字数量大、字丁多，找字很困难，排版比较麻烦。后来出现了打字机，是一种代替手工书写、誊抄、复写和刻制蜡版的微型机器。② 英文打字机非常简单，谁都可以使用，但汉字打字机则比较复杂，有专门的字盘，每个字盘装有大量的字丁，只有专门人员才能够使用。电脑出现以后，汉字输入法又遇到了难题，需要使用特殊的输入法才能够输入汉字。自动识别技术出现之后，汉字笔画数多，结构复杂，自动识别的效果不好，尤其是手写体更是如此。

汉字编码是计算机在分析处理汉字时的代码，计算机不能直接对汉字进行分析处理，需要把汉字转换成一定的代码，使汉字或字符与代码之间形成一对一的关系，只有这样，计算机才能够分析处理。

汉字编码比较困难，这主要是由汉字自身的一些特点所致：

（1）字符数量很多，随着社会的发展，新字不断出现，死字没有淘汰，汉字总数不断增多，汉字总数已超过 6 万个，与字母文字相比，汉字要困难得多。

（2）字形特别复杂，有古体今体、繁体简体、正体异体等不同的写法，笔画多，少的 1 画，多的达 36 画，简化后平均为 9.8 画。

汉字编码包括汉字输入码、汉字内部码、汉字输出码和汉字交换码。

（1）汉字输入码，是为了把汉字输入计算机而编写的代码，也就是我们通常说的汉字输入法。对汉字而言，最好有多种汉字输入码，使人们可以根据需要进行选择。输入汉字的编码不是随意设计的，它必须满足以下要求：

①简单易学。规律性强、规则少，在短时间内就能够学会。

---

① 1946 年，美国生产了第一台全自动电子数字计算机，它是美国为了满足计算弹道需要而研制成的。它采用电子管作为计算机的基本元件，每秒可进行 5 000 次加减运算。它使用了 18 000 只电子管、10 000 只电容、7 000 只电阻，体积达 3 000 立方英尺，占地 170 平方米，重量为 30 吨，耗电 140~150 千瓦，是一个名副其实的"庞然大物"。

② 打字机使用时，通过敲击键盘上的某一个按键，该按键对应字符的字模会打击到色带上，从而在纸或其他媒介上打出该字符。

②重码很少。汉字字符与代码之间必须是一个汉字字符对应一个代码，一个代码也只能对应一个汉字字符，即便是有重码（最好没有），数量也要极少。

③速度要快。在很短的时间内就能够快速输入汉字，甚至实现盲打输入。

④覆盖面广。汉字数量大，要尽可能给更多的汉字编码，编码的汉字越多，人们用起来就越方便。

⑤成本较低。如果成本高，则不便于推广普及。

（2）汉字内部码，是计算机内部分析处理汉字时采用的代码。汉字通过输入码输进汉字之后，计算机要把它转化成内部码才能够进行分析处理。

（3）汉字输出码，是计算机将内部分析处理的结果输出打印或显示时采用的代码。汉字内部码和汉字输出码根据设计的需要，可以相同，也可以不同。

（4）汉字交换码，是用于不同计算机之间汉字信息交换的代码。我们要把甲计算机的数据复制到乙计算机，就需要交换码。

根据设计的需要，同一台计算机汉字输入码、汉字内部码、汉字输出码和汉字交换码可以相同，也可以不同。不同计算机汉字输入码、汉字内部码和汉字输出码可以不同，但是汉字交换码必须一致，否则不同计算机之间就不能实现数据的共享。交换码必须统一，须由政府相关机构颁布统一的交换码。

汉字输入码、汉字内部码、汉字输出码和汉字交换码的工作原理如图 11－3 所示：

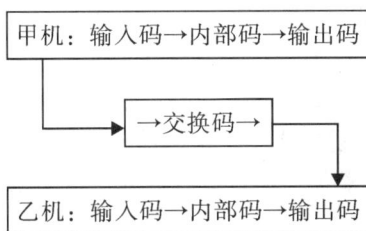

图 11－3 汉字编码工作原理

1981 年国家标准局颁布了《信息交换用汉字编码字符集·基本集》（GB2312－80），简称汉字标准交换码或国际码，由于基本集收集的汉字字符太少，不能很好地满足需要，于是国家又颁布了多个辅助集。①

二、汉字输入码②

1. 汉字输入码的种类

汉字由于自身的特殊性，形成了种类繁多的汉字输入码。至今为止，已有五六百种汉字输入码的编码方案，其中已经得到广泛认可和使用的达数十种。按照汉字输入的编码元素取材的不同，可将汉字输入码分为音码、形码、形音码和音形码四种。

① 参见本书第七章"现代汉字字量"。

② 我们这里主要讨论常见的汉字输入码。

音码，指根据汉字的声韵调等语音信息形成的汉字编码。可分为全拼码、双拼码、简拼码等。音码依据的是汉语拼音，因此要求使用者熟悉普通话字音。音码的弱点是同音字太多，优点是容易上手使用。

形码，指根据汉字的字形特征形成的汉字编码。如王码五笔、郑码、大众码等。形码的优点是客观，不受方音干扰，同码字很少，缺点是规则比较复杂。

形音码，指结合形码和音码原理形成的汉字编码。它兼容了字形输入法和拼音输入法，以字形为主，根据字形把字分解成字元（部件和笔画），通过字元的读音帮助记忆（不是汉字的读音），最典型的是见字识码法。

音形码：指根据汉字的"音"和"形"形成的汉字编码，以音为主，字形主要用于区别同音字，如表形码、自然码等。

2. 汉字输入法的发展阶段

汉字输入法，又称中文输入法，是通过将汉字输入计算机或手机等电子设备而采用的编码方法，它还包括通过手写、语音形式将汉字输入到计算机等电子设备中的方法。汉字输入法是中文信息处理技术之一。汉字输入法是从 20 世纪 80 年代发展起来的，经历了从初级到智能化的几个阶段。

汉字由于其特殊性，直到 20 世纪 70 年代人们才开始研究适合汉字的计算机。如何将汉字输入到计算机中成为最重要的问题。输入法解决不了，计算机就无法普及。1983 年，王永民发明了五笔字型输入法，不但解决了汉字输入的问题，而且提高了输入的速度，对汉字输入法的研究及其运用作出了巨大贡献。五笔字型输入法在 20 世纪 80 年代盛行一时，受到人们的追捧。

但是五笔字型输入法入门较难，需要背记字根，还要经常使用，否则，时间一长又会忘记，因此人们继续追求更简单易记高效的输入法。1991 年由长城集团与北京大学合作推出了智能 ABC 汉字输入法，它解决了五笔字型输入法的弱点，用户只要会拼音就能输入汉字，而且还有简单的联想和记忆功能，这些特点使其很快得到初级用户的喜爱。根据上海市一项统计数据显示，95% 的家庭使用的是拼音输入法。

五笔字型输入法入门较难，但输入速度快；而智能 ABC 汉字输入法虽然简单，但输入速度慢。为了解决这两个问题，2006 年 6 月，搜狐（SOHU）公司推出了一款基于 Windows 平台的汉字拼音输入法，即搜狗拼音输入法。它具有全拼联想、庞大词库、简拼等诸多功能，极大地提高了输入效率，成为现今国内主流汉字拼音输入法之一。另外，百度输入法、紫光拼音输入法、谷歌拼音输入法、QQ 拼音输入法也都属于这一类的输入法。

随着网络技术的发展和普及，人们对汉字输入法的要求越来越高，汉字应用范围扩大了，一些少人问津的生僻字、古文字甚至各种符号得到较广泛的使用，只能输入文字的常规输入法面对新的需求已经无能为力了。2007 年 10 月，"我爱火星文工作室"推出了一款火星文即时转换软件，即火星文输入法，无论你用拼音还是五笔输入法打字，火星文输入法都能把文字自动转换为酷酷的火星文，让文字输入新鲜有趣。除此之外，还能随时切换火星文、繁体、简体三种状态，并随意打出像" *^_ ^* "、" (⊙o⊙) "、" (^_ ^) "、" ~ ~ "这样的个性火星符号。

3. 区位输入法

区位输入法是一种比较特殊的输入法，使用区位输入法需要记住每个汉字的数字编码。汉字区位编码由四位组成，前两位是区号，后两位是位号，适合输入发音和字形不规则的汉字、生僻字，一些特殊的符号也需要用区位输入法。Windows 系统内置了区位输入法，在 WindowsXP 系统中称它为"内码"，我们在使用 Windows 的"造字程序"时，就需要使用它来输入自造的字。例如：中 = 5448，国 = 2590，℃ = 0170，☆ = 017。

　　常见的汉字输入法有：五码五笔字型、智能 ABC、全拼、极品五笔、紫光拼音、搜狗拼音、搜狗五笔、经典五笔—86、智能陈桥五笔、全能五笔、专业五笔、五笔加加。

　　"输入法一路走来，大概经历了以上四个发展阶段，我们可以看出，每个阶段的发展原动力都是以对用户需求的满足为出发点，如今，整个输入法领域可谓百花齐放，大家都在为更快、更简单、更全面的输入法目标迈进。"[①]

三、汉字输出

　　字库是外文字体、中文字体以及相关字符的电子文字字体集合库，汉字库又叫汉字发生器，它是计算机系统中用于存放汉字的仓库。汉字库里面存有汉字，供输出时使用，计算机根据要求提取所需要的汉字，经分析处理，最后输送到输出设备，显示或打印所需要的汉字。汉字字库主要有：[②]

　　（1）信息交换用汉字编码字符集及其辅助集。

　　（2）GB13000.1 – 1993。

　　（3）GB18030 – 2000。

　　（4）BIG – 5 字符集。

　　（5）大字符集字库。

　　（6）方正超大字符集。

　　（7）ISO/IEC10646/Unicode 字符集。

　　汉字数量很大，字形也很复杂，加上各种变体，制作汉字的难度很大，技术要求也很高。制作汉字主要有点阵制作和轮廓制作。点阵制作汉字在造字程序里面就有，是供我们造字用的，轮廓制作汉字技术复杂，计算机造字专业人员才使用，因此我们这里主要介绍点阵制作汉字。

　　汉字字库过去一般采用点阵的方法来制作汉字。点阵是为集中反映晶体结构的周期性而引入的一个概念，首先考虑一张二维周期性结构的图像，可在图上任选一点作为原点，在图上就可以找到一系列与原点环境完全相同的点子，这一组无限多的点子就构成了点阵。点阵的方法就是把每个汉字分解为黑白相间的点，并置于网状的点阵格子中，格子中有笔画的地方用"1"表示，没有的用"0"表示，这样就可以把每个汉字用数字化的汉字点阵表示出来。点阵（16 × 16 = 256）如图 11 – 4 所示：

---

① 百度百科，http://baike.baidu.com/view/180389.htm.
② 汉字字库详细情况参见本书第七章"现代汉字的字量"相关内容。

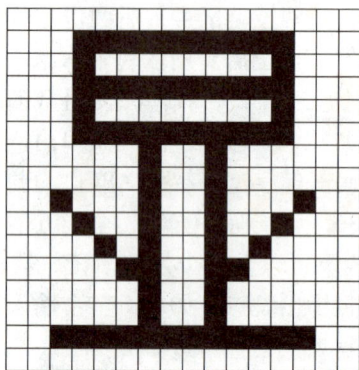

图 11 -4　点阵图

16×16 点阵的字形可用数字化表示成为 256 位二进制，计算机通常是将 8 位二进制数合为 1 字节（Byte）处理，所以 16×l6 点阵字形需要 32 字节（256÷8=32）空间存储。同理，24×24 点阵的字形需 72 字节，36×40 点阵需要 180 字节来表示其字形信息。点阵数和存储量如表 11-1 所示：[①]

表 11 -1　点阵数和存储量表

	点阵	字数	存储量
简易型汉字	16×16	87×94	261 696　Byte
普通型字库	24×24	87×94	588 816　Byte
	32×32	87×94	1 046 784　Byte
精密型字库	64×64	87×94	4 187 136　Byte
	96×96	87×94	9MB
	128×128	87×94	16MB
	256×256	87×94	64MB

汉字字形用数字来表示，计算机就可以内部存储了，字库在存储方式上又可分为压缩型和非压缩型字库。压缩型字库对点阵信息进行压缩，虽然减少了存储空间，但读取速度慢，字形会失真，需进行字形信息的还原处理。非压缩型字库存放的是完整的未经处理的汉字原型点阵，虽然它占用的存储空间大，但字形质量高，读取速度快。为了快速显示汉字，一般采用非压缩型字库。点阵显示方法以字节为单位读出点阵，用移位方法分别分离出每字节的 8 位二进制数，按 1 写点 0 不写点的原则在屏幕相应位置画点，即完成汉字由

---

① 简易型汉字 32×87×94 = 261 696 Byte。

数字到图形的还原。①

　　在计算机排版系统中存储数字化字模的存储器，按用途不同可分为简易汉字库和精密汉字库两种。简易汉字库中可存储 24×24 点阵或 16×16 点阵规模的汉字点阵，用于屏幕汉字显示或针式打印机汉字输出，精密汉字库存储的字模可供照排机和激光印字机输出汉字时使用，字模的点阵规模一般不低于 108×108 点阵。

第三节　计算机自动识别

一、汉字自动识别

1. 自动识别技术②

　　自动识别技术是将信息数据自动识读、自动输入计算机的重要方法和手段，近年来自动识别技术在全球范围内得到了迅猛发展，目前已形成了一个包括条码、磁识别、光学字符识别、射频识别、生物识别及图像识别等融计算机、光、机电、通信技术为一体的高新技术学科。自动识别技术目前主要有：

　　（1）条码技术。

　　（2）磁条（卡）技术。

　　（3）IC 卡技术③。

　　（4）语音识别技术。

　　（5）视觉识别技术。

　　所谓语音识别，是指运用计算机系统对语音所承载的内容和说话人的发音特征等进行的自动识别，是实现人机对话的一项重大突破。语音识别技术是基于对语音的三个基本属性的分析：一是物理属性，如高音、高长、音强和音质；二是生理属性，如发音器官对语音的影响；三是社会属性，如语音区别意义的作用等。语音识别技术主要有四个方面的功能：声纹识别、内容识别、语种识别和语音标准识别。

　　视觉是人类获取信息的最重要的手段。图像是人类获取信息的主要途径，所谓"图"，就是物体透射或者反射光的分布；"像"是人的视觉系统接收图的信息而在大脑中形成的印象或认识。目前图像识别技术已经广泛运用于工业生产、军事国防、医学医疗等多个领

---

　　①　轮廓制作汉字质量好，也好压缩，失真很小，它又分为全轮廓方式和笔画叠加方式。另外，TrueType 字库（简称 TT）是由美国 Apple 公司和 Microsoft 公司联合提出的一种新型数字化字形描述技术。无论在屏幕、激光打印机或激光照排机，只要在操作系统中安装了 TT 字体均能在输出设备上以指定的分辨率输出。PostScript 字库也叫做 PostScript 语言（简称 PS），PostScript 是由 Adobe 公司在过去一种面向三维图形的语言基础上重新整理制作，而于 1985 年开发的页面描述语言，它是桌面系统向照排设备输出的界面语言，专门为描述图像及文字而设计，可在屏幕、打印机、激光照排机上输出。

　　②　参见 http：//wiki. mbalib. com/wiki/自动识别技术，20121007。

　　③　IC 卡是集成电路卡（Integrated Circuit Card）的简称，它是一种将集成电路芯片嵌装于塑料等基片上而制成的卡片。IC 卡分为存储器卡、逻辑加密卡和 CPU 卡。严格地讲，只有 CPU 卡才是真正的智能卡。CPU 具有更高的安全性。

域。例如指纹锁、交通监管、家庭防盗系统、电子阅卷系统等。

2. 汉字自动识别

汉字文献非常多，如果完全依靠手工输入计算机，难度很大，耗时又耗工。为了解决这个问题，出现了汉字自动识别技术。汉字自动识别就是计算机直接对纸质文本进行"阅读"，然后把"阅读"的信息准确地输入计算机，这样就提高了文本输入的速度与效率，大大地节省了时间。

汉字自动识别首先要通过光学字符识别器进行光电转换，将汉字信息转换成电信号，然后输入计算机判断识别。[①] 目前光电转换方式主要有四种：飞点扫描式、光电摄像管式、光敏矩阵式和激光扫描式。汉字自动识别的准则包括相似度准则和距离准则，相似度就是未知汉字图形与标准汉字图形的相似程度，一般而言，不宜完全相同，应有一定的差异，这样才能有较好的识别效果，差异太大或差异太小会造成识别率低，因此，要把握好相似度。距离准则就是比较未知汉字与标准汉字之间的距离大小，以确定未知汉字距离最小的标准汉字的集合。传统的汉字识别的方法有图形配比法（统计判断法、相关匹配法）和结构分析法（特征关系法），图形配比法就是把未知汉字图形与计算机内存的标准图形进行匹配，把与标准图形相似度最大的未知汉字判断为字种。结构分析法就是依据未知汉字的图形特征进行分析判断。

汉字自动识别包括印刷体汉字识别和手写体汉字识别，技术发展过程如图 11 - 5 所示：

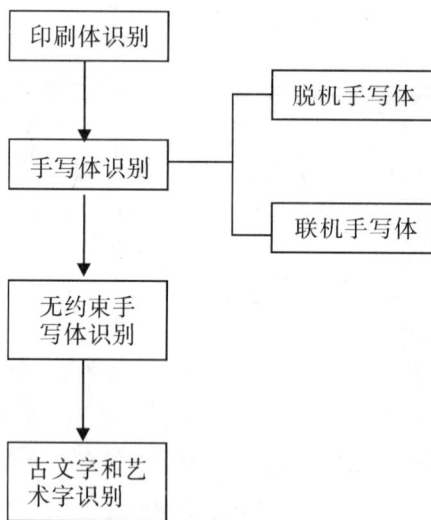

图 11 - 5　汉字自动识别发展过程示意图

---

① 有光学字符识别（OCR）和磁性墨水字符识别（MICR）。光学字符识别器利用光学原理可以识别两种标准字体（OCR - A 和 OCR - B）。磁性墨水字符识别器利用检测磁性标记可以识别用专门的磁性墨水打印的字符，它不会因非磁性的脏物或铅笔记号等发生识别错误，比光学字符识别器更可靠。

汉字自动识别流程如图 11－6 所示：

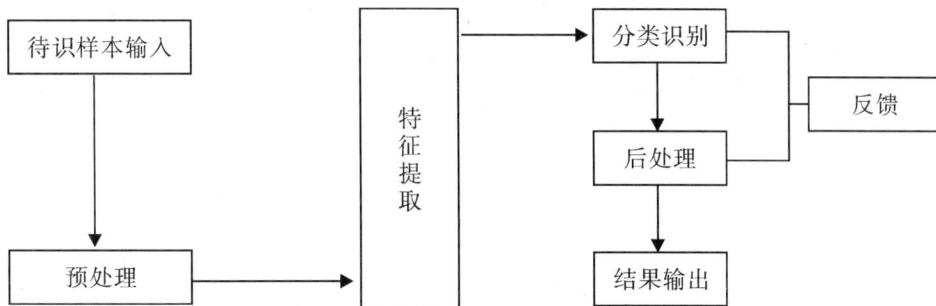

图 11－6　汉字自动识别流程图

预处理的作用在于加强有用图像信息、去除噪声，从而有利于特征提取。特征提取分为两大类：结构特征提取与统计特征提取。分类识别是对特征提取所获得样本，按建立的分类规则进行识别。后处理是在分类识别后，采用句法结构模式方法，再次检验识别结果，并反馈给上一级，如识别有误则重新识别。

孙华、张航对汉字自动识别技术进行了很好的总结：[①]

文字识别技术的研究开始于 20 世纪 60 年代，具有重要的社会意义。从早期 IBM 公司和 MIT 的研究到汉字识别技术的成熟与商业化、从印刷体汉字到无约束手写体识别、从脱机识别到联机识别、从单个字符到整篇文档的识别，汉字识别越来越受到国内外学者的关注。汉字识别在古籍、艺术字还原、数字签名、掌上电脑（PDA）、触摸屏、电子笔、计算机辅助教学等领域得到广泛应用，但由于汉字自身结构复杂、字符集巨大、字符相似度高、字体风格多样等，给识别研究带来了很大的挑战。经过国内外学者几十年的深入研究，汉字识别已经形成了比较成熟的识别体系。

二、语音自动识别与合成

1. 语音自动识别

语音识别技术的最终目标是要让计算机与人自由交谈，即实现语音的人工识别和理解。通俗地说，就是人讲话，机器听话，并自动把讲话的内容准确地记录下来。语音识别的研究工作开始于 20 世纪 50 年代，至今，语音识别技术趋于成熟，延伸至许多实用化的领域。虽然语音识别技术上要求很高，也很复杂，但应用广泛，其最大作用在于实现人机顺畅的交流。

语音识别可以根据不同的角度进行分类。根据对说话人说话方式的要求，可以分为孤立字（词）语音识别、连接字语音识别和连续语音识别。根据对说话人的依赖程度，可以分为特定人和非特定人语音识别。根据词汇量大小，可以分为小词汇量、中等词汇量、大

---

① 孙华，张航. 汉字识别方法综述. 计算机工程，2010（20）.

词汇量以及无限词汇量语音识别。

语音识别模型由声学模型和语言模型组成，声学模型就是要寻找真实地反映话音的物理变化规律，语言模型就是要准确地表达自然语言所包含的各种信息。语言模型是语音识别性能好坏的关键所在，然而语音信号和自然语言都是多变而不稳定的，这是目前语音识别中最大的难点。

语音识别的原理如图 11 - 7 所示：

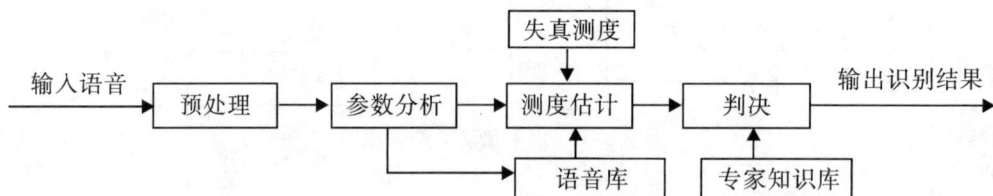

图 11 - 7　语音识别原理

预处理，包括自动增益控制、去除声门激励以及在声学参数分析之前正确选择识别基元等问题。参数分析，就是对经过预处理后的语音信号进行特征参数分析。失真测度，用于语音识别的失真测度，它包括欧氏距离及其变形的距离等多种测度。语音库，即声学参数模板，是用训练和聚类的方法，综合一人或多人的多次重复的语音参数，经过长时间的训练而聚类得到的数据。测度估计是语音识别的核心，用来表征参数与模板之间的测度。专家知识库是用来存储各种语言学知识。判决是识别效果的最终表现，对于属于信号计算而得到的测度，根据若干准则及专家知识，选出可能的结果中最好的结果，由识别系统输出。

目前，语音识别还存在一些问题，有待进一步研究，虽然各种新的修正方法不断涌现，但普遍适用性都不是很好。此外，语音识别系统要完全商品化，还有许多具体问题需要解决，例如识别速度和准确性等。语音识别的现状是，对环境依赖性强，高噪声环境下的语音识别效果很不好，系统的适应性差。[①]

何湘智在展望语音识别的发展时指出：[②]

语音作为当前通讯系统中最自然的通信媒介，随着计算机和语音处理技术的发展，语音识别系统的实用性将进一步提高。不同语种之间的语音的翻译，以及人体语言与口语相结合的多媒体人机交互技术将是今后一段时期语音识别技术的发展方向。语音识别技术的应用前景是无限的。应用语音的自动理解和翻译，可消除人类相互交往的语言障碍。随着 Internet 的爆炸性扩张，电子商务迅速发展，语音识别技术将为网上会议、商业管理、医药卫生、教育培训等各领域带来极大的便利。

2. 语音自动合成

语音合成又称文语转换，英文为 "TTS"（Text - To - Speech），其主要功能是把文本

---

① 我国在语音技术研究水平和原型系统开发方面已经达到世界级水平。

② 何湘智. 语音识别的研究与发展. 计算机与现代化，2002（3）.

文件通过一定的程序转换成有声语音信号，由计算机或其他语音设备输出语音，并尽量使合成的语音有较高的可理解度和自然度，让人听起来"顺耳"，就像听人讲话一样。语音合成有多种用途，最主要的是制造一种会说话的机器，并最终与语音识别技术相结合，形成全新的人机对话系统。

语音合成包括文本分析、合成语音以及韵律控制，最终输出音质清晰而自然流畅的语音，其原理如图11-8所示：

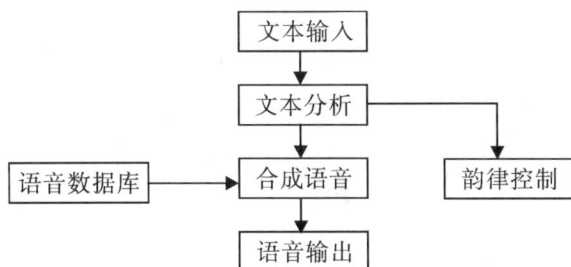

图11-8　语音合成原理

文本输入，判断文本是否结束，如果没有结束，判断句缓冲区是否空，如果空则读一句文本到缓冲区。文本分析就是文本的预处理，完成自动分词、多音字处理、特殊符号转换和文本的切分等，然后将处理好的数据送入韵律控制和语音合成。韵律控制，依据各种合成规则计算出目标语音的音高、音长、音强、停顿及语调等，并将其结果参数送入合成语音。合成语音就是依据一定的算法合成出满足目标语音要求的音节波形数据，将其拼接成语音流数据，再送入语音输出，最后由语音输出发出语音。文本分析的基本框架如图11-9所示：

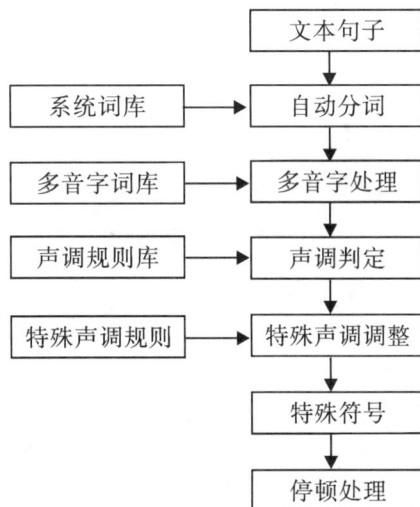

图11-9　文本分析的基本框架

目前，语音合成在自然度和可懂度方面还存在一些问题，不是很理想，还需要更深入的研究。国外在语音电子邮件、语音输入方法、电话银行、客户服务中心、智能机器人等方面有了很好的进展，并得到了很好的推广与普及。国内也有较大的发展，在智慧游戏、短信播放器、电子词典、电子书、电话咨询应答等方面取得了可喜的成绩。

　　"语音合成技术是种非常重要的人机交互技术，在未来将有着广泛的应用领域和市场前景。通过对语音合成技术的深入研究，应当尽快开发出高可懂度、高自然度、高可视化的汉语语音合成系统，并把这种高新技术转化为更加强大的生产力，以便创造更大的社会经济效益。"①

---

① 冯哲，孙吉，张长胜，王岩．汉语语音合成的研究进展．吉林大学学报（信息科学版），2007（3）．

参考文献

1. ［苏］B. A. 伊斯特林．文字的产生和发展．左少兴译．北京：北京大学出版社，1987.

2. 陈曦．关于汉字教学法研究的思考与探索——兼论利用汉字"字族理论"进行汉字教学．汉语学习，2001（3）.

3. 汉字问题学术讨论会论文集．北京：语文出版社，1988.

4. 国家语言文字工作委员会普通话培训测试中心．普通话水平测试实施纲要．北京：商务印书馆，2004.

5. 北京语言学院语言教学研究所．现代汉语频率词典．北京：北京语言学院出版社，1986.

6. ［美］布龙菲尔德．语言论．袁家骅等译．北京：商务印书馆，1980.

7. 陈梦家．殷墟卜辞综述．北京：科学出版社，1956.

8. 陈原．现代汉语用字信息分析．上海：上海教育出版社，1993.

9. 费锦昌．汉字研究中的两个术语．语文建设，1985（5）.

10. 费锦昌．现代汉字笔画规范刍议．世界汉语教学，1997（2）.

11. 冯哲，孙吉，张长胜等．汉语语音合成的研究进展．吉林大学学报（信息科学版），2007（3）.

12. 冯志伟．汉字的熵．文字改革，1984（4）.

13. 冯志伟．现代汉字和计算机．北京：北京大学出版社，1989.

14. 符准青．现代汉语词汇．北京：北京大学出版社，1985.

15. 高更生．现行汉字规范问题．北京：商务印书馆，2002.

16. 高家莺，范可育，费锦昌．现代汉字学．北京：高等教育出版社，1993.

17. 龚嘉镇．现行汉字形音关系研究．武汉：湖北人民出版社，1995.

18. 何九盈，胡双宝，张猛．中国汉字文化大观．北京：北京大学出版社，1995.

19. 何湘智．语音识别的研究与发展．计算机与现代化，2002（3）.

20. 胡裕树．现代汉语．上海：上海教育出版社，1996.

21. 黄伯荣，廖序东．现代汉语．北京：高等教育出版社，2002.

22. 吉林大学古文字研究室．古文字研究工作的现状及展望．古文字研究（第一辑）．北京：中华书局，1979。

23. 李大遂．简明实用汉字学．北京：北京大学出版社．1993.

24. 上海交通大学汉字编码组，上海汉语拼音文字研究组．汉字信息字典．北京：科学出版社，1988.

25. 李禄兴．现代汉字学要略．北京：文津出版社，1998.

26. 李兆麟．汉语计量研究与语文辞书编纂．辞书研究，1991（3）.

27. 刘又辛．汉语汉字答问．北京：商务印书馆，1997.

28. 刘照雄．普通话水平测试大纲．长春：吉林人民出版社，1994.

29. 吕叔湘．语文近著．上海：上海教育出版社，1987.

30. 马显彬．汉字起源年代推论．古汉语研究，2004（3）.

31. 马显彬．现代汉语用字分析．长沙：岳麓书社，2005.

32. 潘钧．现代汉字问题研究．昆明：云南大学出版社，2004.

33. 潘文国．字本位与汉语研究．上海：华东师范大学出版社，2002.

34. 裘锡圭．汉字的性质．中国语文，1985（1）.

35. 裘锡圭．文字学概要．北京：商务印书馆，1988.

36. 沈兼士．沈兼士学术论文集．北京：中华书局，1986.

37. 施正宇．现代形声字形符表义功能分析．语言文字应用，1992（4）.

38. 苏培成．二十世纪的现代汉字研究．太原：书海出版社，2001.

39. 苏培成．现代汉字学参考资料．北京：北京大学出版社，2001.

40. 苏培成．现代汉字学的学科建设．语言文字应用，2007（2）.

41. 苏培成．现代汉字学纲要．北京：北京大学出版社，2001.

42. 苏培成．一门新学科：现代汉字学．北京：语文出版社，2000.

43. 孙华，张航．汉字识别方法综述．计算机工程，2010（20）.

44. 孙钧锡．汉字和汉字规范化．北京：教育科学出版社，1990.

45. ［瑞士］索绪尔．普通语言学教程．高名凯译．北京：商务印书馆，1980.

46. 覃勤．先秦古籍字频分析．语言研究，2005（4）.

47. 唐兰．中国文字学．上海：上海古籍出版社，1949.

48. 王力．古代汉语（第一册）．北京：中华书局，1981.

49. 王力．汉语史稿．北京：中华书局，1980.

50. 王元鹿．汉古文字与纳西东巴文字比较研究．上海：华东师范大学出版社，1988.

51. 吴玉章．文字改革文集．北京：中国人民大学出版社，1978.

52. 徐世荣．普通话异读词审音表释例．北京：语文出版社，1997.

53. 杨润陆．现代汉字学通论．北京：长城出版社，2000.

54. 姚孝遂．古汉字的形体结构及其发展阶段．古文字研究（第四辑）．北京：中华书局，1980.

55. 叶蜚声，徐通锵．语言学纲要．北京：北京大学出版社，1981.

56. 尹斌庸．给汉字"正名"．中国语文通讯，1983（6）.

57. 詹鄞鑫.20世纪汉字性质问题研究评述．华东师范大学学报，2004（5）.

58. 詹鄞鑫．汉字说略．沈阳：辽宁教育出版社，1991.

59. 张斌．现代汉语．上海：复旦大学出版社，2002.

60. 张静贤．现代汉字教程．北京：现代出版社，1992.

61. 张清常．语言学论文集．北京：商务印书馆，1993.

62. 张世禄．中国文字学概要．贵阳：文通书局，1941.

63. 张书岩．简化字溯源．北京：语文出版社，1997.

64. 张书岩．姓名·汉字·规范．北京：北京广播学院出版社，2004.

65. 张田若，陈良璜，李卫民．中国当代汉字认读与书写．成都：四川教育出版社，2000.

66. 张望道．中国文法革新论丛．北京：商务印书馆，1987.

67. 张玉金．汉字学概论．南宁：广西教育出版社，2001.

68. 张志公．张志公自选集（下册）．北京：北京大学出版社，1998.

69. 赵元任．语言问题．北京：商务印书馆，1980.

70. 周一民．现代汉语．北京：北京师范大学出版社．2006.

71. 周有光．文字演进的一般规律．中国语文，1957（7）．

72. 周有光．现代汉字学发凡．语文现代化丛刊（第二辑）．北京：知识出版社，1980.

73. 周有光．现代汉字中的多音字问题．中国语文，1979（6）．

74. 周有光．语文闲谈（下）．北京：生活·读书·新知三联书店，1995.

75. 周有光．中国语文纵横谈．北京：人民教育出版社，1992.

76. 朱德熙．语法丛稿．上海：上海教育出版社，1990.

77. 朱顺龙，何立民．中国古文字基础．上海：上海社会科学院出版社，2004.

78. 朱岩．中国古籍用字字频与分布统计分析．国家图书馆学刊，2004（3）．

79. 高明．中国古文字学通论．北京：北京大学出版社，1996.

80. 陈原．汉语语言文字信息处理．上海：上海教育出版社，1997.

81. 夏中华等．应用语言学——范畴与现况．上海：学林出版社，2012.

82. 张岱年，方克立．中国文化概论．北京：北京师范大学出版社，2004.

83. 王继洪．汉字文化学概论．上海：学林出版社，2006.

84. 陆锡兴．汉字传播史．北京：语文出版社，2002.

85. 葛本仪．现代汉语词汇学．济南：山东人民出版社，2001.

86. 佟乐泉，张一清．小学识字教学研究．广州：广东教育出版社，1999.

87. 厉兵．汉字字形研究．北京：商务印书馆，2004.

88. 高更生．现行汉字规范问题．北京：商务印书馆，2002.

89. 苏新春．汉语词义学．广州：广东教育出版社，1997.

90. 傅永和．中文信息处理．广州：广东教育出版社，1999.